현대 철학의 최전선

Original Japanese title: **GENDAI TETSUGAKU NO SAIZENSEN**
Copyright © 2020 Nakamasa Masaki
Original Japanese edition published by NHK Publishing, Inc.
Korean translation rights arranged with NHK Publishing, Inc.
through The English Agency (Japan) Ltd. and Duran Kim Agency.

이 책의 한국어판 저작권은 듀란킴 에이전시를 통해
The English Agency (Japan)와 독점 계약한 이비에 있습니다.
저작권 법에 의해 한국 내에서 보호를 받는 저작물이므로
무단 전재 및 복제를 금합니다.

현대 철학의 최전선

나카마사 마사키 지음 / 박성관 옮김

차례

머리말 철학이라는 것의 테마는 무엇인가? 9

제1장
공정한 사회의 근거를 둘러싸고 - 정의론 15

롤스의 정의론은 어떤 점에서 획기적이었는가? 16/ 전후 리버럴의 기대 18/ 두 가지 설정 - 원초 상태와 무지의 베일 20/ 왜 사람들은 정의 구상에 합의하는가 23/ 후생 경제학자들의 비판 26/ 맥시민 룰은 비합리적? 31/ 노직의 대안 - 복지와 협동은 강제되어서는 안 된다 34/ 샌델의 롤스 비판과 커뮤니테리어니즘 40/ 자유주의의 자기기만 42/ 중첩적 합의와 공공적 이성 46/ '이익이 있기 때문'이 아니라 이성적인 이유가 있기 때문에 옳다 49/ 잠재 능력 중심의 접근법과 아리스토텔레스 51

제2장
어떻게 하면 타자와 서로 인정할 수 있을까? - 승인론 57

승인을 둘러싼 문제 58/ 주체의 조건으로서의 승인 59/ 주체를 둘러싼 사상사적 공방 - 낭만파와 니체의 비판 61/ 이성적인 사고의 한계 - 반주체적인 사상의 계보 64/ 프랑크푸르트학파가 주장하는 이성적 주체의 막다른 골목 67/ 구조주의자들의 문제 제기 – 레비스트로스, 라캉, 푸코 69/ 데리다에 의한 철학 및 구조주의 비판 71/ 이성에 편중된 철학과 반주체 철학 사이의 가교 – 커뮤니케이션적 주체 75/ 생활 세계라는 공통 경험의 지평 80/ 로티의 전략과 콰인의 전체론 83/ 자유주의(리버럴리즘) 해석학 87/ '상호 승인'이란 어떤 것인가? 92/ 정체성 승인이라는 과제 94/ 승인의 세 가지 모드 99/ 헤겔의 승인론을 현대화한 브랜덤 103

제3장
자유 의지는 환상에 불과한가? –자연주의　　　　　　　　　　107

인간의 행동에 고유한 법칙은 있는가? 108/ 인간 고유의 의지 및 행위의 선택 원리를 어떻게 밝혀낼까? 110/ 새로운 철학의 사명 – 빈 학단과 통일 과학 구상 112/ 통일 과학에 대한 희구 115/ 콰인의 온건한 자연주의 118/ 감각 여건을 둘러싼 공방 121/ 확실한 지각 경험은 언어 바깥에서는 무의미하다? 123/ 원인과 이유는 어떻게 다른가 126/ 인간의 행위는 기본 개념으로 환원할 수 없다 129/ 맥도웰의 느슨한 자연주의 130/ 철학 외부로부터의 공세 – 소칼, 윌슨 133/ 진화론의 견지에서 자유를 생각한다 138/ 밈이란 무엇인가? 140/ 반자연주의로부터의 응답 144/ 자유 의지는 환상인가? 146/ 자연 과학도 만들어진다 149

제4장
마음을 어디까지 설명할 수 있는가? -마음 철학　　　　153

마음 철학이란 무엇인가? 154/ 물리주의의 원조 러셀 157/ 데카르트의 망령 - 마음은 물리 법칙에 따르지 않는다? 159/ 마음이나 의식이 있는지 없는지의 경계는 매우 애매하다 164/ 튜링이 다시 부각시킨 일대 문제 166/ 물리주의의 전략들 1 - 유형 동일설 vs. 토큰 동일설 168/ 순수한 '심적 사건'은 없다? 173/ 물리주의의 전략들 2 - 기능주의 177/ 컴퓨터가 할 수 없는 일은 무엇인가? 180/ 마음의 모듈성 181/ 물리주의의 전략들 3 - 소거적 유물론 185/ 소거적 유물론의 재정식화 - 처칠랜드 189/ 물리주의에 대한 다양한 비판 191/ 수술에 의해 분리된 뇌는 '살아남았다'고 할 수 있을까? 195/ 의식의 신비 197/ 의식의 본질을 둘러싼 공방 1 - 지향성 201/ 존 설에 대한 데닛의 응답 204/ '단일한 자기'는 이야기적 허구다 207/ 의식의 본질을 둘러싼 공방 2 - 퀄리아 209/ 퀄리아라는 사용자 환상 211

제5장

존재함을 왜 다시 묻는가? -새로운 실재론   215

포스트모던 이후의 실재론 216/ 칸트 이래의 상관주의를 극복하자 220/ 어떤 존재에도 필연성은 없다? - 메이야수의 사변적 유물론 224/ 세계에 의미 따윈 없다? - 브라시에의 초월론적 허무주의 229/ 사물과 주체의 관계 재고 - 샤비로의 미적 실재론 234/ 히키코모리로서의 사물들 238/ 하먼의 '사극(四極)' 243/ 가브리엘과 셸링 - 우연성으로부터 피어오르는 필연성 247/ 가브리엘 신실재론의 양대 기둥 - '의미장'과 세계 252/ 왜 세계는 존재하지 않는가 254/ '나'는 뇌의 작용으로 환원되지 않는다 256/ 신실존주의 - 역사적으로 형성된 개념으로서의 '정신' 260/ 의미를 산출해 낸다는 것 264

각 장의 주제에 한 뼘씩 더 들어가기 위한 북 가이드 268
후기 276
미주 281
옮긴이의 글 - 좋은 개론서를 권함 288
찾아보기 300

일러두기
1. 단행본과 정기간행물에는 《 》를 논문과 작품명에는 〈 〉를 사용하였다.
2. 본문 속의 각주는 옮긴이의 주이다.

머리말

철학이라는 것의 테마는 무엇인가?

2010년대부터 철학서 붐이 이어지고 있다. 다양한 철학 입문서가 출판되고, 도시의 대형 서점에는 '일반인에게 친숙한 말로 철학을 들려주는 카리스마 철학자' 코너가 마련되어 있다. '60분이면 후딱 이해되는 △△ 선생님의 초(超)입문서' 같은 느낌의 홍보물이나 광고도 자주 접하게 된다. 다만, 그 입문서를 읽은 후 '철학이란 무엇인가'를 정말 알았다는 사람, 그것을 계기로 몸소 철학에 다가가게 되었다는 사람은 별로 없는 듯하다.

많은 경우 그런 책들은 학교 교과서나 비법을 전하는 참고서 스타일로 쓰여 있는 등 상투적인 패턴을 보인다. 우선, 저자인 카리스마 넘치는 강사가 "이 핵심만 파악해 두면 철학 따윈 두렵지 않아!", "이 한 권으로 철학 완전 공략!", "철학이 왜 쓸모 있는지 이 한 권으로 납득 가능!" 등을 소리 높여 선언한다. 목차에는 소크라테스, 플라톤, 데카르트, 칸트, 헤겔, 샌델 등 초보자도 알 만한 철학자들 이름이 나열되어 있다. 인명 대신 전쟁이나 AI, 복제, SNS, 섹슈얼리티, 정의, 돌봄, 행복 등 철학적으로 의미 있을 듯한 시사 용어들이 '이것이야말로 철학이 씨름하는 가장 중요한 과제들'이라는 듯 거창하게 열거된 경우도 있다. 그리고 각각의 항목이 2~4쪽의 균일한 길이로 해설되어 있다. 항목들은 하나같이 교과서나 참고서처럼 콤팩트하게 내용이 정리되어 있는데, 여기에 마지막으로 다음과 같은 정성스러운 마무리가 가해진다.

"이것만 확실히 짚어 두면 당신은 철학을 마스터했다고 자부해도 좋다."

식당 메뉴판에서나 볼 수 있는 일품요리 같은 이런 입문서들은 일반교양으로 철학의 기초 지식을 갖추고 싶은 사람에게는 유용하겠지만, 본격적으로 '철학'을 배우고 싶은 사람, 요컨대 과거 철학자들의 생각을 참고해 자기 스스로 철학적으로 사색하고 싶은 사람에게는 그다지 의미가 없을 것이다. 학문이라면 일반적으로 다 마찬가지일 테지만, 외국어 회화나 컴퓨터 학습과는 달리 철학에서는 "이것만 기억해 두면 OK!" 같은 건 없다. 기본적인 사고방식의 줄기를 스스로 밟아 가지 않으면 의미가 없다. 특히 '철학'의 경우, 무엇을 얼마만큼 배우면 충분하다고 할 수 있는지에 대해 전문적으로 연구하는 철학자도 명료한 답을 할 수 없다.

비록 입문서라 해도, 아니 입문서인 이상, "이것으로 끝!"이라고 믿게 해 안심시킬 것이 아니라(그리고 이제 더 이상은 배우지 않아도 된다고 생각하게 할 것이 아니라) 어떤 영역에 어떤 물음이 있으며 어떻게 논의되고 있는지 독자들이 인식할 수 있게 해 준 다음, 더 알고 싶다는, 스스로 생각하고 싶다는 욕망을 환기하는 형태로 구성되어 있지 않으면 안 된다. 다음 학습 목표가 보이지 않는다면 아무리 많이 팔려도 입문서로는 실패다. 물리학이나 생물학, 심리학, 역사학 등의 입문서라면 이런 얘기는 할 필요도 없을 텐데 이상하게 '철학' 쪽으로 오면 이런 착각을 하는 사람이 많다.

물론 그렇다고 해서 학회지나 대학 간행물에 실리는 논문에서 각주를 빼고 간략하게 다듬기만 한 것을 'OO 철학 입문'이라는 제목을 달아 책으로 내면 된다는 말은 아니다. 그것은 저자의 태만이다. 입문서나 해설서를 쓰는 이상, 독자들에게 전해야 할 최소한의 것은 무엇이며, 그것을 어떻게 써야만 최대한 전해질지 생각해야 한다. 누가 읽어도 반드시 재미있는 입문서 같은 건 불가능하다. 바로 이런 까닭에 어떤 유형의 독자를 상정할지, 어떻게 하면 독자에게 내용을 잘 전할지를 생각하지 않으면 안 된다.

그런 작업은 자신이 하는 일의 의미를 원점으로 돌아가 되묻는 계기가 된다. 학자라고 하면 기본적으로 모두 동업자의 눈을 지나치게 의식하면서 동업자들로부터 노골적으로 비난받는 일 없이 가능한 한 높이 평가받을 성싶은 문장을 쓰려고 한다. 그러다 보면 대부분의 철학자가 연구의 본래 목적에서 점점 더 엇나가는 수가 있다. 특히 실험 결과라든지 관찰되는 사실, 사료 등에 의해 결론을 검증할 수 있는 자연 과학이나 역사학, 사회학과는 달리, 우리 자신이 사용하는 개념을 철저히 분석함으로써 탐구를 진행해 나가는 철학에서는 그렇게 되기 십상이다.

'하이데거 연구자'(실은 이처럼 철학자 개인의 이름을 내세우며 ◇◇ 연구자를 자처하는 사람이 존재한다는 것 자체를 과연 어떻게 생각해야 하나 싶기도 하지만)라는 좁은 범주 안에서조차 현상학과의 연계성이 강한 초기 연구를 하는 사람도 있고, 《존재와 시간》에서 1930년대 중반까지를 연구하는 사람, 《철학에의 기여》에 중점을 두는 사람, 제2차 세계 대전 후 '사방세계' 문제와 씨름하는 사람, 기독교 신학과의 관계를 중시하는 사람 등 여러 종류의 연구자가 있고, 이들 사이에서는 연구 주제와 쓰는 용어들이 너무 달라서 말이 통하지 않는 경우조차 있다.

그러다 보면 내가 하는 일이 '철학'에 정말로 의미가 있는 연구인지, 나 개인의 만족이나 서클 유지를 위해 그러는 건지 알 수가 없게 된다. 제대로 된 입문서나 해설서를 쓴다는 것은 그렇게 분수 모르고 으스대는 경향을 시정하고, 자신이 무엇을 하는지 재인식한다는 긍정적인 의미도 있다. 이 책은 저자인 내게 그런 의미가 있다.

이 책에서는 철학 연구의 여러 영역 중 (내 관점에서 볼 때) 현재 가장 뜨거운 다섯 가지 테마를 골라 그 논의의 대략적인 상황을 전반적으로 살펴볼 것이다. 다섯 가지 테마는 정의론, 승인론, 자연주의, 마음 철학, 새로운 실재론이다. 이 주제들을 둘러싸고 다른 배경을 가진 이론가들이 분야를 횡단하며 논의를 펼친다. 나는 현대적인 테마를 논할 때는 대부분 그 테마의 전제가 되는 철학사적 기초 지식(예컨대 정의론을 해설할 때는 롤스 정의론의 전제가 되는 배경 지식, 즉 19세기 후반 이래 정의를 둘러싸고 벌어진 윤리학과 정치 철학의 논의)을 최대한 많이 포함해 설명하는 편이지만, 이번에는 과감히 생략하기로 했다. 힌트는 제시해 둘 테니 독자 스스로 찾아봐 주셨으면 한다.

또한 각각의 테마가 떠오르게 된 역사적·사회적 배경에 대한 내용도 최소화하기로 했다. 그런 방면으로 너무 깊이 들어가면 '철학'이 마치 어떤 특정한 사회 문제 해결을 위한 편리한 도구인 것처럼 이야기가 흘러가 버리기 때문이다. 철학이 사회 속에서 현실적으로 살아가는 인간의 문제와 관련되어 있고 현실의 변화와 철학의 논의 상황이 연동하고 있는 것은 분명하지만, 철학은 경제학이나 정치학, 법학 같은 정책학이 아니다. 설령 현실에서 일어날 가능성이 극히 낮은 일이라도 만일 그런 일이 벌어졌을 경우 어떻게 될지, 어떻게 하면 좋을지 정색을 하고 생각하는 것이 철학이다. 현실과 유리되어 있다느니 탁상공론이니 운운해도 신경 쓰지 않아야 한다.

다섯 가지 테마의 에센스를 끄집어내 철학자들이 무엇에 관심을 두고 있는지 제시함으로써 고대 그리스 이래로 추상적인 개념을 추적해 온 철학이 어떤 실천인지를 밝히고자 한다.

제1장

공정한 사회의 근거를 둘러싸고
－정의론

롤스의 《정의론》은 어떤 점에서 획기적이었는가?

존 롤스(1921~2002)의 《정의론》이 간행된 이래 서양의 윤리학과 정치 철학 및 법철학은 그가 이 저작에서 정식화한 '정의' 구상의 시비를 둘러싸고 전개되기 시작했다. 그 구상은 적어도 서양 입헌 민주주의 국가의 국민 대다수에 의해 수용 가능한 정의의 원리들에 합의하고, 그 합의에 상응하는 정치적 체제를 구축한다는 것이다.

롤스의 정의론은 과연 어떤 점에서 그토록 획기적이었는가? 이 문제는 윤리학에 대한 임팩트와 정치 철학 및 법철학에 대한 임팩트로 나누어 생각해 볼 필요가 있다. 전자에 관해 말하자면, 종래의 메타 윤리학 중심이던 영미 분석 철학 계통의 윤리학이 롤스에 의해, 인간이 행동 기준으로 삼아야 할 정의의 원리에는 어떤 것이 있는가, 그것이 사회적으로 널리 실행되기 위해서는 어떤 제도가 필요한가 등 실체적인 가치 판단에 대한 문제로 논의의 축이 옮겨졌다는 점을 들 수 있다. 메타 윤리학이란 '선과 악'이나 '옳음과 그름' 등 도덕적인 성질을 띤다고 간주되는 말이나 그런 말들을 사용하는 문장은 어떤 의미가 있는가, 그런 말이나 문장들과 관련된 판단은 어떻게 성립하는가 같은, 도덕을 성립시키는 토대를 다루는 학문이다.

메타 윤리학의 방향성을 결정지은 것은 분석 철학의 창시자 중 하나로 꼽히는 영국의 철학자 조지 에드워드 무어(1873~1958)의 《프린키피아 에티카(윤리학 원리)》(1903)로 알려져 있다. 무어를 포함한 그 시기까지 윤리학자들이 메타 윤리학에 치중한 동기를 굳이 상상해 보자면 '도덕적 가치를 둘러싼 세상의 다툼에 뛰어들어 대립하는 진영 중 어느 한쪽을 강하게 편드는 것은 (철)학자들한테는 어울리지 않는 데다 그런 논쟁은 대부분 결말이 나지 않기 마련인데, 그런 일에 연루되기보다는 무어가 멋지게 해 보였듯이, 도덕적 판단이란 무엇인가 같은 물음, 즉 엄밀하게 분석 가능한 물음을 탐구하는 편이 훨씬 생산적이고 철학자답지 않은가'라는 감각이었을 것이다. 가치관이나 삶의 방식이 다양해지고 사람들이 '철학'에 대해 사회나 정치를 이끌어 가는 역할을 기대하지 않는 현대에, 소크라테스나 플라톤처럼 실천한다는 건 불가능하리란 게 대다수 철학자의 본심이었으리라.

《정의론》은 그런 풍조에 저항하여 간행되었다. 롤스가 《정의론》에서, 자유롭고 평등한 입장에 있는 사람들이 저마다의 자유로운 삶의 방식을 존중하면서도 유한한 자원을 유효하게 사용하며 행복을 추구하기 위해 서로 협력할 준비가 되어 있다는 전제에서 생각할 경우, 그들이 이성적으로 사고한다면 과연 어떤 종류의 '정의'의 원리, 즉 사회 설계 원리를 선택할까를 엄밀한 사고 실험으로 시뮬레이션해 보임으로써 상황은 매우 달라졌다. 자신의 가치 판단을 그대로 밀어붙이는 게 아니라 학문적으로 설득력 있는 형태로 사회에 걸맞은 '정의'에 관해 이야기하는 길이 열리기 시작한 것이다.

전후 리버럴의 기대

지금까지는 윤리학에 대한 임팩트였고, 이제 정치 철학 및 법철학에 대한 임팩트 쪽을 살펴보자. 그것은 《정의론》이 공리주의를 대신할 정책 결정 원리를 제시했다는 점이다. '최대 다수의 최대 행복'이라는 벤담의 표어로 잘 알려진 공리주의는 19세기 말 이후, 철학으로서는 그다지 주목받지 못하게 되었지만, 정책 결정 원리로서는 압도적인 영향력을 갖게 되었다. 이유는 간단하다. 일부 특권 계급만이 아니라 모든 사람의 복지를 향상시키는 것이 정치의 목표이고 동시에 그 목표는 의회 등에서의 민주주의적 절차에 따라 최종적으로 확정하는 것이 현대 자유 민주주의의 대전제라고 한다면, 평범하게 생각해 볼 때 가장 쉽게 합의할 수 있는 점은 가능한 한 많은 사람의 행복을 지향하는 공리주의일 것이다. 공리주의는 경제학의 수법을 사용하여 개별 정책 목표를 수립하기가 용이하다. 경제학자 케네스 애로(1921~2017) 등 공리주의적 사고를 바탕으로 수리적 접근법을 구사한 학자들에 의해 후생 경제학이나 사회 선택 이론 등은 크게 전진했다.

수학으로 무장한 공리주의에 맞서, 그것과는 다른 '정의'의 원리로 대항하는 것은 소박하고 시대착오적인 행위처럼 여겨졌다. 그러나 롤스의 정의론은 극히 이지적인 계산으로부터 비공리주의적 정의의 원리가 도출될 수 있음을 제시했다는 점에서 획기적이었다.

이 점과 관련하여 롤스의 정의론은 미국에서 일반적으로 '리버럴'이라 불리는 입장의 철학으로서 기대를 모았다는 측면도 있다. 제2차 세계 대전 후의 미국에서 '리버럴'이라 불린 것은 사회주의와는 분명히 선을 그으면서도, 경제적·사회적 격차가 극도로 벌어지지 않도록 정부가 복지 정책 등으로 어느 정도 사회 구조를 조정하는 것을 인정하는 입장이다.

대략 민주당 주류가 이런 사고방식이라고 간주된다. 자유와 평등 간의 균형을 잡는다는 것이 추상적인 말의 차원에서는 매력적으로 들린다. 특히 미국처럼 전체적으로 꽤 풍요로워졌으면서 동시에 격차도 크게 벌어진 나라에서는 그렇다. 하지만 구체적으로 어떤 기준을 가지고 균형을 취할지 확실하지 않은 것 또한 사실이다.

공리주의가 알기 쉬운 기준을 제공해 줄 것 같지만, '최대 다수'

와는 다른 것을 선호하는 사람을 배제하는 듯한 차가운 인상을 준다. 《정의론》은 소수를 완전히 배제하지 않으면서도 자유로운 국가의 시민들이 합리적으로 수용 가능한 정의의 선택 가능성을 제시했다는 점에서 '리버럴'의 정의론으로서 최적이었다.

물론 모든 논자가 롤스에 심취하여 그의 노선에 따라 정의론을 전개했다는 말은 아니다. 공리주의 계열의 후생 경제학자들은 롤스의 방법에 문제점이 있다고 지적했고, 그중에는 롤스와 확실히 대립되는 '정의'의 원리를 제시하고자 한 사람들도 있었다. 그 과정에서 정의를 둘러싼 학제적인 논쟁이 활성화되었다.

두 가지 설정
-원초 상태와 무지의 베일

롤스는 《정의론》에서 자신이 주장하는 정의의 원리를 정당화하기 위해 사회 계약론의 틀을 이용한다. 사회 계약론은 홉스의 《리바이어던》(1651) 이래 국가의 존재를 정당화하고 국가의 사명을 정의하기 위한 이론적 틀로 발전했다. 국가 권력이 존재하기 이전의 '자연 상태state of nature'에서 일정한 구조와 기능을 갖춘 국가를 만들고자 하는 계약(잠재적 합의)이 성립했다고 본다면, 이야기 자체는 쉬워진다. 그렇지만 근대 국가의 기본적인 틀과 각 나라의 특징이 점차 확정되어 새삼스레 '국가'의 역할을 이론적으로 논의할 필요성이 희박해졌기 때문에 19세기 이후에는 별로 사용하지 않게 되었다.

롤스는 사회 계약론이라는 틀을 자원 배분 문제를 포함한 정의의 원리를 선택하는 데 응용할 수 있지 않을까 생각했다. 사회적 제도나 법률이 제로인 상태에서 사람들이 자발적으로 선택한 정의의 원리에 따라 자원 배분을 시행한다고 하면 불평은 없을 터이다.

그러나 단순히 다수결을 취하기로 한다면 거의 전원이 자신에게 알맞은 룰을 정의의 원리로 밀게 될 것이다. 그렇게 되면, 일찍이 벤담이 제안한 대로 보통 선거에 의한 의회제에서의 공리주의와 거의 같아져 버린다. 다른 사람들과는 상당히 다른 소수파적인 삶을 영위하고 있는 사람들, 일해서 돈을 벌고 싶어도 다양한 조건 탓에 그 사회에서는 충분히 활약할 수 없는 사람들은 다수파의 방식을 강요당하게 된다.

그래서 롤스가 고안해 낸 장치가 '원초 상태original position'와 '무지의 베일veil of ignorance'이라는 두 가지 설정이다. '원초 상태'란 자유롭고 평등하게 살아가는 사람들이 서로의 행복 추구를 위해 함께 협력할 때 어떤 권리를 각자에게 할당해야 할지, 또 공동으로 관리하는 각종 자원을 어떻게 배분해야 할지를 논의하기 위해 모여 있는 상황이다. 단, 홉스, 로크, 루소의 '자연 상태'와는 달리, 문명이 발달하지 않은 원시적 상태라는 의미는 들어 있지 않다.

한편, '무지의 베일'이란 사람들이 어떤 원리를 채택할 때 그게 자기한테 유리할지 불리할지를 알 수 없도록, 그 사람이 그 사회에서 어떤 지위를 차지하고 있는지에 대한 기초적인 정보를 일시적으로 망각시키는 장치다. 기초 정보란 성별, 나이, 신체적 능력, 재산, 라이프 스타일의 특수성 등이 전체 속에서 어디쯤 위치하는지에 대한 정보를 말한다. 단, 그 사회 전체에서 그 속성들이 어떻게 분포되어 있는지, 즉 그 통계 수치는 인식하고 있다고 가정한다. 그런 상태에서는 자신의 이익을 위해 특정 계층을 편드는 식의 '정의' 원리를 채용하기란 불가능하다.

얼핏 생각하면 무지의 베일 아래에 놓인 사람들은 어떤 판단도 내릴 수 없는 공중에 붕 뜬 상태에 처할 것처럼 보이지만, 그렇지는 않다. 그의 추측에 따르면, 무지의 베일에 의해 정보가 차단된 사람들은 자신을 그 사회에서 '가장 불우한 사람' 중 한 명으로 상정하고 '가장 불우한 나'에게 가장 유리하다고 합리적으로 판단되는 선택지를 고른다. 여기서 '가장 불우한 사람'이란 어떤 종류의 경쟁에서도 최하위가 될 가능성이 큰 사람이라는 말이다.

가장 밑바닥에 있는 나의 입장에서 볼 때 사회 상층과의 격차가 너무 벌어지는 것은 기쁜 일이 아니다. 그러나 그렇다고 해서 평등 실현을 우선시한 나머지 개인에게 선택의 '자유'가 없는 사회가 된다거나, 능력 있는 사람이 모두를 위해 대가 없는 노동을 하고 있다고 느껴 의욕이 없어져 버리는, 그런 활력 없는 사회가 되기를 바라지는 않을 것이다. 만일 그렇게 된다면 자신도 힘들어진다. 그래서 약자인 '나'의 입장에서도 이익이 될 수 있는 그런 격차라면 허용하지 않겠는가, 판단된다.

왜 사람들은 정의 구상에 합의하는가

롤스는 사람들이 다음 두 가지 원리를 중심으로 한 정의 구상을 자신들이 건설하고자 하는 사회를 위해 선택하는 데 합의할 것이라고 주장한다. 제1원리는 기본에 해당하는 여러 가지 자유를 최대한 보장하기 위한 제도적 장치scheme를 개인에게 평등하게 보장하는 것이다. 제2원리는 사회 경제적 불평등을 허용하는 조건을 정하는 것으로, 이는 두 부분으로 구성된다. (a) 그 불평등이 있어야만 그 사회에서 가장 불우한 사람들의 기대 편익(便益)이 최대가 될 때다(격차 원리). (b) 그 불평등이란 것이, 직무나 지위가 (공정한 기회균등이라는 조건 아래) 전원에게 개방되어 있음으로써 부수적으로 발생하는 것이어야만 한다.

제1원리는 제2원리보다 우선한다. 자유와 평등은 그들에게 기본적으로 보장된 상태이고 서로 협력하면 더 행복해질 수 있다는 것이 사회 계약일진대, 기본적인 자유가 평등하게 보장되지 않는다면 이자를 받기는커녕 원금마저 까먹는 꼴이 되기 때문이다. 기본적인 자유를 위한 제도적 장치란 언론·집회의 자유, 양심의 자유, 인신(人身)의 자유, 정치적 자유(참정권이나 공직 취임권 등), 사유 재산 확보 및 유지 등의 기본적인 자유가 모순 없이 서로의 자유를 침해하지 않도록 조정하는 틀이다.

제2원리의 (b)는 조금 이해하기 어려운데, 일단 (a)가 전제되어 있다고 하자. 그런 상황에서 상대적으로 가장 불우한 입장에 놓이게 될 사람들이 집안 조건이나 양육 환경 및 능력 등에 의해 사실상 미리 특정되거나 고정되는 일이 없도록 사람들을 가능한 한 공정하게 대우하자는 것이 바로 (b)이다. 예를 들어 보자. 가령 의사, 법률가, 대기업 경영자, 이공계의 첨단 분야 연구자 등은 사회 공헌을 위한 인센티브로 다른 사람들보다 많은 이익을 인정해 주는 편이 좋다고 판단할 수 있다. 그러나 특정 가문에 속해 있다거나 부모의 재산과 교양, 사회적 지위, 본인의 성별 및 젠더, 인종과 민족, 종교, 나고 자란 지역적 환경, 특정 직업에 적합하다고 간주되는 재능을 유소년 시절부터 지니고 있다든가 등등의 요인에 의해 미리 누가 선택될지 거의 정해져 있다고 한다면, 불공정하다는 느낌이나 열등감을 강하게 품는 사람이 적지 않을 것이다. (b)는 그런 식의 불공평은 제거해야 한다는 것이다.

물론 롤스는 무지의 베일 아래에 있는 사람이 이런 정의의 두 원리를 선택하리라고 처음부터 단언하는 것은 아니다. 그는 무지의 베일 아래에 있는 당사자들이 평등한 자유와 협동을 할 때의 부담과 분배의 공평을 실현하기 위해서는 과연 어떤 정의의 구상이 유망한지를 [노골적인 이기주의, 고전적 공리주의(최대 다수의 최대 행복), 탁월성 원리, 평균 효용 최대화 원리 등 생각해 볼 수 있는] 다른 선택지들과 비교하고 숙고를 거친 뒤 최종적으로 '정의의 두 원리'에 도달할 것임을 논증하려 시도한다. 특히 평균 효용 최대화 원리를 중심으로 한 정의의 구상이 유력한 라이벌이라고 인정한 다음, 양자를 상세하게 비교한다.

롤스는 평균 효용 최대화 원리가 아니라 정의의 두 원리 쪽이 선택되는 이유로 '최종성finality'과 '공지성publicity'을 든다. '최종성'이란 일단 그 정의의 원리에 따라 사회가 구축되면 돌이킬 수 없기 때문에 당사자들은 비록 최악의 사태가 자신에게 닥치더라도 후회 없이 그 원리를 계속 믿고 따를 수 있는지를 음미한다는 것이다. '공지성'이란 선택된 정의의 원리가 현실화되어 있는지를 누구나 명확히 알고 있음을 가리킨다. 이미 말한 바와 같이, 제2원리, 그중에서도 특히 (a)격차 원리 쪽은 최악의 경우를 상정하고 그 최악의 정도를 가능한 최소화할 것을 기준으로 선택되기 때문에 '최종성' 조건에 더 적합하다. 또한 격차 원리는 그 사회에서 가장 불우한 사람에게 초점을 맞추어 정의의 원리의 충족도를 도모하는 것이기에 '공지성' 조건에도 적합하다.

롤스에 따르면, 정의의 양대 원리를 공공적으로 승인하는 것은 각자 자신이 사회에서 가치 있는 존재로 인정받고 있다는 확신, 즉 자기 긍정감을 품는 것으로 이어진다. 제1원리에 따라 개인은 다른 사람들과 대등한 자유로운 주체로 인정받고, 제2원리에 의해 설령 동료들 중 가장 불우한 처지에 놓였다 하더라도 그 상황을 개선하는 문제와 관련하여 배려를 받고 있기 때문이다. 그럼으로써 개인은 자신의 '선(善)의 구상'(자기 인생의 목적을 정하고, 그것을 실현하기 위한 구상)을 자신감 있게 추구할 수 있게 되고, 자존감과 상호 존중의 자세를 배양하게 된다.

후생 경제학자들의 비판

정의에 관한 공공적인 이념에 의해 지배되는 사회(롤스 자신의 용어로는 '질서 정연한 사회well-ordered society')의 건설을 위해 구체적인 비전을 제시한 《정의론》은 출간되자마자 커다란 반향을 불러일으켰다. '리버럴'한 정치의 철학적 기초로서 환영하며 수용하고 발전시켜 나가려는 지지자가 늘어나는 한편, 그의 이론에 포함된 문제를 날카롭게 지적하는 논객들도 있었다. 비판자들 입장에서는 롤스가 무지의 베일 아래에 있는 원초 상태를 상당히 엄밀하게 정의하고, 그 위에서 다른 여러 구상이 아니라 '정의의 양대 원리'가 선택되기에 이르는 추론 과정을 명시했기 때문에 그 논리의 구멍을 찾기가 쉽기도 했다.

초기 비판 중 두드러졌던 것은 공리주의적인 전제 위에서 재화의 재분배 문제를 생각해 온 후생 경제학자들의 입장이었다. 새삼 설명해 보자면, '후생 경제학welfare economics'이란 국민의 복리를 가장 효과적으로 개선하기 위해 정부는 어떻게 해야 하는가를 생각하는 경제학 분야다. 20세기 초 신고전파 경제학자들에 의해 개척되어 제2차 세계 대전 후 미국을 중심으로 이론적인 발전을 이루었다. 이 분야의 제1인자인 케네스 애로는 논문 〈롤스 정의론에 대한 약간의 서수주의적(序數主義的) 공리주의자의 각서〉(1973)에서 《정의론》의 논증에 어떤 문제점이 있는지를 지적한다. '서수주의적 공리주의ordinalist utilitarianism'란 벤담처럼 '효용utility'을 객관적인 수치로 계측하고 집계하는 것(기수주의)이 아니라 각 효용의 순위만을 문제 삼고자 하는 입장이다. 예컨대 300그램의 토스트를 먹음으로써 얻을 수 있는 효용은 그 사람의 취향이나 영양·건강 상태, 사회적인 습관에 따라 다르기에 객관적으로 수치화할 수 없지만, 그것과 200밀리리터 캔 커피 중 어느 쪽을 더 좋아하는지, 150그램의 쇠고기는 어떤지 등의 순위 부여(선호)는 본인에게 답을 들어 보는 방법 등을 통해 결정할 수 있다. 그렇게 얻어진 서수에 입각하여 효용의 최대화를 도모하는 것이다.

애로는 경제학 논의와 친화성이 있는 철학적 정의론을 제시한 롤스의 연구에 환영의 뜻을 표하면서, 유사한 주제와 씨름해 온 전문가로서 롤스의 논의에 엄밀함이 결여되어 있다는 점을 지적한다. 주된 논점은 무지의 베일 아래에 있는 당사자들의 선택, 즉 '자유 우선'과 (롤스가 제시한) '맥시민 원리'에 관한 것이다. '자유 우선'이란 자유권의 평등이 제1원리로 선정된다는 것인데, 애로는 그것이 공리주의자와 (롤스류의 정의의 양대 원리를 지지하는) 리버럴, 즉 좌파를 결정적으로 가른다는 롤스의 주장에 의문을 제기한다.

만약 사람들이 '자유'라는 '기본 재화'를 제일 선호한다는 것을 경험적으로 실증할 수 있다면, 무지의 베일 아래에 있는 당사자들이 공리주의적 원리에 입각한 정의 구상을 채택했다 하더라도 그 구상에는 제1원리(최대한의 자유 보장)와 실질적으로 동일한 내용이 포함된다고 생각할 수 있다. 실제로 현대 공리주의자 대부분은 경제적인 부보다는 자유를 우선한다는 방침에 합의할 것이다. 그렇게 생각하면 공리성 원리가 아니라 정의의 양대 원리여야 한다는 롤스의 집착은 그다지 의미가 없게 된다.

'맥시민 원리'란 격차 원리와 관련된 것이다. '맥시민'이란 단어는 롤스가 게임 이론의 맥시민해(解) 또는 '미니맥스' 개념을 원용한 '맥시민 룰 maximin rule'을 도입하여 이 원리가 선정되는 근거로 삼았다는 데서 유래했다. 게임을 하는 상황에서 바로 다음에 뭔가를 선택해야 하는데 그 선택지가 몇 가지 있다고 하자. 그중 최악의 경우에 얻을 수 있는 포인트가 얼마인지를 각각 비교하고, 그 포인트가 가장 높은 쪽을 고르는 것이 맥시민 전략이다. 롤스는 이 전략을, 무지의 베일 아래에 있기 때문에 자신이 사회에서 어디쯤에 위치하게 될지 불확실한 상황에서 과연 자신은 어떤 기본 구조를 가진 사회를 선택할지에 대한 문제에 응용했던 것이다.

문제를 단순화하기 위해 세 사람(A, B, C)으로 구성된 사회의 1년 수입과 관련지어 생각해 보자. 다음의 세 가지 패턴이 있다고 하자.

(1) A 2000만 원, B 2000만 원, C 2000만 원
(2) A 4000만 원, B 6000만 원, C 8000만 원
(3) A 3000만 원, B 7000만 원, C 1억 2000만 원

만일 엄격한 사회주의적 평등주의자라면 (1)을 고를 것이다.

최대 다수의 최대 행복, 또는 평균 효용 최대화 원리를 신조로 삼는 공리주의자라면 (3)을 고를 것이다. 맥시민 룰에 따라 자신에게 최악의 경우를 상정하는 사람이라면 (2)를 고를 것이다. 현실 사회에서는 모든 사람이 맥시민 룰에 따라 (2)를 고를 것이라고 생각하기 힘들지만, 바로 이 대목에서 무지의 베일이 의미를 갖기 시작한다.

무지의 베일 아래에서 당사자들은 자신이 어떤 신조에 따라 살아가는지, 경제적 능력이 어느 정도인지를 다른 사람들과 비교할 수 없다. 다만 앞서 언급했듯이, 어떤 유형의 사람이 어느 정도 비율로 존재하는지에 대한 일반적인 데이터는 알고 있다. 그렇기 때문에 어떤 신조나 정체성을 가진 사람이라도 동등하게 바람직한 것으로서 맥시민 룰에 가장 잘 들어맞는 정의의 구상을 고르리라는 게 바로 롤스의 논리다. 무지의 베일 아래에 있는 사람이 갑자기 '좋은 사람'이 되는 게 아니라, 자신이 어떤 인생을 살고 있든 최악의 사태가 발생할 경우를 대비하려 할 것이라는 논리다.

이 사고방식은 다양한 종류의 보험 계약을 성립시키고, 공적으로 운영되는 의료·연금 등에 대한 사람들의 지지 근저에 있는 인간의 리스크 회피 경향에 대응하고 있기 때문에, 기대 효용의 최대화를 가장 중시하는 공리주의적인 원리보다 현실적으로 보인다. 그러나 애로에 의하면, 맥시민 원리를 엄밀하게 따를 경우 심각한 모순이 초래된다.

예를 들어 생명 유지 장치에 연결되어 기계적으로 생명이 연장되고 있을 뿐 통상적인 의미에서의 행복은 경험할 수 없는 사람이 사회에 한 명이라도 있다고 해 보자. 그리고 그 사회에 맥시민 원리(격차 원리와 거의 동일한 원리)를 적용해 보자. 만일 의료 기술의 발전에 따라 그 사람 상태가 개선될 수 있다는 합리적인 기대가 없다면, 격차의 존재는 허용되지 않게 된다. 이게 무슨 말일까? 만일 그런 기술이 개발될 전망이 보인다면 좋겠지만, (방금 전에 가정한 대로) 그런 전망이 없다고 한다면, 과학 기술을 발전시켜 많은 사람이 더 풍요로운 생활을 보낼 수 있도록 해서는 안 된다는 것이다.*

그러나 그러지 않고 반대의 노선을 택할 경우, 즉 그 사람을 치료할 수 있는 의료 기술 개발을 위해 경제 발전의 성과를 모두 쏟아부을 경우에는, 그를 제외한 다른 사람들의 생활 수준이 간신히 생존만 유지할 수 있는 최저 수준에 머무는 결과가 초래될 수도 있다.

---

* 이 환자의 기대 편익은 조금도 높아지지 않는데 다른 모든 사람은 더 풍요로운 삶을 살게 된다면, 격차 원리 (a)에 어긋난다. 이 원리는 어떤 사회적·경제적 불평등을 허용하는 경우를, 그것이 그 사회에서 가장 불우한 사람의 기대 편익이 최대로 높아지게 하는 경우로 한정했기 때문이다.

맥시민 룰은 비합리적?

게임 이론 분야에서 첨단적인 연구 작업을 하고 그것을 후생 경제학에 응용한 헝가리 출신의 존 허샤니(1920~2000) 역시 〈맥시민 원리는 도덕성의 토대가 될 수 있을까–존 롤스의 이론 비판〉(1973, 1975)에서 맥시민 룰을 다루는 방식과 관련하여 롤스를 비판한다.

사실 허샤니는 (롤스의 《정의론》보다 훨씬 이전인) 1950년대 전반부터 무지의 베일과 유사한 가정을 바탕으로 연구를 했다. '선택된 시스템' 속에서 '자신의 상대적 위치가 어떠할지에 대해 완전히 무지한 상태'라는 가정 아래 사회적 후생의 선택 문제를 연구했기 때문에 어떤 의미에서 롤스와는 라이벌 관계에 있었다. 허샤니는 그때까지 축적되어 온 자신의 논의 성과에 입각하여 무지의 베일 아래에서는 오히려 평균 효용 원리가 선택될 가능성이 크다고 주장한다.

애로와 마찬가지로 허샤니도 현실의 사회적 행동에 적용했을 때 맥시민 룰의 비합리성이 드러난다고 지적한다. 뉴욕에 거주하는 사람이 시카고에 지금보다 좋은 일자리가 있다는 정보를 얻었다고 가정해 보자. 당연히 시카고로 가고 싶겠지만, 그러기 위해서는 비행기 등 교통수단을 이용하지 않을 수 없다. 그러면 사고로 죽는 최악의 사태가 발생할 확률이 높아진다. 맥시민 룰에 따르자면 상정 가능한 최악의 사태를 피해야 하므로 그 사람은 뉴욕에 머무를 수밖에 없다. 이렇듯 맥시민 룰에 따라 리스크 회피를 최우선시하며 살아가는 사람의 인생은 꽤나 갑갑하고 어려워지며, 결과적으로 불행해질 가능성이 크다.

더 나아가, 격차 원리가 사회의 기본 구조를 규정하는 것으로 채택될 경우 도덕적으로 용납하기 어려운 귀결이 발생한다. 의사 한 명과 환자 두 명으로 구성된 사회가 있다고 하자. 두 환자 모두 결핵에 걸려 심각하게 고통받고 있다. A 환자는 전반적으로 건강하기 때문에 결핵을 치료하면 건강한 삶을 살 수 있지만, B 환자는 말기 암 환자라서 결핵을 치료하더라도 오래 살 수 없다. 그런데 결핵 치료에 효과가 있는 항생제는 1인분밖에 없다고 하자. 격차 원리를 적용하면 가장 불우한 처지에 있는 B에게 항생제를 투여해야 한다. 반면 평균 효용 원리에 따르면 항생제는 회복 후 행복한 인생을 살아갈 가능성이 큰 A에게 투여해야 한다. 자, 이런 상황에서 과연 격차 원리를 적용하는 게 옳겠는가?

이런 비판에 대해 롤스는 논문 〈맥시민 기준을 선택해야 하는 몇 가지 이유〉(1974)에서 응답을 시도한다. 먼저 맥시민 룰에 함의되어 있는 리스크 회피에 대해 롤스는 다음과 같이 지적한다.

자신이 상정하고 있는 것은 보통 사람이 나타내는 리스크 회피 경향일 뿐 허샤니가 상정하는 사람, 즉 모든 리스크를 회피하고자 하는 극단적인 사람이 나타내는 경향이 아니다. 맥시민 룰은 고전적 공리주의식의 상정(사회의 모든 성원이 개인적인 리스크를 전적으로 무시하고 전체의 행복이 최대화되기를 바란다)이 어리석다는 것을 시사한다. 보통 사람들에게서 평균적으로 볼 수 있는 리스크 회피 경향을 개인의 '효용'과 통합해서 생각한다면, 공리성 원리와 정의의 양대 원리 간의 차이는 상대적인 것에 지나지 않는다. 무지의 베일 아래에서는 공리주의에 의한 선택이 맥시민 룰에 의한 선택과 가까워지면서 실질적으로 큰 차이가 없으리란 점은 애로 등도 인정할 것이다. 또한 격차 원리는 각 개인에게 직접 적용되는 게 아니라 사회의 기본 구조를 규정하는 것이기 때문에, 애로나 허샤니처럼 가장 불우한 상태에 있는 개인과 그 외의 모든 사람을 대치시키는 설정은 방향 자체가 어긋난 것이다. 가장 불우한 사람으로 분류되는 집단에 격차 원리가 어떤 거시적 효과를 미칠지 생각하지 않으면 의미가 없다.

이런 반론을 통해서 애로 등이 투척한 반쯤 의도적인 오독을 격퇴한 다음 롤스는 논의의 초점을 옮긴다. 즉 자유롭고 평등함과 동시에 '선(善)의 구상'을 추구하기 위해 필요한 '기본재(基本材)'의 산출에 협력하는 각 개인들의 입장에서 볼 때, 어째서 '정의의 양대 원리' 쪽이 '평균 효용 원리'를 중심으로 하는 구상보다 매력적인가 하는 윤리학적인 장으로 이동하는 것이다. 앞서 살펴본 '최종성'과 '공지성'의 견지에서 볼 때, 사람들의 자존감과 상호 존중을 배양하기 위해서는 제1원리를 '격차 원리 + 공정한 기회균등 원리'로 보충하는 방식으로 정의의 원리를 조합하는 게 최적임을 다시 주장한 것이다.

아울러 격차 원리는 사람이 자신의 노력으로 얻은 것이 아닌 각자의 능력을, 순전히 그 사람만의 것이 아니라 어떤 의미에서는 모두를 위해 사용해야 할 '집합적 자산collective asset'으로 보는 감각을 공유하는 것으로도 이어진다. 다른 사람보다 뛰어난 재능을 부여받은 사람이 딱히 죄책감을 가질 필요는 없다. 그것을 모두를 위해 잘 사용하도록 (자신에게) 맡겨진 것이라 여기고, 그 능력을 전면적으로 개화시켜 사회의 발전에 기여하면 되는 것이다. 사람들은 협동하는 것에 대해 어떤 고통도 느끼지 않고 만족감을 얻을 수 있을 것이다.

사람들 사이에 이런 사회적 유대가 '자발적'으로 형성되는 상태가 롤스 정의론이 지향하는 바이며, 그렇게 볼 때 격차 원리는 단순히 재분배 기능만이 아니라 그런 함의를 상징하는 역할도 담당하고 있는 것이다. 그러나 이런 논법으로 재분배를 정당화하는 것은 개인의 자유, 특히 경제 활동의 자유를 가장 중요하게 여기는 리버테리언(자유 지상주의자) 입장에서는 국가나 사회에 의한 자유의 침해를 정당화하는, 그야말로 용납하기 어려운 사고방식이었다.

노직의 대안
-복지와 협동은 강제되어서는 안 된다

앞서 보았듯이 미국에서는 제2차 세계 대전 이후 재분배를 통해 경제적 격차를 줄이고 행복 추구를 위한 조건을 정비하고자 하는 평등주의적 입장을 '리버럴'이라 부르게 되었다. 루스벨트 정부에서 시행한 뉴딜 정책과 '결핍으로부터의 자유'라는 이상이 그 원점이 되었다. 이렇게 되자 본래 '자유주의자'들이 갖고 있던 사고방식, 즉 정부는 개인의 경제 활동에 대한 간섭을 최소화하면서 소유권 보장이라는 본연의 임무에 집중해야 한다는 사고방식은 '리버테리어니즘(자유 지상주의)'이라 불리게 되었다. 그런 그들의 입장에서 보면 '리버럴'이 하는 일은 국가 권력의 부당한 확장이며, 결국 사회주의와 타협하는 것이다.

리버테리언에는 다양한 입장이 있다. 하이에크(1899~1992)나 밀턴 프리드먼(1912~2006)처럼 경제학적 견지에서 정부 개입의 비효율성을 설파하는 논자들도 있고, 국가의 존재 자체를 범죄라고 보는 입장에 서서 국가 제도의 철폐를 주장하는 아나르코(무정부주의적) 자본주의자들, 재산 상속을 배제하여 출발점을 평등하게 만든 후 자유 경쟁을 시켜야 한다는 좌파 리버테리언 등이 여기에 포함된다. 그 가운데에서도 롤스의 정의 개념을 대체할 대안적인 정의 구상을 체계적으로 전개함으로써 정치 철학으로서의 리버테리어니즘을 확립한 사람이 바로 철학자 로버트 노직(1938~2002)이다.

노직은 《아나키에서 유토피아로》[1](1947)에서, 사회 계약론에 의한 추론으로부터 도출되는 것은 개인들의 소유권 수호를 유일한 임무로 하는 '최소 국가'일 뿐 재분배라는 명목으로 소유권을 침해하는 '확장 국가'는 정당화되지 않는다고 주장한다. 그에 따르면, 사회적 정의의 토대가 되는 것은 '보유물'을 둘러싼 다음 세 가지 원리다. 그것은 ① 획득의 정의 원리principle of justice in acquisition ② 이전의 정의 원리principle of justice in transfer ③ 부정(不正)의 교정 원리principle of rectification of injustice다. 요컨대 노동 등 정당한 방법을 통해 어떤 물건을 획득한 사람 혹은 그 인물로부터 공정한 방식으로 그것을 양도받은 사람 외에는 어떤 물건을 보유할 자격이 없다는 것이다. ①과 ②에 의하지 않고 물건을 보유하고 있다면 그것은 부정이므로 ③에 의해 원상회복되어야 한다.

재산권의 정통성을 역사적인 기원과 경위라는 견지에서 살펴본다면, 이 세 가지 원리의 조합으로 생각할 수밖에 없다. 재산의 재분배는 ②에 의거하여 개별 소유자의 동의에 입각해서 실행되어야지 국가 등이 강제하는 것은 비정상적이다. 이처럼 소유권을 그 기원으로까지 거슬러 올라가 새로이 토대를 부여하는 자신의 사고방식을 노직은 '권원 이론(權原理論, entitlement theory)'이라고 칭했다. 권원이란 영미법에서 사용하는 용어로, 권리와 이익을 받을 수 있는 정당한 자격을 의미하며, 따라서 법의 적정한 절차를 밟지 않고서는 빼앗을 수 없는 것으로 간주된다. 이 말은 소유권을 비롯한 재산·계약 관계의 권리문제나 연금 등의 복지를 수급할 권리문제에서 흔히 사용되지만, 노직은 당연히 후자의 의미를 배제하는 방향에서 권원을 재정의하고 있다.

노직은 권원 이론을 기점으로 삼아 자유로운 개인들의 권리가 국가 및 정의와 맺는 관계를 비롤스적인 방식으로 재구성한다. 그가 내린 정의에 따르면 국가는 다음 두 가지 조건을 충족하는 조직이다. ① 그 영역 내의 (무력을 포함해) 실력을 독점하고 이에 대한 정통성을 주장할 것. ② 영역 내에 거주하는 모든 사람에게 보호 서비스를 제공할 것. 이를 전제로 그는 ('원초적 상태'가 아닌) '자연 상태state of nature'의 사람들이 소유권을 중심으로 한 자신의 권리를 지키기 위해 만든 '보호 협회'가 점차 전문화되고 기업화되면서 규모상으로도 확대되어 '최소 국가'로까지 발전해 가는 역사적 과정을 시뮬레이션한다.

고전적 자유주의의 고전이 된 《통치론》[2](1690)에서 로크가 기술하고 있듯이, 자연 상태의 사람들은 노동 등에 입각하여 개인의 소유를 확정하고, 기본적으로 그것을 서로 인정한다. 인간의 본성에 뿌리박힌 자연법이 개개인에게 자기 보존과 함께 타인들의 정당한 권원을 인정하도록 명하기 때문이다. 그러나 구체적인 상황에 처했을 때 자연법을 어떻게 해석하고 집행할지는 개인에게 맡겨지기 때문에 해석의 차이로 다툼이 발생하여 생명, 신체, 재산이 위험에 노출될 가능성이 있다. 로크는 이로부터 단번에 자연법을 공동으로 행사하기 위한 공동체의 형성, 공동체로부터 권력의 행사를 위임받는 정부의 수립을 도출하지만, 노직은 세세하게 단계를 나누어 논의를 진행해 간다. 이는 권력이 부당하게 확대될 여지를 없애기 위해서다.

사람들은 우선 서로의 소유권을 전원이 동일한 입장에서 협력하며 수호할 '상호 보호 협회mutual protection association'를 창설할 것이다. 그러나 이것은 조만간 한계에 맞닥뜨릴 것이다. 분쟁이

공정한 사회의 근거를 둘러싸고

발생할 때마다 전원을 모으는 것은 비효율적이며, 설령 필요에 따라 일정한 인원만 모은다고 하더라도 과연 그 인원수를 얼마로 하고 또 거기에 누구를 포함하고 누구는 배제할지를 결정하기란 쉽지 않은 일이다. 또한 불만이 있을 때마다 모두를 호출하려고 하는 성마른 사람이나 싸우길 좋아하는 사람 등에게 휘둘릴 우려도 없지 않다.

따라서 권리를 보호하고 각종 분쟁을 처리하기 위한 전문 인력을 갖추고 클라이언트와 계약을 체결하는 기관이 탄생할 것이다. 계약료에 대한 대가로 고도의 서비스를 제공하는 이 사적 보호 기관private protective agency은 이후 기업화되어 갈 것이다. 그러나 같은 지역에 보호 기관이 여럿 존재하면 보호 기관 간의 대립이 발생할 수 있고 비용도 더 증가할 것이며, 의미도 없는 위험한 사태가 초래될지도 모른다. 그렇기 때문에 몇몇 보호 기관이 합병하여 효율성을 높이고자 한다. 그것이 점점 규모가 커지는 가운데, 어떤 특정 지역에서 보호 서비스를 독점적으로 제공하는 지배적 보호 기관dominant protective agency이 형성되리라고 추측할 수 있다.

물론 지배적 보호 기관이 지배하는 지역에는 계약을 맺지 않은 독립적인 존재들이 얼마간 있게 될 것이다. 그래서 문제가 발생할 여지가 있다. 따라서 지배적 보호 기관은 자신의 클라이언트의 권리를 침해할 가능성이 있다는 이유로, 비클라이언트에 대해 일정한 행위를 예방적으로 금지한 다음, 자신에게는 계약에 따라 이렇게 할 합당한 권위가 있다고(즉, 정통성이 있다고) 주장하게 될 수도 있다. 그때 그 기관은 앞에서 언급한 조건 ①(획득의 정의 원리)을 충족시키는 것이다. 이를 노직은 '초최소 국가ultra minimal state'라고 부른다.

그러나 해를 끼칠 가능성이 있다는 이유만으로 행위를 제약당하는 비클라이언트들은 자유를 침해당하고 부당한 불이익을 받게 된다. 타인에게 해를 끼칠 가능성이 있는 것에 불과한 행위를 금지당함으로써 차별적 불이익을 받는 사람은 이 차별적 불이익에 대한 배상을 받아야 한다(=배상 원리). 그렇다면 어떤 배상 방법을 쌍방(클라이언트와 비클라이언트) 모두 수용할 수 있는가? 개별적으로 금액을 결정하고 배상하는 것보다는 계약을 체결하지 않은 고객에게도 보호 서비스를 제공하는 편이 더 효율적이다. 그렇게 해서 '초최소 국가'가 배상 원리에 따라 도덕적으로 행동하면, 결과적으로 영역 내의 모든 개인에게 보호 서비스가 제공되기에 이르고, 그리하여 조건 ②(이전의 정의 원리)도 충족된다. 초최소 국가가 최소 국가로 변화되는 것이다.

이런 식으로 권원 이론의 관점으로부터 국가 역할의 최소화를 주장하는 노직의 입장에서 보면, 롤스의 정의론은 사람들이 자신의 권리와 정의에 대한 문제를 어떻게 해결해 왔느냐 하는 (지금까지 기술한) 역사적 경위를 무시한 채 사람들의 사회·경제 활동 결과만을 보고 거기서 발견되는 격차를 조정하려 하는 셈이다. 이 점에서 볼 때 롤스의 정의론은 (롤스가 자신의 입장과 확실히 선을 그으려 하는) 사회주의와 동일하다.

노직의 주장은 복지와 사회적 협동을 부정하자는 뜻이 아니다. 그런 가치들이 사회와 국가의 이름으로 강제되는 게 문제라는 의미다. 그의 말에 따르면, 국가에 의한 재분배 강요를 포기할 경우, 사람들이 진정한 의미에서 자유로이 연대하고 동일한 이상을 품은 사람들끼리 이상 실현을 향한 공동체를 건설하는 것이 가능해진다.

샌델의 롤스 비판과 커뮤니테리어니즘

1970~1980년대에 미국에서 기독교 근본주의가 대두하고 그에 대항하듯이 다양한 소수 민족, 종교적 소수자 집단, 젠더 소수자 집단의 운동이 활발해지기 시작하자, 정치 철학의 관심이 재분배에 대한 시비로부터 문화적 정체성과 다원성 문제로 점차 이동해 갔다. 그런 가운데 근대 자유주의의 전제가 되는 '자율적 개인'과 국가의 '가치 중립성'에 의문을 품는 사람들이 나타났다. 인간의 정체성이란 (자율성이나 중립성이라는 말로 표현되는 그런 추상적인 게 아니라) 공동체 속에서 살아가는 방식에 따라 형성되는 것이며, 정치는 공동체가 공유하는 가치와 라이프 스타일(공동선, common good)을 반영한 것이어야 한다는 커뮤니테리언 이론가들이 대두하게 된 것이다.

커뮤니테리언 철학자에는 다양한 입장의 사람들이 포함된다.

근대인이 상실한 덕(德)의 서사적(이야기적) 성질과 사회 통합 기능에 관해 논한 매킨타이어(1929~   ), 각 개인의 권리뿐만 아니라 문화적 공동체마다 그 집단적 권리를 인정할 필요성을 설파하는 찰스 테일러(1931~   ), '정의'라는 것이 문화 공동체마다 상이한 복합적 성격을 갖는다는 점을 강조하는 왈저(1935~   ) 등을 들 수 있다. 특히 롤스와의 대항 관계에서 중요한 사람은 일본에서도 NHK에서 방송된 〈뜨거운 토론으로 타오르는 교실〉[3]로 유명해진 샌델(1953~   )이다. 그는 《정의의 한계》[4]에서 롤스의 정의론을 상세하게 분석하면서, 현대 자유주의의 핵심에 자리 잡은 전제에 어떤 문제들이 포함되어 있는지를 밝혔다.

    샌델이 문제 삼는 것은 무지의 베일의 철학적·정치적 함의다. 무지의 베일 아래에 있는 사람들은 자신의 능력과 운이 사회 전체에서 차지하는 상대적인 위치뿐만 아니라 인종, 성별, 계급, 선(善)의 구상, 인생에서의 가치나 하고자 하는 일 등 모든 것을 망각한다. 요컨대 우리가 자기 인생의 방향을 결정짓는 중요한 순간에 그 기준이 되는 것을 모두 잊는 것이다. 순간적으로 자신의 정체성을 상실한다. 이처럼 자신을 특징짓는 정체성을 상실한 상태를 샌델은 '연고(緣故) 없는 자기unencumbered self'라고 부른다. 연고 없는 자기는 과연 무엇을 목적으로 삼고 무엇을 실현하기 위해 정의의 구상을 선택한다는 것일까? 그들은 자기 삶의 '목적end'을 모르며, 어떤 삶이 '선한 삶good life'인지 모르는 게 아닌가?

    샌델은 또한 무지의 베일에 의해 당사자들이 '연고 없는 자기'

가 되면 계약론적인 틀에서 논의한다는 게 무의미해진다는 점을 지적한다. 계약이란 상이한 이해관계와 가치관을 가진 사람들이 의견 교환을 통해 서로의 입장을 인식하고, 왜 대립하지 않을 수 없는지를 파악함으로써 납득 가능한 합의점에 도달하는 과정이다. 무지의 베일에 의해 고유의 정체성을 상실하여 거의 동일한, 개성 없는 상태가 되어 있는 사람들이 과연 어떤 식으로 의견을 교환하는 것일까?

다른 입장을 가진 사람들이 사회의 바람직한 기본 구조에 관해 의견을 교환하고 모두가 이성적으로 납득할 수 있는 기준에 따라 정의의 원리를 채택하는 것, 이를 사회 계약이라고 부른다면 거기에는 문화적 다원성이 전제된 것이다. 여기서 핵심 사항인 '다원성'을 숨긴다면 의미 있는 합의를 달성하기란 불가능하지 않겠는가! 상황이 이러함에도 어째서 사람들이 공리성 원리를, 리버테리언적 정의를, 덕을 중시하는 전통적인 정의를 버리고, 반드시 정의의 양대 원리를 채택하리라고 단언할 수 있는지 도저히 이해할 수가 없다.

자유주의의 자기기만

롤스가 상정하는 당사자들은 현실의 인간을 특징짓는 다양한 개성이 모두 제거된 '연고 없는 자기'로 있으면서, 보편적인 이성적 판단 능력을 갖추고 있고, 그에 따라 어떤 개성의 소유자라도 받아들일 보편적 정의와 권리를 인지하고 있는 것으로 보인다. 만일 그런 정의와 권리가 존재한다고 한다면, 그것은 각자의 정체성에 따라 달라지는 '선' 이전에 인간에게 갖추어져 있는 것이라는 얘기가 된다. 샌델은 그것을 선보다 정이 선행한다는 의미에서 '선(善)에 대한 정(正)의 우위 priority of the right over the good'라고 부른다.

샌델의 말에 따르면, '선에 대한 정의 우위'는 롤스뿐만 아니라 온갖 종류의 근현대 자유주의자(리버테리언이나 자율을 중시하는 칸트주의자, 자유의 토대를 공리주의적으로 구축하려는 밀Mill식의 공리주의자 등)의 공통 전제가 되어 있다. 이 전제는 일반적으로 (자유주의적인) 국가의 법 및 정치의 중립성으로 알려진 것이다. 형법과 민법 등의 법률은 성별, 종교, 신조, 민족, 계층, 출신지 등과 관계없이 누구에게나 평등하게 적용되는 것이며, 동시에 그 토대가 되어 있는 정의는 누구의 입장에서 보더라도 동일하게 공정한 것으로서 수용할 수 있다. 적어도 공식적으로는 그렇게 되어 있다. 만일 그렇지 않다면 정의는 보편적인 것이 되지 못하고 한낱 당파성을 띠고 있는 셈이며, 국가는 편파적인 조직이 되어 버린다.

샌델에 따르면, 국가란 문자 그대로 중립적인 것이 아니며, '선에 대한 정의 우위'는 엄밀하게는 성립되지 않는다. 격차 원리를 포함한 정의의 양대 원리가 미국적인 의미에서의 '리버럴', 즉 자유와 경제적 평등의 융합을 중시하는 사람들의 '선'을 강하게 반영하고 있다는 점에서 상징적으로 알 수 있듯이, 자유주의 국가가 '중립적'

인 것으로 내보이는 법과 정책은 실제로는 특정한 사람들이 강하게 지향하는 '선'에 뿌리박고 있다. 이를 다른 각도에서 말하자면, 특정한 '선'과 강하게 결부된 정의가 아니라면 사회 속에서 제대로 작동하지 않는다는 말이다.

예컨대 일본의 법체계는 일본어로 자유롭게 의사소통할 수 있는 사람, 심지어는 일본의 학교에서 교육을 받은 사람, 일본 사회에서 일반적으로 통용되는 (가족 관계, 거래, 기업 내 인간관계, 의료 등에 대한) 관습을 이해하고 있음을 전제로 만들어졌다. 따라서 그렇지 않은 사람들에게도 똑같이 공정하다고는 말하기 힘들다. 서구의 많은 국가에서 종교의 자유와 정교분리에 대한 제반 제도는 기독교 내부의 여러 종파(가톨릭, 개신교, 성공회 중 어느 하나로 분류될 수 있는) 간의 균형과 (기독교와 역사적으로 관계가 깊은) 유대교에 대한 관용에 주안점을 두고 있다. 다시 말해서 이외의 종교들, 그리고 종교인지 아닌지 애매한 영성주의적인 운동이나 종교를 대신하려는 세계관 등에 대해서까지 꼭 염두에 두고 있는 건 아니라는 말이다.

자유주의는 자신이 비중립적인 문화 위에 성립되어 있다는 점을 정직하게 인정하지 않아 왔다. 이런 자기기만이 무지의 베일이라는 부자연스러운 이론 장치로 결실을 보고 있는 것이다. 어떠어떠한 영역에서 생활하고 있는 어떠어떠한 사람들이 어떠어떠한 '목적'을 추구하고 있는지 구체적으로 생각하지 않으면, 그들 사이에서 어떤 정의가 요청되는지 구체적으로 특정할 수가 없다. 이런 점을 숙고한다면 우리는 공동체 속에서 배양되어 개인의 정체성 형성에 깊이 관련되는 '공동선'으로까지 거슬러 올라가 생각할 필요가 있을 것이다.

《민주주의의 불만》[5](1996)에서는 아메리카 원주민들의 종교 의례에서 환각제 사용은 인정되어야 하는지, 일요일을 안식일로 삼는 것에 대한 근거는 있는지, 신나치주의자나 인종 차별주의자 그룹에 시위와 집회의 권리를 인정하지 않는 것은 합헌인지, 특정 외설물을 표현의 자유 적용 대상에서 제외하는 것에는 어떤 근거가 있는지 등등 미국에서 실제로 일어나고 있는 법적 문제들을 분석함으로써 절차의 중립성에 집착하는 절차주의의 한계를 지적한다. 동시에 미국은 처음부터 절차주의적인 자유주의 국가였던 게 아니라는 점, 오히려 독립 혁명 및 미국 건국 시기부터 19세기 전반까지는 가족, 이웃, 종교, 노동조합, 개혁 운동, 지방 자치 단체 등 사람들이 속한 각종 공동체 구성원으로서의 정체성과 관습을 중시하고, 이를 매개로 공공적인 생활에 적극적으로 참여하는 자세(=공민성citizenship)를 배양해 가는 공화주의republicanism의 전통이 뿌리내리고 있었다는 점을 강조한다. 여기서 말하는 '공화주의'란 고대의 공화제처럼 정치에 참여하는 시민의 권리와 의무를 중시하고, 공민적 덕을 함양하는 것이 필요하고도 중요하다고 보는 입장이다.

19세기 후반 이후 정치적인 논의의 주요 테마가 경제·산업 정책 쪽으로 이동해 가면서 공화주의적인 담론은 점차 정치 무대에서 사라졌지만, 그럼에도 노동 관계법이나 경제 활동에 대한 주 정부의 규제를 둘러싼 논란에는 공화주의적 사고방식이 여전히 남아 있었다.

절차주의적 자유주의가 전면적인 승리를 거두는 것은 제2차 세계 대전 이후의 일이다. '선(善)에 대한 정(正)의 우위'를 당연시하는 사람들은 사적 권리와 부의 분배 이외의 다른 것은 안중에 없는 채 공공적 생활에 대한 관심을 상실해 갔다. 그러나 1980~1990년대에 경제 문제뿐만 아니라 가족, 학교, 교회 등 인격 육성 기능에도 다시 주목하게 되면서 커뮤니티 활동의 필요성을 호소하는 공민적 관심이 다시 한번 높아지고 있다고 한다. '선에 대한 정의 우위'라는 명분이 붕괴되고 '공동선'의 정치가 부활하고 있는 것이다.

중첩적 합의와 공공적 이성

샌델을 비롯한 커뮤니테리언들의 강한 공세에 맞닥뜨린 1980년대 후반 이후 롤스는 탐구의 초점을 재화의 재분배에서 다문화 사회에서의 정의 문제로 옮겨 간다. 하지만 그렇다고 해서 커뮤니테리언들처럼 문화마다 상이한 '공동선'을 정치의 중심에 설정한 것은 아니었다. 샌델은 상이한 문화에 속한 사람들 사이에서 '정(正)'에 대한 현실적인 합의가 달성되는 핵심적인 경로에 관해 생각하게 된 것이다. 그것은 자유주의의 상대화가 아니라 논의 범위의 확장이다. 이런 새로운 시도를 정리해서 펴낸 것이 《정치적 자유주의》(1993)다.

이 저작의 열쇠에 해당하는 것은 '포괄적 교설comprehensive doctrine'을 신봉하는 집단들 간의 '중첩적 합의overlapping consensus'다. 포괄적 교설이란 정치적 정의와 관련성을 갖는 종교적, 철학적 혹은 도덕적 체계에서 인생의 가치라든가 인격적인 덕 및 성격에 대한 이상(理想) 등을 포함하는 영역을 가리킨다. 주로 기독교, 유대교, 이슬람교 등 명확한 교리를 가진 종교를 가리킨다고 생각해도 큰 문제는 없지만, 무신론이나 마르크스주의, 칸트적 자유주의, 공리주의적 자유주의 등 나름 일관된 인간관과 가치관을 갖춘 사상에 따라 살아가는 사람들의 집단도 염두에 두고 있다.

미국같이 다원적인 민주 국가에는 포괄적 교설을 가진 집단이 여럿 존재한다. 그 집단들 각각은 자유, 평등, 호혜, 상호 존중 등 그 나라의 정치 문화를 특징짓는 여러 가치와 그 가치들에 입각한 국가의 입헌 구조에 반영된 '정의의 구상'을 기본적으로 받아들이고 있다고 생각된다. 만일 그렇지 않다면 민주적인 국가 속에서 다른 집단들과 공존하며 안정적으로 존속할 수 없을 것이다. 설령 자신이 신봉하는 가르침이 유일한 진리이며, 다른 종파는 신을 모독하고 있다는 교리를 기본적으로 가진 교단일지라도 개인의 종교의 자유와 양심의 자유, 정교분리 등의 원칙은 받아들이며, 또 그것을 정당화하는 논리를 발전시킨다고 생각된다. 단순히 수용한다기보다는 자신의 교리가 그런(널리 공유되고 있는) 기본적인 가치를 기르는 데 최적이라고 적극적으로 주장하게 될 것이다.

그리하여 다양한 포괄적 교설이 자신의 (물론 그 나라의 정치 문화에 적응한) 교의를 바탕으로, 그 입헌 체제를 받쳐 주는 기본적인 가치나 기본적인 정의의 구상을 공유하고 있는 상태가 바로 '중첩적 합의'다. 그런 중첩적 합의가 존재한다는 것은 경험적 사실로서 확인할 수 있다. 중첩적 합의가 있으면 사람들은 상이한 교설을 저마다 믿는 상태 그대로 정의의 구상을 확충하기 위한 공공적 논의를 계속할 수가 있다. 롤스의 '정의의 양대 원리'처럼 현재의 입헌 체제보다 더 깊은 수준에서의 합의나 급진적 제도 변경을 해야 하는 정의의 구상에 관해서도 논의를 계속 축적해 갈 수 있는 것이다.

바로 그러할 때 시민들이 사용하는 공공적인 논리가 '공공적 이성(혹은 공공적 이유, public reason)'이다. '공공적'이라는 것은 특정 교단, 지역적인 혹은 에스닉한 공동체, 대학, 직업 단체 등의 범위 내에서만 통용되는 게 아니라, 그 사회 전체에서 통용된다는 뜻이다. 어떤 종교 단체가 자신의 교의를 문자 그대로 가져와 어떤 정책을 정식화하고 그것을 국회에서 법률화하려 한다면, 다른 종교인들이나 무신론자들은 논의에 응하지 않을 것이다. 그러나 헌법 등 기본적인 법률이나 판례에 기록되어 있거나 미디어 혹은 시민 토론회에서 사용하는 공공적인 언어로 그 정책의 이유를 제시한다면, 그 의견에 반대하는 입장의 사람들도 논의에 응하게 되며,

역시나 '공공적 이유'를 근거로 반론하지 않을 수 없을 것이다. 임신 중절과 안락사 문제를 논의하는 장에서 신의 은총, 예정, 사명, 구원, 기적 같은 단어들이 아니라, 생명의 존엄이나 자율, 자기 소유, 타자 위해(危害) 원리, 행복 추구권 같은 단어들로 논리를 구성할 수 있다는 의미다.

중첩적 합의가 성립되어 있다는 것은 공공적 이성이 공유되어 있어 정의를 둘러싼 토론이 가능한 상황이라는 뜻이다. 포괄적 교설을 신봉하는 사람들은 자기 단체의 내부 언어와 '공공적 이성'을 상황에 따라 분간해 사용하는 방법을 학습해 간다. 공공적 이성이 작동하고 있으면, 샌델이 말하듯이, 특정 공동체의 '공동선'을 근거로 직접 인용하지 않더라도 정의의 구상에 관해 전 사회적인 논의를 하는 것은 가능하다.

'이익이 있기 때문'이 아니라 이성적인 이유가 있기 때문에 옳다

롤스의 공공적 이성론은 시민적 공공권, 커뮤니케이션 행위, 토의 윤리 등 커뮤니케이션을 둘러싼 철학적·사회학적 토론을 리드해 온 독일의 사회 철학자 하버마스(1929~　)가 《사실성과 타당성》[6](1992)이라는 저작에서 제시한 '커뮤니케이션적 이성(의사소통적 합리성)'에 의한 '숙의 정치'론에 대단히 가까워, 그때까지 별로 접점이 없다고 여겨지던 양자의 이론적 동맹 관계가 크게 부각되기에 이르렀다. '커뮤니케이션적 이성'은 개별 주체에 처음부터 내재되어 있는 게 아니라 복수 주체들의 커뮤니케이션을 통해 발동되는 것이다.

하버마스는 주체들이 시민 사회에서 역사적으로 발전해 온 토의 규칙이나 이미 합의가 성립되어 보편적인 것으로 통용되는 법·윤리 규범을 바탕으로 토론하는 것이 민주주의의 기본임을 강조한다. 이 주장은 당연한 이야기처럼 들릴 수도 있지만, 다양한 이해관계를 가진 집단 사이에서 조정을 하고 그 결과 타협에 도달하는 것이 민주주의의 본질이라고 보는 견해와 대비해 보면, 그 의의가 분명히 드러난다. 달리 말하자면, '다수의 사람에게 이익이 되기 때문에 옳은 게 아니라 이성적인 이유가 있기 때문에 옳다. 바로 이것이 민주적인 결정의 기본이 되어야 한다'라는 발상이다.

간단히 말하면 정치를 법정처럼 여러 이유의 조합에 입각하여 결론을 내는 일로 본다는 것인데, 사실은 재판과 완벽히 일치되지 않는 점도 있다. 재판관 같은 특수한 전문가의 이성이 아니라 시민들에게 널리 공유되는 이성과 이유에 근거하기 때문이다. 이론적으로 좀 더 분명히 표현하자면, 어떤 폭력이나 압력도 없고 경제적인 이해관계나 로컬한 관습에서 유래하는 편견도 영향을 주지 않는 '이상적 대화 상황ideale Sprechsituation'에서 사람들의 커뮤니케이션적 이성이 인정하는 규칙과 이유에만 입각하여 합의될 수 있는 내용이야말로 민주적인 결정의 토대가 되어야 한다는 것, 바로 이것이 하버마스의 입장이다. 현실에는 순수한 '이상적 대화 상황' 같은 게 존재하지 않지만, 지금까지 근대화의 역사, 민주주의와 사회 규범의 발전사 속에서 결과적으로 '이상적 대화 상황'에서의 합의에 가까운 것이 달성되어 왔다고 볼 수 있다.

이런 하버마스의 논의를, 무지의 베일 아래에서 정의의 구상을 합의한다고 하는 극히 추상적인 논의와 중첩적 합의라는 경험적 사실에 입각한 논의를 공공적 이성으로 접속시키고자 하는 롤스의 발상과 비교해 보자. 그러면 비록 사고의 큰 줄기는 다르지만, 민주주의의 토대론으로서는 거의 동일한 방향을 지향하고 있음을 알 수 있다. 참고로 두 사람의 영향을 받은 조슈아 코언(1951~), 에이미 거트먼(1949~), 존 드라이젝(1953~) 등에 의해 철학적인 '숙의 민주주의deliberative democracy' 이론이 발전하게 되었다.

잠재 능력 중심의 접근법과 아리스토텔레스

한편, 재분배의 정당성을 둘러싼 '리버럴 vs. 리버테리언' 논쟁과도 다르고, '선에 대한 정(正)의 우위'를 둘러싼 '리버럴 vs. 커뮤니테리언' 논쟁과도 다른 축에서 문제를 제기한 것으로 인도 출신의 경제학자 아마르티아 센(1933~)에 의한 잠재 능력 중심의 접근법이 있다.

당초 후생 경제학자였던 센은, 롤스를 포함한 자유주의자들의 정의론에는 개인에게 고유한 것으로 할당되는 자유의 영역을 어떻게 결정할지와 관련하여 역설이 내장되어 있다고 지적하는 형태로, 자유와 정의를 둘러싼 문제에 관여하고 있었다. 하지만 논문 〈무엇에 관한 평등인가〉(1980)를 통해서 재화의 배분에 초점을 맞추는 롤스 등의 논의에는 포함되지 않는 '잠재 능력capability'에 대한 문제를 제기한다. 그리고 《재화와 잠재 능력Commodities and Capabilities》(1985, 1988)에서는 잠재 능력을 중시하는 접근법이 복지를 둘러싼 종래의 경제학적 논의와 어떻게 다른지를 체계적으로 논했다.

잠재 능력이란 간단히 말하자면 개인이 기본재를 충분히 활용하여 자신의 행복을 추구할 가능성을 가리킨다. 예를 들어, 심각한 장애가 있는 사람이라면 설령 격차 원리에 따라 일정한 재화를 분배받더라도 그것을 활용하여 자신의 고유한 '선의 구상'을 추구하지 못할 수 있다. 리버럴(자유주의자)인 롤스 등은 분배된 재화를 개인이 어떻게 활용할지에 대해서까지는 들어가지 않으려 하지만, 센에 따르면 그런 자세는 복지 제도와 그에 상응하는 공공 인프라가 발달한 서유럽 선진국에서는 괜찮을지 모르나 개발 도상국에서는 그렇지가 않다. 그렇기 때문에 재화를 활용하기 위한 잠재 능력을 높여 스스로 생활할 수 있는 그런 상황을 조성해 둘 필요가 있다.

물론 이는 장애인만의 문제가 아니라 시민 모두와 연관된 문제라 할 수 있다. 재화의 분배를 조정하기 이전에 개인이 선의 구상을 수립하기에 충분한 잠재 능력을 갖출 수 있도록 교육, 의료, 공중위생, 교통, 유통망 등을 정비해 두지 않으면 안 된다. 벵골 지방 출신인 센은 벵골 등지에서 기근이 발생하는 원인을 분석한 《빈곤과 기근》(1982)이나 인구·식량 문제와 자유의 관계를 논한 《자유와 경제 개발》(1999) 등 개발 경제학 계열의 연구를 통해, 잠재 능력을 키우기 위한 환경이 갖추어져 있지 않은 것이 문제의 근저에 있다고 지적했다.

조금 주의해야 할 것은 센이 기능functioning과 잠재 능력을 구별한다는 점이다. 기능이란 예컨대 '양호한 건강 상태에 있다'든가 '사회생활에 적극적으로 참여하고 있다' 등 실제로 그 상태에 있음 혹은 실제로 그 활동을 하고 있음을 가리킨다. 공리주의 같은 귀결주의에 따라 수립된 윤리학이나 정치 철학, 경제학이라면 실제로 '달성된 기능achieved functionings'으로부터 그 사람이나 사회에 대한 복지의 충실도를 도모하려 할 테지만, 센은 잠재 능력이야말로 집중해야 할 대상이라고 본다. 잠재 능력은 가령 몇 가지 선택지가 있으면 그중 어느 기능을 달성할 것인가에 대한 자유 선택을 함의하고 있기 때문이다. 기능이 아니라 잠재 능력에 초점을 맞춘 평등론을 전개한다는 점에서 그는 미국적인 리버럴이다.

센의 공동 연구자인 마사 누스바움(1947~)은 《여성과 인간 개발Women and Human Development》(2000) 등에서, 문화적 관습이나 라이프 스타일 때문에 선진국 여성보다 더 잠재 능력을 발휘하기 힘든 인도 등 개발 도상국 여성들의 현재 상황을 분석한다. 센은 다원적인 관점을 취하는 관계로 모든 사람에게 필요한 잠재 능력을 목록화하는 데 신중한 반면, 누스바움은 잠재 능력 측면에서 가장 곤란한 상황에 있다고 생각되는 여성을 기준으로 그녀가 어떤 처지에 있든 반드시 있어야만 할 최소한의 잠재 능력을 목록으로 작성하고, 그것을 인간의 보편적 가치 옹호 차원에서 정당화하려 시도한다.

단, 누스바움은 여성을 종속적인 위치에 처하게 만드는 관습 속에서 태어나 성장한 여성들, 요컨대 자기가 처한 현실을 '자연'이라 여기는 여성들의 경우에는 보편적인 잠재 능력의 목록을 수용하지 않을 가능성이 있고, 그런 것을 제안받아도 갈팡질팡하거나 도리어 성가셔 할 여성들이 존재한다는 사실도 인정하고 있다. 이는 노르웨이의 분석적 마르크스주의 철학자 욘 엘스터(1940~)가 《신 포도》(1983)에서 '적응적 선호 형성adaptive preference formation'이라 칭한 문제로, 페미니즘과 자유주의뿐만 아니라 개인의 자유 확대와 급진적 사회 변혁을 동시에 표방하는 사회사상 분야에서는 늘 부딪히게 되는 난제다. 누스바움은 적응적 선호 형성이 건전한 인간성의 발전이 아니라고 보면서도, 이미 그런 식으로 적응되어 버린 사람에게 무리하게 강요할 수는 없다는 입장을 취하기 때문에 일종의 딜레마에 빠져 있다. 그러나 개발 도상국에서도 지금까지 상당한 수준으로 달성되어 온 '중첩적 합의'는 최소한의 잠재 능력에 대한 보편적 목록을 받아들이는 방향으로 나아가고 있다는 낙관적인 전망을 보인다.

누스바움은 논문 〈비상대적인 덕 : 아리스토텔레스적 접근〉(1990)에서, 잠재 능력론이 아리스토텔레스주의적인 성격을 가진 이론이라는 견해를 표명한다. 아리스토텔레스는 롤스의 분배적 정의론과 샌델의 공동선 이론의 원천이 되기도 한 《니코마코스 윤리학》에서, 인간을 인간답게 해 주는 보편적인 인간의 기능human function을 정의한 뒤, 그것이 폴리스에서 일정한 역할을 부여받아 활동하고 있는 시민들에 의해 어떻게 구체적으로 실현되는지를 분석했다. 피리 연주자의 기능이 피리를 잘 부는 것이며, 조각가의 기능이 뛰어난 조각을 제작하는 것이듯이, 인간에게는 인간으로서 달성해야 할 '좋은 삶', 즉 '행복'이 있다. 아리스토텔레스는 그런 전제에 서서 개인의 삶의 방식을 경험적인 관찰을 통해 밝혀내고자 했다. 그것은 인간의 기능에 대한 객관적인 지표를 밝혀낸 다음, 그것을 충족시키기 위해 구체적으로 필요한 사항들을 로컬한 맥락에 맞게 특정해 나가려는 '잠재 능력 중심의 접근법'과 근본적으로 상통하는 사고방식이다. 이런 식의 평가에 대해서는 센도 대체로 합의하고 있다.

플라톤이 언제나 보편적인 이데아(이념)를 기점으로 삼는 데 반해, 보편과 특수, 이론과 실천 사이에서 균형을 잡으려는 아리스토텔레스는 다양한 형태의 현대 정의론이 공통으로 참조하는 원천이 되고 있다.

제2장

어떻게 하면 타자와 서로 인정할 수 있을까?

−승인론

승인을 둘러싼 문제

　최근 매스컴이나 인터넷에서 승인 또는 승인 욕구라는 말을 자주 접하게 되었다. 이는 자신이 가치 있는 존재이며 뛰어난 능력, 용모, 지위 등의 소유자임을 세상 사람들로부터 인정받는 것을 말한다. 물론 그런 욕구는 거의 모든 사람에게서 볼 수 있지만, 이른바 승인 욕구가 강한 사람들은 본인의 실상과는 거리가 먼 드높은 자질이 있다고 타인으로부터 인정받고자 필사적으로 애쓴다. 생각대로 승인받지 못하면 자포자기에 빠져 일이나 공부, 집안일이 손에 잡히지 않는다. 인터넷 공간에서는 승인 욕구로 한껏 들뜬 많은 사람이 인정을 받아 보겠다며 다양한 문제를 일으키고 있다.
　이처럼 매스컴이나 인터넷에서 회자되고 있는 승인 욕구는 직접적으로는 미국의 심리학자 에이브러햄 매슬로(1908~1970)의 욕구needs 5단계설에서 유래한 듯하다. 5단계를 저차적인 단계부터 순서대로 나열하면 생리적 욕구 → 안전 욕구 → 소속과 사랑의 욕구 → 승인 욕구 → 자기실현 욕구로, 승인esteem은 네 번째 단계다. 타인으로부터 높은 평가를 받고 존중받고 싶다는 욕구다.

현대 철학에서도 1990년대부터 문화적인 혹은 젠더적인 승인을 둘러싼 문제가 정의론이나 자아 이론의 중요한 테마로 떠오르고 있다. 이 경우 승인에 해당하는 영어는 'esteem'이 아니라 'recognition'이지만, 상정되는 내용은 거의 동일하다. 승인을 둘러싼 철학적 논의에는 19세기 초 이후 200년 가까운 역사가 있다. 다만, 정의, 권리, 노동, 권력 등 다른 테마들과 관련지어 논의되는 경우가 많으며, 지금까지 단독으로 주목받는 일은 별로 없었다. 그러나 냉전의 종언과 사회·정치 정세의 변화, 그리고 그에 대응해 철학적·사상사적 관심이 변화된 귀결로서 최근 승인 그 자체에 관심이 쏠리게 된 것이다.

주체의 조건으로서의 승인

이 장에서는 승인론의 의의와 과제를 다룰 텐데, 우선 그 전제로서 현실과 사상의 이중적인 변화에 관해 상세히 해설해 둘 필요가 있을 것 같다.

사상 면에서의 변화란 단적으로 말해서 (제1장에서 살펴본 자유주의와 공동체주의 간 대립의 초점이기도 하던) 정의를 판단하고 실천하는 주체에 대한 시각의 변화다. 롤스의 정의론은 무지의 베일 아래에서도 자신에게 가장 유리한 선택을 생각할 수 있는 합리적인 주체를 전제로 하고 있었다. 이에 대해 샌델은 '자기 정체성을 잃어버린 주체'라는 것을 과연 상정할 수 있는지, 설령 그런 게 존재한다고 하더라도 과연 합리적인 선택을 할 수 있는지 하는 의문을 던졌다.

데카르트 이후의 근대 사회 철학 및 윤리학과 인식론은 롤스적인 의미에서의 합리적인 주체를 전제로 해 왔다. 그러나 현대에는 '합리적으로 판단할 수 있는 자율적인 주체'라든가, 그런 주체가 될 수 있는 안정된 정체성을 지닌 자기를 전제로 사회적 정의와 인간의 인식 능력에 관해 이야기하는 것이 과연 의미가 있는가에 대해 근본적인 의문을 품는 사람들이 (분석) 철학자 중에서도 점차 증가하고 있다. 현실의 인간은 그렇게 합리적으로 판단하고 행동하지 않는다. 우리는 인지 편향 덩어리다. 젠더와 에스닉한 정체성의 차이에 따라 사람들의 사고방식은 상호 이해가 도저히 불가능할 정도로 갭이 있다. 게다가 그 정체성이라는 것도 어떤 환경에서 어떤 속성을 띠고 태어나 성장했을 경우 어떤 정체성 의식을 갖는지는 결코 자명하지 않으며, 성인이 된 후에도 생활 환경이나 인간 관계의 변동에 따라 크게 변화할 가능성마저 있다.

사정이 그러함에도 '보편적 합리성을 갖춘 자율적인 주체'의 시점에 서서 자신들이 마치 그런 주체라도 되는 양 논의를 주고받는다면 그 얼마나 공허한 짓이겠는가. 그것은 현실에서 유리된 학자들이 자기들끼리 벌이는 지적인 게임, 그래서 응용 가능성이 전혀 없는 그런 것이 아닐까?

이제 승인론이 나설 차례가 되었다. 철학적 승인론은 우리가 '보편적인 합리성을 갖춘 자율적인 주체'가 되기 위해서는, 혹은 완벽히 그런 존재가 될 수는 없다 해도 거기에 상당히 접근하기 위해서는 과연 무엇이 필요한지, 또 어떤 조건을 충족해야 하는지에 대한 전제와 관련이 있다. 그러기 위해서는 타인으로부터의 승인이 필요하다. 이것이 바로 승인론자들의 대답이다. 그러나 어떤 의미에서 승인이 주체화의 조건으로 판단되는 것일까?

바로 이런 의미에서 승인론의 의의를 밝히기 위해서는 '주체란 어떤 존재인지'를 둘러싸고 지금까지 진행되어 온 논의 상황을 상세히 회고해 두지 않으면 안 된다.

주체를 둘러싼 사상사적 공방
-낭만파와 니체의 비판

'연고 없는 자기'에 대한 샌델의 비판을 통해 혹은 센 및 누스바움의 잠재 능력론을 통해 드러나듯이, 가치 중립성을 표방하는 자유주의 계열의 정의론은 인간에게 보편적 이성이 갖추어져 있다고, 그래서 가장 중요한 문제에 대해서는 '다 같이' 합리적으로 판단할 수 있다고 전제한다. 성별이나 민족, 종교 등은 달라도 각자 자아의 핵심 부분에 갖추어진 이성은 보편적이기 때문에 법과 정의의 핵심이라 할 수 있는 '정의'의 원리에 대해 자발적인 합의가 가능하다는 것이다. 자유주의와 대립 관계인 공리주의도, 방식은 다르지만, 인간의 가치 판단의 보편성과 합리성을 전제로 하고 있었다. 만일 인간의 가치 판단이 개인마다 상황마다 제각각이고, 그래서 보편적 규칙성을 발견할 수 없다고 한다면 효용 계산은 불가능하기 때문이다.

인간의 보편적 이성을 강력하게 내세우는 경향은 윤리학과 정치 철학, 법철학에서 특히 두드러지는데, 데카르트 이후의 근대 철학 전반, 특히 제2차 세계 대전 이후 철학을 견인해 온 영미 분석 철학에서 이 경향을 찾아볼 수 있다. 분석 철학은 진위를 수학처럼 명확히 확정할 수 있는 논리적인 명제에 한정하여 논의를 진행하려고 한다. 이들은 진위가 모호해질 법한 복잡한 문장은 진위를 확정할 수 있을 것으로 보이는 요소 명제들로 분해하거나 더 세분하여 그런 명제의 구성 요소가 될 만한 명료한 개념들로 분해한다. 온전히 분해되지 않은 채 남겨지는 부분은 무의미한 것으로 간주하여 제거한다. 그렇게 순화함으로써 '보편적'인 논리를 추출하는 것이 분석 철학의 특징이다(롤스와 노직도 그 일익을 담당한다고 평가된다). 물론 인간에게는 수학이나 논리학으로는 파악되지 않는 비합리적인 부분이 있는 것도 사실이다. 하지만 그런 부분은 문학·예술 비평 등에 맡기고, 철학의 사명은 이성적인 주체로서 인간이 펼치는 논리적 사고를 해명하는 것이라고 이들은 생각하는 것이다.

보편적 이성을 갖춘 주체를 상정함으로써 철학을 논리학화하려는 이런 시도에 대한 저항은 헤겔(1770~1831)에 의해 이성 중심의 철학 체계가 완성된 19세기 초부터 있었다. 헤겔과 동시대를 산 프리드리히 슐레겔이나 노발리스 등 독일 낭만파 논객들은 인간의 자아 속에 자아 자신이 모르는 무의식 영역이 숨어 있다고, 또 그곳은 기성 질서를 수호하는 이성이 아닌 질서를 끊임없이 해체하고 재창조하는 상상력이 지배하는 장이라고 주장했다. 이성이 개별 주체들 안에서 작동하는 반면, 상상력은 개별 주체들 사이에서 언어와 몸짓을 매개로 한 상호 관계나 도구와 예술 등의 형태로 작품화된 것을 매개로 하여 주체 초월적으로 작용한다. 이처럼 매개를 거치기 때문에 순수하게 보편적인 것이 아니라 역사성과 지역성을 띠게 된다.

슐레겔 등의 영향을 받은 낭만파 사상가·예술가들은 그런 '무의식–상상력' 영역이 인간의 생활에 있어 '의식–이성' 영역보다 중요하다는 점을 예술과 신화, 민간전승 연구 등을 통해 보여 주고자 했다(이런 낭만주의 사상의 특징에 대해서는 졸저 《모데르네의 갈등》[7] 참조).

그 뒤 1890년대부터 세기 전환기까지는, 이성의 본질은 자기의 힘을 유지하고 확대하려는 생명의 운동이며 진리란 이를 위해 만들어지는 허구라고 보면서 플라톤 이후 철학의 이성 중심주의를 고발하는 니체(1844~1900)의 반(反)철학적인 철학의 영향이 점차 침투해 간다. 니체에 따르면, 자기의 행동을 의지나 이성으로 제어하는 '주체' 따위는 애초부터 존재하지 않는다. 고정적인 내용을 가진 실체로서 지속적으로 존재하는 게 아니다. 그것은 생명력이 약한 존재, 자기를 둘러싼 환경의 엄혹함에 견딜 수 없는 존재가 자신을 미화하기 위해 만들어 낸 환영에 불과하다. 의식되지 않은 다양한 힘이 경합한 결과, 어쩌다 보니 하게 된 일을 '그때 나는 어떠어떠하다고 생각했고, 그것을 실현하려면 무엇무엇이 유효하다고 판단했으며……'라는 식으로 사후에 (그것도 일시적으로) 덧붙인 것에 지나지 않는다.

이성적인 사고의 한계
-반주체적인 사상의 계보

낭만주의와 니체 등이 가한 비판은 문학과 예술, 신화에 기반을 두었기에 철학적인 이성에 대한 공격치고는 꽤나 우회적인 것이었다. 따라서 데카르트, 칸트, 헤겔이 수립한 체계에 입각하여 세세한 논의를 축적해 가고자 하는 전문적인 철학자들에게는 강한 임팩트를 주기 어려웠다. 그러나 19세기 말부터 20세기 전반에 걸쳐 자아, 이성, 의식 등의 성립 자체를 심리학적으로 분석하여 무의식이야말로 '우리'의 주인이라고 주장하는 과학적 담론이 등장했다. 그것이 바로 프로이트(1856~1939)에서 비롯된 정신 분석이다.

 정신 분석은 구체적인 증례의 관찰을 바탕으로 무의식의 존재를 증명했다. 무의식의 영역에 억압되어 있는 의식 내용이나 욕동(欲動)이 주체 자신은 관여하지 않는 지점에서 신체를 움직이게 하고, 다양한 증상을 산출하며, 생각지도 않은 말을 하게 한다. 종래에는 단순히 광기나 비이성이라는 말로 뭉뚱그려 표현되면서 이성적인 탐구 범위 바깥으로 배제되어 있었는데, 프로이트파의 정신 분석과 그 영향을 받은 정신 의학 및 심층 심리학에 의해 그것을 분석하고 의미를 부여하는 방법이 개척되어 왔다.

 제1차 세계 대전이 끝나고 1920년대가 되자, 누구에게나 적용되는 보편적인 진리가 아니라, 실존(=개인 고유의 존재 방식)에 초점을 맞추는 야스퍼스(1883~1969)나 하이데거(1889~1976) 등의 실존주의적 철학이 영향력을 갖게 되었다. 그러자 보편적인 주체는 다른 종류의 동요를 겪게 된다. 개인이 자기 삶의 방식을 결정할 때 합리적인 방식으로는 완벽히 파악되지 않는, 그때그때 상황에 의존하는 특수하고 우연적인 요소나 의식화되어 있지 않은 욕망 등이 밀고 들어온다. 예를 들자면 나는 평범한 샐러리맨으로 살아야 할까, 아니면 아티스트로서 쉽지 않은 길을 걸어가야 할까 등의 선택 상황, 혹은 부모 형제처럼 특정 종교의 신자가 되어야 할까, 아니면 무종교인으로 살아가야 할까와 같은 선택 앞에 섰을 때 틀림없이 믿고 따르면 되는 보편적이고 절대적인 기준 같은 건 없다. 훗날 그때 왜 그런 선택을 했느냐고 질문을 받으면, 나름대로 여러 가지 이유가 떠오르지만 그 무엇도 절대적인 판단 기준이라고 할 수 없으며, 따라서 다른 사람이나 다른 상황에는 적용되지 않는 것이 대부분이다.

정신 의학자이기도 한 야스퍼스는 정신 병리에서 발견되는 무의식 과정이 자아의 판단에 미치는 영향을 고찰하는 것에서 출발했다. 그리하여 의식적 노력으로는 어찌할 도리가 없고 그저 자신의 무력함과 이성적 사고의 한계만이 드러나는 '한계 상황'에서, 인간의 자기의식에 과연 어떤 변화가 일어나는지를 철학의 테마로 부상시켰다.

한편, 초기의 하이데거, 그러니까 후설(1859~1938)의 현상학에 영향을 받던 시절의 하이데거는 기존의 그 어떤 개념 장치도 없는 상태가 있었다고 가정하고, 거기서 의식이 대상 및 자기 자신에 대해 어떻게 관여하는가 하는 문제와 씨름했다. 그러나 머지않아 그는 늘 자아의 주체성을 먼저 전제한 상태에서 사유하는 의식 철학의 틀 자체에 의문을 품고, 그것을 해체하는 방향으로 나아갔다. 그는 우리가 의식을 하게 되었을 때는 이미 자신이 그 안에 있음을 발견하게 되는 (언제나 먼저 있는, 바로 그) '세계'에 초점을 맞추고, 그 '세계' 안에서 현존재(주체)의 행동이 어떤 식으로 방향을 잡는가, 그 방향성(운명)과 어떻게 타협을 해 가야 하는가를 철학의 과제로 삼았던 것이다.

프랑크푸르트학파가 주장하는
이성적 주체의 막다른 골목

이런 반(反)주체적인 사유의 계보를 정치에 접목한 것이 네오마르크스주의, 특히 1920년대에 프랑크푸르트 대학의 사회연구소를 중심으로 활동을 시작하여 전후 독일(서독)과 미국의 반체제적인 학생·시민 운동에 강한 영향력을 발휘하게 된 프랑크푸르트학파다. 마르크스주의는 유물론을 기반으로 '(사회적) 존재가 의식을 규정한다'고 주장하기 때문에 원래부터 반주체적인 경향을 보인다고 할 수 있지만, 다른 한편에서는 혁명의 주역이 되어야 할 프롤레타리아트나 활동가들에게 역사의 올바른 발전 방향을 응시하며 행동할 만한 판단 능력이 있음을 전제로 하고 있었다.

그에 반해 정신 분석과 깊이 결부된 상태로 독자적인 마르크스주의 이론을 전개한 프랑크푸르트학파는 주체의 이성 자체 핵심에 비합리적인 무의식이 작동하고 있다는 점을 지적했다. 호르크하이머(1895~1973)와 아도르노(1903~1969)는 공저 《계몽의 변증법》(1947)에서 문명을 산출하고 발전시켜 온 이성이란 자신의 모체인 자연Natur을 억압하고 지배하려는 야만적인 충동이 변형되고 비대화된 것이라는 견해를 제시했다.

자연으로부터 분리된 이성은 자연에 존재하는 여러 대상의 다양성을 억압하고 획일적인 가치로 환원하여 계산 가능한 것으로 만든 다음, 그 가치의 양을 증대시키는 데 전력을 기울이게 되었다. 그리하여 이성은 화폐로 집약되는 등가 교환의 원리에 지배당하는 자본주의적 문명을 구축해 왔는데, 그 대가로 노동과 소비의 주체인 인간의 심신을 철두철미하게 관리하고 사람들 각각의 생활 전체를 경제 법칙에 종속시켜 왔다. 그렇지만 인간 신체는 자연의 일부이며, 인간의 욕망에 '자연≒무의식'에서 유래하는 다양한 불규칙성과 다양성이 존재하는 이상, 획일적인 시스템에 계속 묶어 두는 것에는 무리가 따른다. 인간의 가장 깊은 본성Natur은 문명화될 수 없다. 그렇기 때문에 문명의 보편화에 저항하는 학생 운동과 여성 해방 운동, 반(反)(문화적) 식민지 운동, 생태주의 운동, 나체주의자 운동 같은 다양한 운동이 일어나기 시작한다.

한 사회의 억압 메커니즘이 과도하게 강해지면 단숨에 이성의 지배가 붕괴되고 그 결과 동물적인 무리를 형성하여 힘에 의해 결집되고자 하는 원초적인 충동이 폭주하게 된다. 그것이 정치 체제로 구현된 것이 나치즘이다. 자유와 평등을 존중하는 서구적 시민 사회와 마르크스주의는 나치즘 등의 전체주의로 이어질 우려가 있는 비이성의 위험한 작동을 이성에 의해 가두려고 하지만, 그것은 인간의 '본성=자연'을 불필요할 정도로 억압하게 된다. 그렇다고 해서 자본주의적인 문명의 행보를 역행시키는 것은 과학 기술로 관리되는 우리의 생활 방식에 근본적인 변화 및 약화를 초래한다는 걸 의미하며, 또한 자연 지배를 통해 자기의 지배력을 끊임없이 확장해 나가려는 이성의 본질에 반하는 것이기도 하다. 프랑크푸르트학파의 견해에 따르면 이성적 주체는 이런 막다른 골목으로 치달아 가고 있다. 이러한 상황 판단 및 견해는 영미에서 대두되고 있던 순수 논리 지향적인 분석 철학의 입장에서는 도저히 받아들일 수 없으며 발상부터가 불가능하다.

구조주의자들의 문제 제기
-레비스트로스, 라캉, 푸코

1950년대가 되면 프랑스를 중심으로 구조주의라 불리는 장르 횡단적인 반주체적 앎의 계보가 주목받기 시작한다. 선도적 역할을 맡은 사람은 문화 인류학자 레비스트로스(1908~2009)와 정신 분석가 라캉(1901~1981)이다. 구조주의는 주체가 자율적으로 존재하며 자유롭게 판단하고 행동하는 것이 아니라, 각종 구조, 언어를 비롯한 각종 기호 체계의 유닛에 의해 본인이 알지 못하는 곳, 즉 무의식에 규정되어 있다는 전제에 서서 그 구조를 밝히고자 했다.

가령 서구 근대인들로부터 미개인 취급을 받는 사람들은 아무렇게나 판단하는 게 아니라 그들 나름의 정밀한 분류 체계와 그에 입각한 행동 기준이 있다. 레비스트로스는 문자 체계가 없는 부족 사회의 언어·기호 체계, 친족 및 혼인 관계, 음식, 신화적인 의례, 주거 배치 등을 연구함으로써 각각의 체계가 수리적으로 정식화될 만한 구조를 가지고 상호 대응하고 있다는 점을 밝혀냈다. 라캉은 그런 구조가 아무렇게나 마구 뒤섞여 있는 듯 보이는 무의식의 영역에도 있음을 밝혔다.

　문화 인류학이나 정신 분석이 밝혀낸 이런 내용은 역으로 서구적인 '이성의 주체'에도 적용할 수 있을 듯하다. 주체는 자신이 이성적이라고 간주하는 규칙에 자발적으로 따르는 게 아니라, 눈에 보이지 않는 구조에 의해 그 선택지가 미리 한정되어 있을 가능성이 있다. 만일 이런 자각이 없는 사람이 있다면, 그것은 구조의 영향이 주체 안에 깊숙이 침투하여 주체와 구조가 아예 일체화되어 있기 때문이 아닌지 의심해 보아야 하지 않을까?

　미셸 푸코(1926~1984)는 《광기의 역사》(1961), 《임상 의학의 탄생》(1963), 《감시와 처벌》(1975) 등의 저작을 통해, 근대적인 주체라는 존재는 일상생활을 규제하면서 '비이성적인 것', '이상한 것(비정상적인 것)', '통치할 수 없는 것'을 배제하고 억압하는 각종 지식의 담론이나 권력 장치와 불가분적으로 결부되어 있음을 밝혔다. 본인 스스로는 구조주의자임을 적극적으로 인정하지 않았지만, 그의 작품 대부분은 서구 근대사에 대한 구조주의의 응용이라고 볼 수 있다.

　그는 주저 《말과 사물》(1966) 등에서 서구 근대의 각 시대, 각 영역의 앎에서 주체를 규정하고 있던 '역사적 선험'(=앎의 지평)을 드러내려 시도했다. 푸코의 관심과 방법은 시기에 따라 상당히 변동하는 게 사실이고 그래서 본인의 의도에 반하는 처사가 되겠지만, 그의 논의가 시사하는 바를 구조주의에 준하여 다소 억지로 정리해 보자. 주체는 진공 속에서 이야기하고 판단하고 행동하는 게 아니라, 인간을 관리하기 위해 역사적으로 형성된 구조 속에서 산출되어 그 구조를 구현하는 방식으로 살아가는 존재다. 푸코에게 중요한 점은 보편적 이성의 작용을 추출하는 것이 아니라, 오히려 그런 관념이 생겨나 효력을 발휘하게 된 역사적 경위다.

우리는 성이나 사랑, 도덕 감정, 신체 감각 등이 선천적인 것이라 판단하기 쉽지만, 푸코는 그런 것들이 긴 역사적 경위를 거쳐 사람들의 실천 속에서 시대별로 지역별로 구조화된 것이라고 본다. 후기의 푸코는 이를 밝혀내는 '계보학'을 제창한다. 니체는《도덕의 계보학》(1887)에서 심리학자들이 선천적이고 보편성을 지닌 것으로 생각하기 쉬운 선과 악, 양심, 책임, 죄 등의 관념이 어디서 기원했고 그 생성 과정은 어떠했는지를 역사적으로 논했지만, 푸코는 그것을 '성'을 중심으로 한 인간의 삶 전반으로 확대하고자 했다. 이것은 보편적인 정(正)에 입각하여 사회를 재구조화하려는 롤스의 정의론과는 양립할 수 없는 발상이다.

데리다에 의한 철학 및 구조주의 비판

구조주의 붐이 조금 가라앉은 1960년대 후반부터 1980년대까지 '포스트구조주의'라 불리는 사상 조류가 주목받게 되었다. 이 조류에 속하는 논자들은 레비스트로스나 라캉이 말한 구조를 실체시하는 경향을 문제 삼으면서 '구조'의 유동성을 강조했다. 구조는 그것을 보는 사람이 서 있는 위치나 스탠스에 따라 다른 양상을 나타낸다. 1970년대 후반 이후 푸코의 계보학도 그런 포스트구조주의적 경향을 나타낸다고 볼 수 있겠지만, 구조주의 vs. 포스트구조주의의 대결 양상을 선명하게 부각시킨 것은 아무래도 데리다(1930~2004)에 의한 레비스트로스 비판일 것이다.

초기의 대표적 저작 《그라마톨로지》[8](1967)에서 데리다는 '미개'라 지칭되는 사람들의 생활 속에서 논리적으로 추출 가능한 '구조 (1)'을 발견하는 자신(레비스트로스)의 시선을 신뢰하는 레비스트로스의 스탠스를 의문시한다. 그 시선 자체가 다른 '구조 (2)'에 의해 규정되어 있을 가능성을 생각할 필요가 있다. 다른 '구조 (2)'는 또한 또 다른 '구조 (3)'에 의해 규정되고 또 이 '구조 (3)'은 또 다른 '구조 (4)'에 의해⋯⋯라는 식으로, 이 연쇄는 무한히 이어질 가능성이 있다. 게다가 한 방향으로 이어져 가는 게 아니라, '구조 (1)'이 다른 '구조 (2A)'에 의해, 그리고 또 다른 '구조 (2B)', 또 다른 '구조 (3B)'⋯⋯ 하는 식으로 복합적인 효과에 의해 규정되는 형태로, 즉 다방향으로 이어져 있는지도 알 수가 없다.

이런 다중적 '구조'의 연쇄를 무시한 채 그 연쇄의 귀결로 산출된 '자기의식'과 '대상'의 관계에만 초점을 맞추고 그것을 모든 인식의 기점으로 삼아 온 서구의 철학적 사고의 전통을 데리다는 '음성 중심주의phonocentrisme'라고 부른다. '자신' 앞에 나타나는 대상을 인식하고 그 내용을 파악했다고 확신하는 자기 자신의 내면의 목소리를 절대적 기준으로 삼기 때문이다. '내 눈앞에 무엇이 있다. 나는 이 일을 의식하고 있다. 그것을 내가 의식하고 있음은 절대적으로 확실하다'와 같이, 내면적 진리를 말하는 목소리를 기준으로 삼는다는 것이다. 플라톤에서 데카르트를 거쳐 후설에 이르기까지 서구의 위대한 철학자들은 이런 내면의 목소리를 이성의 목소리로 간주하고, 의심의 여지가 없는 앎의 기점으로 삼아 왔다. 이성의 목소리에 따라 우리는 우리에게 의심의 여지가 없는 현실의 지평을 발견한다. 데리다에 따르면, 푸코도 이런 음성 중심주의에 사로잡혀 있다.

데리다는 그런 '목소리'가 자연 발생적으로 생겨나는 게 아니라, '에크리튀르écriture'에 의해 의미를 부여받고 에크리튀르와 결부됨을 통해 너무나도 생생한 외관을 획득한다는 것을 보여 준다. 에크리튀르란 '쓰인 것' 혹은 '쓰는 행위', 나아가 '쓰는 방식'을 의미하기도 하는 프랑스어지만, 데리다는 주체와 대상을 규정하고 변용시키는 다양한 기호의 연쇄라는 의미로 이 단어를 사용한다. 데카르트나 레비스트로스는 삶의 현실을 자신의 눈으로 확실히 목격하고 그 일을 내면의 목소리에 따라 확인했다고 확신했지만, 사실은 독서라든지 학교 교육, 주위 사람들이 나누는 대화, 사회적 담론 등 여러 기호에 의해 정형화된 포맷을 본떠 그렇게 생각했을지도 모른다. 인쇄된 문자와는 무관한 사회에 사는 사람도 그 사회를 유지하는 각종 기호의 체계를 따를 가능성이 있다.

그렇다고 한다면 그 에크리튀르의 원형이자 원점에 해당하는 것, '원(原)에크리튀르archi-écriture'를 발견하면 되지 않는가 싶겠지만, 원에크리튀르를 발견한다는 일은 다양한 에크리튀르에 의해 매개되어 있는 까닭에 아무리 궁리해 보아도 자신의 목소리만 따르는 순수한 의식이 원에크리튀르로 이행하는 순간을 포착할 수가 없다. 이는 자신이 분별심을 갖게 된 최초의 순간을 포착해 보겠다는 상황을 가정하면 쉽게 이해가 된다. 아무리 애써도 에크리튀르에 의해 이미 오염되어 있는, 거짓말투성이인 이미지밖에 떠오르지 않는다. 게다가 어떤 특정 주체에 대한 에크리튀르의 작용이 항상 일정한 방향성을 보여 주는 것이 아니라 여러 주체의 기록 행위에 의해 계속 변화해 가기 때문에 에크리튀르의 보편적 본질 및 기능을 열거할 수도 없다.

데리다에 의한 철학·구조주의 비판에 이어 질 들뢰즈(1925~1995)와 펠릭스 가타리(1930~1992)는 《안티 오이디푸스》(1972)를 통해, 정신 분석이 의거하는 오이디푸스 콤플렉스가 근현대적인 앎의 에크리튀르에 의해 산출된 허구라는 점, 인간의 무의식의 욕망은 근현대 철학과 정신 분석, 심리학과 사회학 등이 상정하는 것보다 훨씬 다양하다는 점, 그리하여 일부일처제 가족 속에서 형성되는 정체성이 인간의 가장 기본적이고 보편적인 본성에 입각한 유일한 모습이 아니라는 점을 밝혔다. 《천의 고원》(1980)은 그런 다양한 욕망이 어떻게 전개되어 갈지 탐구하고, 그것을 분석하기에 적합한 새로운 어휘들을 만들어 냈다. '나무 vs. 리좀', '노마드', '전쟁 기계', '리토르넬로' 등은 1980년대 중반 이후 일본의 현대 사상에서도 친숙해진 용어다.

이성에 편중된 철학과 반주체 철학 사이의 가교
-커뮤니케이션적 주체

정신 분석, 문화 인류학, 신화학, 문예·미술 비평 등과 융합한 반'이성 – 주체'의 계보와 달리, 분석 철학은 기호 논리학이나 과학 철학과의 연계성을 강화하면서 비이성적인 요소를 점점 더 도외시하게 되었다. 하이데거의 존재론을 무의미한 언어유희로 거부하려 한 카르나프(1891~1970)나 반증 가능성이 없는 막연한 명제는 과학적으로 가치가 없다고 본 칼 포퍼(1902~1994)가 전후의 분석 철학을 리드한 일도 있고 해서, 양대 조류 간에는 점점 더 깊은 홈이 파여 갔다. 니체나 하이데거 등의 비이성주의가 나치를 이데올로기적으로 지원했다는 인식이 상당히 과장된 형태로 퍼졌기 때문에 분석 철학 계열 사람 중에는 이성적 주체를 비판하는 사상을 위험시하는 경향도 일부 있었다. 역으로 니체주의, 하이데거주의, 프랑크푸르트학파, 구조주의와 포스트구조주의 측에서 보자면, 이성에 편중된 그런 사고방식이야말로 전체주의의 기반이 된 사고, 사회를 획일화하여 일원적으로 관리하고자 하는 사고를 조장해 온 것이라고 주장했다. (이런 구도가 있었다고 해서, 주체 비판 진영이 일치단결했다고 생각해서는 곤란하다. 그들은 서로에 대해 격한 비판을 주고받아 왔기 때문이다.)

이런 양 진영 사이에 가교를 놓아, 독선적으로 폭주하기 어려운(즉, 자기 완결적이거나 독백적이지 않은) 주체관을 제시하고자 한 시도가 없지는 않았다. 그 가운데 가장 대표적인 것이 하버마스(1929~　)의 커뮤니케이션적 행위 이론 및 그 정치 철학적 응용으로서의 공공성론, 토의 윤리학, 숙의 민주주의론이다.

프랑크푸르트학파 제2세대의 대표로 간주되는 하버마스는 저마다 자신의 경제적 이익을 추구하는 시민들 사이에서 공공적인 문제에 관한 의견 교환 포럼[시민적 공공권(公共圈)]이 형성되었다는 것의 의의를 정치 경제사적으로 논하는 데서 출발했다. 당초 하버마스는 헤겔 및 마르크스의 역사 철학적 관점에서, 주체 상호간의 커뮤니케이션을 계기로 한 이성과 다양한 형태의 지식의 발전, 법·도덕 규범의 형성 등과 관련된 문제를 읽어 내는 등 프랑크푸르트학파 제1세대의 문제의식을 계승한 현대 자본주의 비판과 씨름하고 있었다. 하지만 이후 조지 허버트 미드(1863~1931)의 프래그머티즘적인 사회 심리학이나 파슨스(1902~1979)의 사회 시스템론, 분석 철학의 언어 행위론 성과를 받아들여 독자적인(비독일적인) 이론적 틀을 구축해 갔다.

하버마스는 《커뮤니케이션적 행위 이론》(1981)을 통해 커뮤니케이션적 행위를 축으로 하는 새로운 사회 이론의 틀을 체계적으로 제시했다. 이 저작으로 하버마스는 이성을 획일적이고 자기 완결적인 것이라 여기면서 부정적으로 평가하는 프랑크푸르트학파 제1세대를 포함한 네오마르크스주의 사회 이론과도 선을 긋고, 또 그런 이성의 일면성을 시스템에 대한 적합성으로서 '중립적'으로 기술하는 니클라스 루만(1927~1998)의 시스템 이론과도 선을 그었다. 그는 인간의 행위가 언어를 중심으로 한 것이라는 전제 위에 서면서, (물리적 대상이 아니라) 다른 사람에 대한 사회적 행위를 두 가지로 나누었다. 하나는 어떤 목적을 위해 타인을 이용하려는 전략 행위이고 다른 하나는 합의 형성을 지향하는 효과적인 커뮤니케이션 행위인데, 그는 후자에 초점을 맞추어 논의를 진행해 나간다.

일상생활에서는 영업 사원이 계약 체결을 목적으로 상대의 비위를 맞춘다거나 학교와 대학에서의 강의, 연설, 강연 등에서 인기도 얻고 경력도 업그레이드하고 싶다는 자신의 사적인 목적을 실현하기 위해, 화제로 올라 있는 내용의 진위나 옳고 그름과 무관하게 상대방의 편을 드는 경우들이 있다. 하버마스는 물론 그런 현실이 있음을 인정하지만, 동시에 그런 것과는 다른 별개의 경우 또한 있다고 말한다. 즉, 수학과 논리학, 철학 등의 학문적 논의를 할 때 난제를 둘러싸고 올바른 답을 추구하며 논의를 하는 것처럼, 개인으로서의 이해관계와는 무관하게 서로의 생각을 정확하게 파악한 후 더 정교하고 세련된 공통 인식에 도달하기 위해 노력하는 경우도 있다고 생각하는 것이다.

물론 구체적인 개별 사례들을 이 둘 중 하나의 유형으로 순수하게 구별할 수 있는 것은 아니며, 대부분의 경우 두 가지 동기가 섞여 있는 것이 사실이다. 하지만 적어도 모든 사회적 행위를 전략적인 행위로 환원할 수는 없으며, 실제로 우리 안에 이성적인 상호 합의를 추구하는 동기가 작동하고 있다는 점은 확실할 것이다. 만일 그렇지 않다면, 자신과 아무런 이해관계가 얽혀 있지 않은 문제에 관해서도 때로는 자신이 주장하고 싶은 말을 타인에게 이해받으려 애쓰기나 상대의 의도를 이해하려고 애쓰는 것이 설명되지 않는다.

하버마스는 커뮤니케이션 행위를 다음 세 가지로 분류한다. '진리'를 지향하는 이론적 논의에서의 '사실 확인적 발화 행위konstative Sprechhandlungen', 법 및 도덕적 관념의 정당성을 둘러싸고 전개되는 실천적 토의에서의 '규범에 의해 규제된 행위normenreguliertes Handeln', 예술적 작품에 대한 평가를 둘러싸고 서로의 미적 판단력에 작용하면서 역으로 작용을 받기도 하는 '연극적 행위dramaturgisches Handeln'. 그리고 이 각각의 행위에는 상이한 토의Diskurs 양식과 규칙이 발전되어 있음을 지적한다. 주체와 주체를 맺어 주는 이런 커뮤니케이션 행위가 사회적 존재로서의 인간의 삶에서 큰 비중을 차지하고 있음을 보여 줌으로써 하버마스는 개별 주체에 내재하는 이성과 의지를 절대시하는 현대 철학의 기본 구도와는 거리를 둠과 동시에, 주체를 물질적인 것으로 환원시키는 유물론이나 무의식을 포함한 주체의 불확정성을 강조하는 구조주의/포스트구조주의와도 확실히 선을 긋는다. '주체'들은 자신들이 보편적이고 이성적인 합의에 도달할 수 있다는 전제 아래 규칙에 따라 서로 작용을 하고 또 작용을 받는데, 그 합의의 내용은 미리 확정되어 있는 게 아니라 항상 변화에 열려 있는 것이다.

커뮤니케이션 행위 이론을 구축하면서 하버마스는 앞서 언급한 조지 허버트 미드의 사회적 자아론을, 그리고 언어 행위론이나 이와 밀접한 관계에 있는 언어학의 '화용론pragmatics'의 성과를 원용한다. 화용론은 문장이나 문구가 문맥에 따라 어떤 상이한 기능을 담당하는지 연구한다. 미드는 우리의 자아가 각자의 내부에서 자기 완결적으로 발전하는 게 아니라, 자신과 마찬가지로 사회의 일원이면서 행동을 함께하는 타인들의 관점을 흡수하는 형태로 형성된다고 주장한다. '나(I)'가 자신의 자아(Me)의 모습에 대해 반성하고 그에 대해 어떤 작용을 할 때, 그 '자아'는 '나'의 상상의 산물만은 아니다. '이러이러할 때 그는 저러저러할 것이다'라는 타인들의 기대를 반영하여 형성된 것인 까닭에 '나'의 생각만으로 맘대로 바꿀 수 있는 게 아니다. 미드의 사회적 자아론은 정신 분석에서의 '타자=초자아'론을 의식화된 영역으로 이동시킨 것으로 볼 수 있다. 그 연장선상에서 생각하면, 어떤 이기주의적인 인간도 사회적 행위에서 타인과의 합의를 완전히 무시할 수는 없다는 얘기가 될 것이다.

'언어 행위론'은 언어를 논리적으로 유의미한 명제를 표현하기 위한 매체로만 보는 게 아니라 다른 사람에게 말을 걺으로써 사회적으로 의미 있는 행위를 수행하는 행위로 본다. 바꿔 말하자면 언어의 퍼포머티브한 효과에 주목하는 분석 철학의 한 조류인 것이다.

예컨대 "불이야!"라고 외치는 것은 객관적인 사실을 언명하고 있는 것[=발어(發語) 행위locutionary act]일 뿐만 아니라, 그 소리를 듣는 사람한테 어서 도망치라고 촉구하는 행위다(=발어 매개 행위perlocutionary act)). 가게에서 "그걸로 할게요"라고 말하는 언명이라든지 법원에서의 판결 신고 등은 기성사실을 확인하고 있는 게 아니라, 그 언명 자체에 의해 새롭게 사회적 사실을 산출해 내는 것이다(=발어 내 행위illocutionary act). 특히 주목해야 할 점은 발어 내 행위인데, 이 행위는 그것을 발화한 주체와 그것을 받아들인 주체에 작용하여 계약, 서약, 결혼, 재판, 정치적 결정 등 다양한 사회적 사실을 성립시키는 힘force을 갖는다.

이런 문제 설정은 비트겐슈타인(1889~1951)의 영향을 받아 일상 언어의 분석을 중시하는 일상 언어 학파에 속하게 되는 영국의 철학자 존 랭쇼 오스틴(1911~1960)에 의해 정식화되었고, 나아가 미국의 철학자이자 마음 철학의 논객으로도 알려진 존 설(1932~)에 의해 더욱 상세하게 규정되었다(오스틴과 설의 입장은 중요한 지점에서 다르다는 것이 종종 지적되지만 여기서는 그 문제까지 들어가지는 않겠다). 이런 행위론적 접근은 언어학자이기도 한 영국의 철학자 폴 그라이스(1913~1988) 등의 연구에 의해 화용론의 이론적 발전으로도 이어졌다.

생활 세계라는 공통 경험의 지평

하버마스는 '언어 행위론-화용론'의 성과를 커뮤니케이션적 행위의 성격을 부여하는 데 이용한다. 나아가 그는 존 설이 언어 행위에 힘을 부여하는 것이라고 평가한 (사람들의 일상적인 행동 배경에 있는) 세계상의 문제에 주목하고, 이를 후기 후설의 '생활 세계Lebenswelt'론에 접속시켜 커뮤니케이션에 관한 독자적인 상을 정립해 낸다. 우리 각자는 세계를 객관화된 개념에 의해 파악하기 이전에, 일상적으로 경험하는 자연이나 사회 질서에 입각하여 자신의 행동에 방향을 부여하고 있으며, 동시에 정확히 왜 그런지는 모르지만 자신과 같은 존재자들도 비슷한 경험을 하고 있으리라 예측한다. 생활 세계란 개념화되기 이전에 우리가 공통으로 경험하는 세계다.

우리는 상대에게 언어를 매개로 뭔가를 할 때, 자신의 경험이나 생각만을 가지고 자의적으로 말을 하는 게 아니라 생활 세계의 질서에 부합되는, 적절하다고 판단되는 방식으로 말하려고 한다. 상대방도 그때그때 기분에 따라 멋대로 응답하는 게 아니라 생활 세계의 공통 경험에 적합하도록 응답하려고 한다. 이런 시각은 미드의 'Me'론과도 매끄럽게 접합될 수 있으며, 우리가 일상적으로 상호 작용을 할 때 특별한 자각 없이 구사하는 방법을 염두에 두면 꽤나 납득이 간다. 커뮤니케이션적 행위 능력을, 무슨 하늘에서 뚝 떨어져 갑자기 획득된 것이라거나 개별 주체들이 본래부터 갖추고 있는 것이 아니라 생활 세계에 뿌리박은 상호 행위로부터 서서히 진화하고 제도적으로 세련되게 다듬어져 온 것으로 생각한다면, 순수한 이성적 합의를 지향하는 커뮤니케이션적 행위의 존재가 관념론적인 허구에 불과하다고 하는 혐의를 물리칠 수 있다.

하버마스는 우리 공통 경험의 지평인 생활 세계를 언어 행위론 및 사회적 자아론과 근본적으로 싱통하는 것으로 도입했다. 이를 통해 그는 분석 철학이 흔히 무시하곤 하는 주체의 무자각적인 행위나 주체들 간의 상호 작용이 끼치는 영향을 논의의 장 속에 들일 수 있었고, 그럼으로써 헤겔, 셸링, 마르크스, 프로이트 등 독일계 사회 철학에서 쌓아 올린 성과를 프래그머티즘과 분석 철학적인 맥락에서 의미 있게 살려 낼 수 있었던 것이다. 단, 주체에 대해 무의식 영역이 갖는 우위를 강하게 시사하는 '니체·하이데거주의'나 포스트모던 계열의 사상과는 확실히 선을 긋는다. 《현대성의 철학적 담론》[9](1985)에서는 푸코나 데리다의 논의에 형이상학적인 전제나 수사학이 다수 숨어 있다는 점을 비판하면서, 이성에 대한 종래의 견해를 바탕으로 이성 비판을 계속하는 것은 생산성이 없으니 커뮤니케이션적인 이성관을 바탕으로 새로운 사회·규범 이론을 수립해야 한다고 주장한다.

1980년대 이후 하버마스는 《도덕의식과 커뮤니케이션 행위》(1983), 《토의 윤리》(1991), 《사실성과 타당성》(1992) 등에서, 생활 세계에 뿌리를 내리고 있는 당사자들의 커뮤니케이션을 통해 끊임없이 진화해 가는, 열린 이성으로서의 커뮤니케이션적 이성을 전제한 윤리학과 정치 철학을 전개해 나간다. 그는 특정한 가치나 규범을 출발점으로 삼는 것이 아니라, 토의에서 합의를 이루고자 하는 사람들이 따르지 않을 수 없는, 혹은 실제로 따르고 있는 가장 기본적인 규칙에 주목하면서 그것이 담당하는 기능 및 향후 발전 방향성을 분석함으로써 보편 가능한 요소를 찾아내 윤리학과 정치 철학을 재구축하려고 시도한다. 사람들의 (반드시 자각적이지만은 않은) 일상적인 커뮤니케이션 실천으로부터 보편 가능한 정의의 원리를 향해 가는 길을 탐색하는 그의 커뮤니케이션적 이성 이론이, 결과적으로 다문화 사회에서의 '중첩적 합의'를 받쳐 주는 공공적 이성에 대한 롤스의 고찰과 서로 통하게 된 것이다.

로티의 전략과 콰인의 전체론

근본적으로 대립하는 분석 철학과 반(反)주체성 사상을 이어 줄 수 있는 또 하나의 경로를 구축한 사람이 리처드 로티(1931~2007)다. 그는 기본적으로는 분석 철학 계보에 속하지만, 다른 한편 하이데거나 구조주의/포스트구조주의 등의 반주체성 논의도 적극적으로 도입한 사상가다. 제2차 세계 대전 후 미국에서 발전한 분석 철학에는 몇 가지 원천이 있었는데, 로티는 그중에서도 특히 후기 비트겐슈타인의 언어게임론과 콰인(1908~2000)의 전체론에 주목하고, 그것을 프래그머티즘적인 진리관과 재접속시킴으로써 자연 과학적인 인간관을 절대시하는 주류 분석 철학에 대항하는 전략을 취했다.

비트겐슈타인이 《철학적 탐구》(1953)에서 제시한 언어게임론이란, 단어의 의미는 그 당사자들이 사용하고 있는 (법률, 정치, 비즈니스, 학회, 의료 현장, 공장, 지역 공동체, 부족 집단, 가족, 연인 등등의) 언어게임의 규칙에 의거한다는 것이나. 분야별로 말씨나 언어 사용법이 다르다는 이야기라면 굳이 철학자가 지적할 필요조차 없을 것이다. 그렇다면 후기 비트겐슈타인의 논의 중 어디가 그렇게 급진적이었는가? 그것은 수학이나 자연 과학의 기본 개념 및 사실에 해당되는 것들, 예컨대 정수, 유리수, 실수, 허수 같은 것들이라든가, 물리학이나 화학의 실험을 통해 확인되는 사실들 또한 게임의 규칙에 따라 구축되어 있을 뿐 게임의 규칙을 넘어선 어딘가에 물자체(사물 자체)가 실재하는 건 아니라는 이야기였기 때문이다. 이 관점에서 생각해 보면, 소위 '진리'란 어떤 언어게임의 규칙을 기반으로 플레이어들끼리 상호 작용을 해서 얻어진 귀결에 불과하게 될 것이다. 이는 앞서 살펴본 하버마스의 커뮤니케이션적 행위 이론과 상통하는 견해다.

한편, 콰인의 전체론이란 무엇인가? 그것은 사람들이 대상에 대해 품는 신념이나 과학적 명제가 각각 독립적으로 성립되어 있는 게 아니라, 서로의 정당성을 상호 증명하는, 그런 상호 의존적인 체계를 이루고 있다는 생각이다. 예컨대 운동 중인 물체의 가속도나 공기 저항에 대한 물리학의 법칙을 증명하기 위해 물리학자들은 실험을 하는 것이지만, 그때 실험 장치들이 물체의 질량이나 이동한 거리와 시간 등을 정확하게 측정할 수 있다는 점, 그리고 실험에 상정되어 있는 것 이외의 다른 요인들을 거의 완벽하게 제거했다는 점 등이 당연히 전제가 된다. 그렇다면 그런 전제들이 사실이라는 것은 무엇에 의해 보장될까? 실험 장치들의 물성에 대한 여러 가지 물리 법칙에 의해 보장될 것이다. 그렇다면 그 법칙들을 어떻게 증명할까? 그들 각각에 해당하는 실험을 구성하여 시도해 볼 수밖에 없다. 그렇다면 그 실험 장치의 실험 장치는 또 어떻게……. 이런 식으로 생각을 하다 보면 법칙들이 서로를 받쳐 주고 있는 관계가 보이기 시작한다.

물리학, 화학, 생물학, 광물학, 지질학, 천문학 등 자연 과학의 여러 분야를 보면 각 분야를 구성하는 명제들은 그런 명제들끼리 혹은 다른 분야를 구성하는 명제와 서로 의존하는 관계다. 수학이나 논리학의 명제조차 상호 의존 관계를 벗어날 수 없다. 사회 과학이나 인문 과학의 상호 의존 관계에 관해서는 말할 필요도 없을 것이다. 철학이나 사회학, 심리학, 문학 연구 등의 기본 개념과 명제들은 아무리 엄밀하게 정의하려 해도, 아니 엄밀하게 정의하려고 하면 할수록 같은 분야 또는 다른 분야의 기성 개념이나 명제들을 원용하지 않을 수 없게 된다. '인간'이라는 개념을 철학적으로 엄밀히 규정하려고 하면 불가피하게, '인간'의 정의를 둘러싸고 철학 분야에서 벌어진 논의의 역사를 돌아보고 자신의 견해를 뒷받침하는 논의를 발견한다든가, 심리학이나 생물학의 연구 결과들을 참조한다든가 하게 될 것이다.

이런 사고방식은 자연 과학적인 관찰에 의해 엄밀히 검증 가능한 개별 명제들을 뚜렷이 확정할 수 있다고 하는, 콰인의 스승이기도 한 카르나프 등의 논의와 정면으로 대립한다. 카르나프 등의 주장에 따르면, 과학적으로 의미 있는 명제는 그런 과정을 거쳐 사실이라고 판명된 원자 명제atomic sentence와 그 원자 명제들에 논리학적인 조작을 가해 도출되는 복합적인 명제들뿐이며, 그런 여러 학문의 엄밀화를 지원하는 것이야말로 철학이 수행해야 할 사명이었다. 그에 반해 콰인은 여러 학문의 체계를 그런 단순한 명제들로 환원하는 것이 불가능하다는 점을, 원자 명제에 해당하는 것들이 어떻게 언어적으로 구성되어 있는지를 보여 줌으로써 밝혀냈다. 각 나라의 국어사전을 보면 알 수 있듯이 한 언어 체계에 속하는 모든 단어를, 그 언어 체계 자체에 속하는 단어만을 사용해 정의하려고 하면, 결국 A는 B와 C와 D……에 의해 정의하고, 여기에 나오는 B를 또 P와 Q와 R……에 의해 정의하고, 또 P를 X와 Y 및 Z로 정의하고, X를 A와……에 의해 정의한다고 하는, 순환이 발생한다. 의미라든가 언어, 행위 같은 가장 기본적인 것이라 여겨지는 단어들은 물론이고 조사, 접속사 같은 기본적인 문법 용어까지도 그 언어의 다른 단어들로 정의하지 않으면 안 되기 때문이다.

이런 의미에서의 전체론은 프랑스의 물리학자 뒤엠(1861~1916)에 의해 물리학의 기초에 대해 이미 제기된 바 있었는데, 그것이 콰인의 논문 〈경험주의의 두 가지 도그마〉(1951)에서 과학적 지식의 전 영역을 포괄하는 문제로 다시 제기된 것이다. 전체론적인 견해를 취하면, 당연히 개개 명제들의 진리성이 상대화되어 궁극적인 형태로 이론적 토대를 부여하기가 불가능해진다. 단, 콰인은 논문

〈자연화된 인식론〉(1969) 등을 통해, 동일한 감각적 자극을 받은 사람들이 나타내는 반응과 문장의 형태로 표현되는 관찰된 사실 등에 대한 간(間)주관적 합의가 있느냐 없느냐에 따라 그 진위를 판정하여 자연에 관한 과학적 명제의 토대를 부여할 수 있지 않겠는가라는 입장을 표명하고 있다. 약한 의미의 자연주의(자연주의에 대해서는 다음 장에서 논의한다)를 표방하는 콰인의 전체론은 진리를 완전히 맥락 의존적인 것으로 보지는 않는 것이다.

자유주의(리버럴리즘)의 해석학

그러나 전체론을 (인간의 지식 전체가 아니라) 각 영역 내에서의 전체론이라고 이해한 다음, 그런 전제 위에서 비트겐슈타인의 언어게임론과 접속시키면, 모든 신념과 명제의 의미(참과 거짓)는 그것이 속한 특정한 맥락의 게임 규칙에 따라 규정되고, 그 맥락 밖에서는 의미가 없는 셈이 된다. 그것은 글자 그대로의 보편적 이성을 인정하지 않고, 주체의 인식이 맥락 의존성을 갖는다는 점과 진리에 상대성이 있다는 점을 시사하는 구조주의/포스트구조주의와도 상통하는 견해이다.

로티를 일약 유명하게 만든 《철학과 자연의 거울》[10](1979)의 기조는 바로 그런 '언어게임 + 맥락주의'적인 시각이다. 이 저작에서 그는 인식론을 기반으로 한 근대 철학이 인간의 마음mind을 '자연'

을 충실하게 비추는 거울이라 간주한 다음, 이 거울에 정확히, 직접적으로 반영되는 대상의 표상을 모든 인식의 토대로 삼고자 하는 '토대주의foundationalism'에 사로잡혀 있다고 지적한다.

분석 철학은 마음 자체가 아니라 마음 상태를 기술하는 명제, 즉 언어를 분석하는 데로 초점을 옮겼지만, 그럼에도 불구하고 그 명제가 마음을 정확히 기술하고 있는지를 논하는 것이라면 결국 똑같은 얘기가 된다. 토대주의가 아무런 실효성도 없음을 보여주기 위해 로티는 콰인, 비트겐슈타인, 그리고 '주어진 것의 신화(myth of the given, 소여의 신화)'를 비판한 셀러스(1912~1989) 등을 원용한다(주어진 것의 신화란 인식의 진리성의 토대가 되는 것이 절대 확실한 감각 여건sense-data으로 주어진다고 가정하는 입장을 말한다). ('감각 여건'과 '주어진 것의 신화'에 대해서는 다음 장에서 자세히 다룬다.)

절대적인 근거foundation 따위는 없는데도 무리하게 근거 지으려 분투하는 불모의 '토대주의' 대신 로티는 콰인과 셀러스에서 볼 수 있는 프래그머티즘적인 태도(명제의 진위를 토대 부여의 가능 여부로 따지는 게 아니라 실제적으로 사용할 수 있느냐 여부, 즉 현상 설명에 도움이 되느냐 여부로 판단하고, 말의 의미나 용법의 적절성을 평가하는 태도)를 권장한다. 콰인이나 셀러스는 프래그머티즘을 명확하게 재정의한 것이 아니었던 반면, 로티는 프래그머티즘에 있어서 상이한 유형의 다양한 학문과 담론 사이에 회화conversation를 성립시키는 매개 역할을 해낼 수 있는지를 중시한다. 튼튼한 토대를 갖춘 유일한 정답을 확정 짓고자 하는 인식론epistemology과 달리, 다양한 담론이 전체적으로 하나의 큰 직물을 이루면서 서로 받쳐 주는 관계에 있음을 보여 줌으로써, 각각 자신의 방식으로 진리를 탐구하고 있는 사람들이 회화 관계로 진입하도록 촉진하는 것을 임무로 삼는 철학을 로티는 '해석학hermeneutics'이라고 부른다.

해석학이란 19세기 독일 신학자 슐라이어마허의 《성서》 해석 방법론에서 비롯되었고, 이어서 딜타이(1833~1911)에 의해 (자연 현상을 객관적으로 설명하는erklären 자연 과학과는 달리) 타인의 추체험(追體驗)이라는 형태로 문화 현상을 이해하려는 정신과학 일반의 방법론으로 확장되었으며, 하이데거의 제자인 가다머(1900~2002)의 《진리와 방법》(1960)에 의해 역사 존재론적으로 의미를 부여받으며 재정식화된 독일적인 장르다. 글자 그대로, 고전적인 텍스트 해석으로부터 인간의 문화적·사회적 삶을 이끌어 내는 데 중점을 둔다.

상식적으로 보자면 해석학은 분석 철학과도 프래그머티즘과도 이질적이다. 하지만 로티는 해석학에 전체론적 성격이 있다는 점에서 프래그머티즘과 친화성이 있다고 본다. 하나의 공통 근거로까지 거슬러 올라가 모든 지식의 토대를 부여하고 거기서 새로이 연역해 내는 토대주의적 방식과는 달리, 해석학은 다양한 형태와 지위 아래 유통되고 있는 상이한 유형의 언어·기호 표현들을 먼저 인정하고, 그것들을 창출하고 전승하는 주체들의 지평[시좌

(視座)]에서 해석함으로써 그들 간의 상관관계를 발견해 간다는 것이다. 해석학에서는 다양한 (예술 작품이나 일상 회화 등을 포함하는 넓은 의미에서의) 텍스트 긴의 상호 연계성을 발견함으로써 B를 참조하여 A를 이해하고, C를 참조하여 B를 이해하고, D를 참조하여 C를 …… 그리고 A를 참조하여 X를 이해한다고 하는 순환적인 작업을 통해 해석을 추진해 간다(해석학적 순환). 이처럼 전체론적 연관 속에서 해석을 추진함으로써 장르 횡단적인 '회화'가 가능하게 된다. 이런 시각에서 보면 분석 철학의 주요 사상가들이 '토대 부여가 불가능한 비합리적 담론들'이라고 배제해 버린 많은 것(여기에는 해석학적이고 사상사적인 성격이 강한 철학뿐만 아니라 포스트모던 계열의 담론까지 포함된다)을 전체론적인 틀 안에서 복권시킬 수가 있다. 설령 과학적인 토대 부여까지는 불가능하다 해도 문화적으로 유통되고 사회적인 기능을 담당하고 있는 담론을 무시할 수는 없는 것이다.

1980년대 이후의 로티는 이런 해석학적 실천을 정치 철학 영역에서 전개했다. 논문 〈철학에 대한 민주주의의 우선성〉(1988)에서는 롤스의 논문 〈공정으로서의 정의-형이상학적인 것이 아니라 정치적인〉(1985)을 프래그머티즘적인 논의로서 평가한다. 롤스의 논문이 정의의 토대를 철학적으로 부여하는 데 집착하지 않고 정의를 민주주의의 역사, 특히 제퍼슨 이래의 미국 민주주의 속에서 형성된 정치적인 구축물로 보고 유연하게 취급한다는 점에서다. 일견 보편주의적으로 보이는 《정의론》도 그런 관점에서 새로 읽어 낼 수 있다고 시사함으로써, 롤스를 샌델의 '연고 없는 자기' 비판으로부터 '옹호'한다. 또한 《우연성, 아이러니, 연대》[11](1989)에서는 '리버럴한 사회'를 인류의 보편적 이성이 지향하는 이상인 것처럼 말하고 싶어 하는 하버마스 같은 보편주의적 리버럴을 비판한다. 그러면서 현실에 존재하는 리버럴한 사회가 의거하는 여러 규범은 다양한 역사적 경위를 거쳐 형성된 것이며, 그래서 다분히 우연적인 것이라고 주장한다. 그렇기에 정의나 자유, 평등 등의 개념에 토대를 부여하는 대신 그 개념들이 생성되어 온 계보를 추적하는 니체적이고 푸코적인 접근이 중요해진다는 것이다.

이렇듯 로티는 '분석 철학+정의론'의 보편주의를 비판하고 포스트구조주의에 관용적인 자세를 표명하지만, 정치적 실천과 관련해서는 푸코나 데리다의 영향을 받은 좌익의 논의는 평가해 주지 않는다. 《미국 만들기—20세기 미국에서의 좌파 사상》[12](1998, 2000)에서는 무의식 차원에서 작동하는 문화적 억압 문제에 과도하게 집착함으로써 구체적인 개선책을 제시하지 못하는 포스트모던 계열의 문화 좌익을 비판하고, 착실하게 현실 문제를 조금씩 개선해 온 듀이류의 프래그머티즘적 좌익의 전통으로 회귀해야 한다고 호소한다.

'상호 승인'이란 어떤 것인가?

하버마스와 로티는 철학에 대한 기본자세에서 보편주의(하버마스)와 맥락주의(로티)라는 차이는 보이지만, 두 사람 모두 철학이 합리성의 단일한 기준을 부여할 수 있다는 듯이 말하는 방식은 거부하며, 다양한 입장이나 담론 간의 대화와 이를 통한 진보에 기대를 건다는 기본자세를 공유하고 있다. 하버마스의 보편주의는 어디까지나 커뮤니케이션 가능성의 보편성을 전제로 하면서 보편적 이상을 지향해 간다는 의미일 뿐 보편적 이상 자체를 실체화하고자 하는 것은 아니다. 로티의 맥락주의도 모든 규범을 상대화하며 진보를 부정하는 사상은 아니다. 양자 모두 서구의 지적 엘리트의 합리주의적 담론으로부터 떨어져 나가는 타인들의 말을 들으며 대화하는 것을 중시한다.

다만, 대화가 중요하다고 해도 그렇게 하자고 외치기만 해서는 대화가 성립되지 않는다. 하버마스는 커뮤니케이션적 이성의 보편성에 호소하고 있지만, 현실적으로는 후기 롤스나 로티의 논의에서 볼 수 있듯이, 어느 정도의 역사적인 실적이 없으면 제도로 실체화할 수 있는 실질적 합의를 달성하기란 불가능하다. 기본적으로 과거의 민주적인 대화에 참가하지 않던 사람들, 배제되어 있던 사람들, 형식적으로는 참가하고 있어도 지적인 주류파들이 상대해 주지 않던 사람들과, 그들(타자)을 지적으로 열등한 사람으로 업신여기는 경향이 있는 엘리트들이 진정한 합의를 지향하는 대화를 나누는 것은 곤란하다.

  더 나아가 대화를 한다고 하는 문제 이전에, 엘리트든 하층민이든, (문화적으로 혹은 젠더적으로) 다수파든 소수파든, 기본적으로 사람들은 자신에게 진정한 이익이나 행복이 어떤 것인지를 합리적으로 생각하고 일관되게 추구해 가는 지성과 의지의 힘을 충분히 갖추고 있을까? 자신이 무엇을 요구하는지 확실치 않은 사람들끼리라면 대화를 해도 무의미하지 않겠는가?

  그래서 주목받게 된 것이 유의미하게 대화할 수 있는 주체가 되기 위한 조건으로서의 승인(recognition, 인정)이라는 문제이다. 당연한 말이지만, 이 경우 승인(인정)이라는 것은 단순히 상대가 자신과 같은 인간이라는 종에 속하는 존재라고 인식recognize하면 끝나는 그런 문제가 아니다. 상대도 자신과 마찬가지로 인격을 지닌 존재임을 인정하고 존중하는 것, 최소한 다른 종류의 대상, 즉 물건들과 동일하게 취급할 수는 없다는 의식을 동반한 인식이다.

  내가 매 순간 그때그때의 자연스러운 욕구만 따르며 살아가는 단순한 동물이 아니라 자율성을 갖춘 인격적인 존재이고자 한다면, 같은 인격을 가진 타자와의 관계는 필수 불가결하다. 자신의 이상적인 모습(약속을 성실하게 지키는 인간이나 근면하게 일하는 사람 등)에 부합하는 인격이 되고자 한다면, 약속의 상대나 업무 파트너, 자신이 하고 있는 일을 이해하고 평가하고 의견을 말해 주는 사람 등 같은 공동체에 속한 다양한 타자와의 관계가 전제된다. 그런 간(間) 인격적인 관계가 상대방과 나 사이에 있다고 인식하고 또 그렇게 행동하게 되는 것이 '(상호) 승인'이다.

설령 형식적일 뿐이라 해도 타자로부터 '합리적으로 판단할 자율적인 주체'로 '승인받고 있음'을 자인(자기 승인)할 수 있다면, 그 사람은 실제로 그런 존재로 행동함으로써 그 기대에 부응하고 싶어 할 것이다. 혹은 현재 승인받는 기준을 넘어 더 고차적인 승인을 받고자 노력할 수도 있다. 그렇게 되면 상대의 의향이나 이상을 파악하기 위해 서로 본격적인 대화로 진입하려는 동기를 부여받게 될 것이다. 모든 사람이 합리성과 커뮤니케이션적 이성을 선천적으로 갖추고 태어나지 않았더라도 승인을 기반으로 해서 서로의 행동을 규제하는 관습이나 제도가 구축된다고 가정해 보자. 그러면 같은 공동체에 속한 개인들은 마치 '자율적으로 합리적인 판단을 내리는 게 항상 가능'하고, '늘 근거에 입각하여 대화할 용의가 있는' 주체인 것처럼 행동하도록 습관이 밸 것이고, 그것이 차츰 '인간 본성'으로 정착되어 갈지도 모른다. 승인을 기점으로 그런 사회적 진화가 이루어져 가는 길을 상상해 볼 수 있다.

정체성 승인이라는 과제

칸트(1724~1804)는 타인의 인격을 단순한 수단이 아닌 목적 그 자체로 존중해야 한다고 역설했지만, 인격의 존중이 어떤 과정을 거쳐 가능해지는지, 아니면 그것은 필연적으로 발생하는지에 관해서는 논하지 않았다. 하버마스의 '토의 윤리'는 칸트의 인격 존중론을 커뮤니케이션에서의 인격 존중론으로 바꿔 읽은 것이라 이해할 수 있다. 개인의 인격이 자율적으로 존재하기 위해서는 역사적으로 뒷받침된 (상호) 승인이 기반이 되어야 한다는 논의를 최초로 제기한 사람은 헤겔이다.

대표적인 저작 《정신 현상학》(1807)에서 헤겔은 주인Herr과 노예Knecht의 변증법을 둘러싼 그 유명한 논의를 제시했다. 사람이 사회 속에서 자유로운 주체이기 위해서는 타자로부터 지배당하는 게 아니라, 타자를 지배하는 사람이 되어야 한다. 그래서 만인은 만인에 대해 투쟁을 일으켜 자신이야말로 주인임을 인정(승인)하게 만들려고 한다. 투쟁에서 승리한 자는 패배한 자를 노예로서 노동하게 시키고, 자신은 물질적 조건에 구속당하지 않은 채 자유로이 행동할 수 있는 주인이 된다.

그러나 주인은 생활을 노예에게 의존하게 되므로 생활 능력은 점차 감퇴된다. 그에 반해 노예는 노동 속에서 창의력과 궁리하는 힘 등을 기름으로써 점차 능력을 향상해 간다. 그러다 보면 어느새 주인은 노예에게 인정받음을 통해서만 간신히 주인인 상태에 놓이게 될 것이다. 그렇게 되면 양자의 힘 관계가 역전될 가능성이 발생하기 시작한다. 이런 식으로 역사 속에서는 자신이 자율적인 인간임을 서로 상대에게 승인시키고자 하는 투쟁이 끊임없이 생겨나고 그로 인해 사회 구조가 변화해 나간다. 결국 주인과 노예의 입장은 바뀌게 되고 새로이 주인이 된 쪽은 노예가 반역을 일으키지 않도록 일정한 자유를 인정하면서 효과적으로 노동을 시키는 제도를 고안할 것이다. 그렇게 해서 사람들의 의식과 습관을 더 정교화해 가는 제도가 형성되어 간다. 그런 '형성물, 즉 교양Bildung'을 매개로 역사는 발전해 간다.

20세기 후반 프랑스에서의 헤겔 이해에 결정적인 영향을 끼친 러시아 출신의 철학자 코제브(1902~1968)는 이 '주인/노예' 관계에 주목함으로써 생사를 건 양자의 투쟁과 힘 관계의 역전극을 통해 인류 문화가 계속 발전한다고 주장했다. 노동하는 노예의 창의력과 궁리하는 힘에 의해 다채로운 발명이 이루어지고 예술 작품들이 생산된다. 그와 동시에, 증대되는 노예의 힘에 대응하여 그들의 권리를 인정하는 한편 반란을 일으키지 않도록 하는 유화책으로서 법질서와 관습이 형성되어 간다. 최종적으로는 만인에게 자유와 평등을 보장하는(바꿔 말하자면 개인의 시민으로서의 인격을 승인하는) 자유 민주주의의 승리에 의해 ('주인/노예' 간의 투쟁이라는 형태로 전개되어 온) '역사'는 '종언을 맞는다'고 한다. 베를린 장벽이 붕괴되기 직전에 자유주의 사회의 승리를 예언했다고 해서 유명해진 미국의 외교 전문가 프랜시스 후쿠야마의 논문 〈역사의 종언〉(1989)은 코제브의 헤겔 해석을 당시의 국제 정세를 개관하기 위해 응용한 것이다. 이런 역사 발전의 원동력인 '주인/노예' 관계를 둘러싼 헤겔 및 코제브의 논의를 힘 관계보다 승인 쪽으로 중점을 옮기는 형태로 재해석하고 그 적용을 시도한 것이 다문화주의를 제창한 커뮤니테리언이자 정치 철학자, 그리고 헤겔 연구자로도 알려진 찰스 테일러(1931~   )와 프랑크푸르트학파 제3세대의 대표 격인 악셀 호네트(1949~   )다.

1992년에 간행된 논문집에 수록된 〈승인을 둘러싼 정치〉에서 테일러는 문화적·젠더적 정체성의 승인이 현대 정치의 중요한 과제가 되었다고 지적했다. 여기서 말하는 정체성이란 타자와 두드러지게 다른 그 인물의 특징을 가리킨다.

기존의 (약자를 위한 투쟁의) 정치에서는 자유와 함께 평등의 달성이 중요한 과제였다. 평등이란 주로 경제적 부와 법적·사회적 지위에 대한 것으로 롤스 《정의론》의 주된 테마였다. 미국의 공민권 운동은 흑인을 포함한 인종적·민족적 소수자에게 백인과 동일한 권리를 보장하고 동일한 지위를 부여하며 동일한 수입을 얻을 수 있는 기회 제공을 목표로 했으며, 페미니즘은 남녀 동권(同權)을 목표로 했다. 그러나 1980년대 이후 구소련이나 동유럽의 민족 분쟁에서 볼 수 있듯이, 또한 가정생활에 속박되지 않는 여성과 동성애자의 권리를 요구하는 운동이나 프랑스어 문화의 복권을 요구하는 캐나다 퀘벡주의 운동에서도 볼 수 있듯이, 자신들은 독자적인 정체성을 가진 존재임을 승인시키고자 하는 소수자들의 동향이 두드러지기 시작했다.

그런 소수자들은 다수자들의 삶의 방식에 동화됨으로써 평등해지는 게 아니라, '그들'과는 다른 자신들의 존재 방식에 '그들'과 동등한 가치가 있다는 승인을 요구하고 있는 것이다. 소수자들이 독자적인 문화를 획득하고 유지하는 것은 경제적으로는 비효율적일 수도 있고, 또 소수자들 내부에서 다수자들에게 동화되자고 하는 사람들과의 불화가 증폭될 수도 있으며, 소수자들 간의 대립이 분출될 가능성도 있다. 그것을 잘 알면서도 그들이 자신들의 정체성 승인을 요구하는 이유는 그들 대부분이 부와 지위의 평등만을 추구하는 것이 아니기 때문이라고 생각된다. 인간으로서의 보편적 가치가 요구되고 있다 해도, 그것은 같은 시민으로서의 평등이 아니라 '개인으로서, 또 하나의 문화로서 자신의 정체성을 형성하고 정의하는 보편적인 인간으로서의 잠재성universal human potential'이다.

테일러는 문화적으로 '평등한 가치의 승인recognition of equal worth'을 요구하는 사람들이 존재한다는 사실을 들면서 타자와는 구별되는 자신 고유의 존재 방식, 즉 자신의 정체성을 인정받는 것이야말로 사람이 인격적인 존재로 살아가는 데 필수적임을 강조한다. 주인과 노예 간의 투쟁은 단순히 어느 쪽이 더 강한지, 어느 쪽이 지배자에 어울리는지를 둘러싼 다툼이 아니라, 더 본질적으로는 자신의 존재를 승인시키려는 다툼인 것이다.

통상적인 헤겔 해석에서는 승인을 둘러싼 투쟁이 최종적으로는 보편적인 이성을 가진 인간성을 산출해 낸다고 상정된다. 코제브에 따르면, 그것은 미국형 자유 민주주의 사회에서 풍성한 소비 생활을 누리는 인간이다. 테일러는 그런 보편주의적인 헤겔 이해, 또 그런 헤겔주의와는 확실히 선을 그으며, 세계사는 다른 정체성을 가진 사람들이 상호 승인을 하는 상태로 나아가고 있다고 시사한다. 헤겔 연구서인 《헤겔》[13](1975)과 《헤겔 철학과 현대의 위기》[14](1979)에서 테일러는 (아직 보편주의자가 아니던) 초기 헤겔의 논의를 참조하면서, 인간에게 자유나 주체성이란 그 사람이 속해 있는 사회의 존재 방식, 언어, 예술, 종교, 일상적인 습관에 의해 형성된다고 봄으로써 커뮤니테리언적인 헤겔 이해의 방향성을 제시한다. 그의 승인론은 이 연장선 위에 있다고 생각된다.

승인의 세 가지 모드

한편 호네트는 《인정 투쟁》[15](1992)에서 헤겔의 승인론을 사회심리학적으로 파고들어 새로운 이론적 틀을 구축하려 시도한다. 그는 헤겔의 예나 시기(1801~1807)의 도덕 철학적 논고, 특히 《인륜의 체계》(1802~1803) 속에는 인격을 구성하는 조건으로서의 승인에 대한 고찰이 있는데, 이는 《정신 현상학》에서의 고찰보다 심도 있는 것으로 현대에도 적용될 수 있다고 지적한다. '인륜Sittlichkeit'이란 관습 속에서 피어올라 점차 보편화되어 가는 규범이다.

호네트는 초기 헤겔의 세 가지 승인 양상, 즉 사랑Liebe, 법Recht, 연대Solidarität를 분명하게 제시한다. 한 가족의 성원들이 감정의 측면에서 서로를 필요한 존재로 인정하는 것이 사랑이고, 계약 등의 형태로 서로의 권리를 인정하는 것이 법이며, 같은 공동체의 일원으로서 서로가 불가결한 존재임을 인정하고 또 서로의 명예

Ehre를 인정하는 것이 연대다. 이 세 단계의 상호 승인을 거침으로써 사람은 자율적인 주체가 되어 가는 것이다. 달리 말하자면, 타자와의 상호 작용 없이 처음부터 자율적인 주체로 존재하면서 자신이 도달해야 할 목표를 설정하고 있는 것이 아니라는 의미다.

초기 헤겔은 사람이 세 가지 수준에서의 상호 승인을 통해 '자기 형성=사회화'되어 가는 과정에 주목했고, 만일 그렇게 해서 태어난 주체가 파트너와 제대로 된 관계를 맺지 못할 경우 상처를 받는 취약한 존재임을 인지하고 있던 것으로 보인다. 그런 점에서 현대의 사회 심리학적인 과제들과 상통하는 문제의식을 갖고 있었는데, 《정신 현상학》에서의 (주체를 받쳐 주는) 승인에 대한 고찰은 도리어 다양성이 결여되어 있다는 게 호네트의 진단이다. 마치 고립된 자기의식이 자신의 본질을 발견하고 개발하는 듯한, 그래서 모놀로그적이고 그저 알기 쉬운 사고로 수렴되어 버렸다는 것이다.

호네트는 앞서 살펴본 조지 허버트 미드의 'I-Me(아이-미)'론과, 정신 분석 안에서도 욕망의 대상으로서의 엄마의 신체에 대한 유아의 관계를 (그 후 인격을 형성해 가는 토대로서) 중시하는 위니콧(1896~1971)의 대상관계론 등을 흡수한다. 역시 초기 헤겔의 승인론을 현대의 사회 심리학적인 문제와 결부시키려 한 것이다. 세 가지 승인이 달성되지 않는 것은 개인에게 '모멸Mißachtung' 또는 '모욕Beleidigung'이라 받아들여져 주체의 마음에 심각한 상처를 가하고 건전한 정체성 형성을 방해할 가능성이 있다.

사람은 주위 사람들로부터 애정 어린 시선과 접촉을 받음으로써 자신의 몸을 잘 제어하고 타자에게 적절한 행동을 할 수 있게 된다. 반면 계속 학대를 받으면서 타자로부터 배려받는다는 실감을 얻을 수 없는 경우에는 자타의 거리감이라는 걸 알 수 없고 자기 자신을 신뢰할 수 없게 된다. 사회에서 권리의 주체로 또 상호 행위의 파트너로 승인받지 못한 채 제도적으로 배제당하는 상황이 계속되면 책임 능력을 가진 주체로서의 자각을 가지고 행동할 수 없게 되는 것이다. 자신의 고유한 삶의 방식이나 신념의 가치를 부정당하고 사회적 지위가 낮은 상태에 계속 놓이게 되면 자기 평가가 저하되고 자신이 사회적으로 의미 있는 일을 하고 있다고 생각할 수 없게 되어 사회에 참여하기가 어려워진다. 역으로 말하면 사람은 (사랑에 의한) '자기 신뢰Selbstvertrauen', (법에 의한) '자기 존중Selbstachtung', (연대에 의한) '자기 평가Selbstschätzung'를 쌓아 감으로써 자율적인 주체가 되어 자신의 목표와 포부를 명확히 하고, 그것과 자신을 동일시할 수 있게 되는 것이다.

헤겔은 개인적인 이해관계를 과도하게 추구한 나머지 상호 승인이 곤란해진 시민들을 국가가 계몽을 통해 재통합하고 도덕화함으로써 더 고차적인 상호 승인이 달성된다고 보았다. 한편 미드는 민주주의 사회에서 기능적 분업화에 의해 각자의 역할을 새로 위치 짓는 일이 해결로 이어진다고 생각했다.

이들이 생각한 해결책은 지금 시점에서 보면 복잡해지고 심각해지는 현대적인 정체성의 대립 양상을 해결하기에는 불충분하다. 국가나 민주주의 자체를 신용할 수 없게 된 상황을 고려한다면 더욱 그러하다. 그러나 이들의 논의로부터 우리는 (사회적인 제도나 관습과 결부된) 승인의 기능이 제대로 작동하지 못하면 자기 신뢰, 자기 존중, 자기 평가에 손상을 입게 되고, 그리하여 경제적 평등으로는 환원될 수 없는 '문화적 대립'이 야기된다는 점을 통찰할 수 있다.

 호네트의 승인론을 하버마스의 커뮤니케이션적 행위 이론과의 관계에서 비추어 보면, 커뮤니케이션하는 주체로서 행동할 수 있기 위한 전제 조건으로서 '인격의 (상호) 승인' 문제를 파고들어 간 이론이다. 요컨대 커뮤니케이션적 행위 이론이나 정의론의 범위를 확장하고 있는 셈이다. 승인론은 공공적 이성을 구사하는 자율적인 주체를 처음부터 전제하는 리버럴 계열의 정의론으로는 대처하기 힘든 문제, 예컨대 초기 마르크스가 제기한 노동 소외와 관련된 문제들을 고려 대상으로 삼을 수 있다. 센의 '잠재 능력 중심의 접근법'이 제도적 인프라 측면에서 자율적인 주체로 행위를 할 수 있게 되기 위한 조건을 탐구하는 것이었다면, 승인론은 그 조건을 사회 심리학적인 측면, 인격적 안정성이라는 측면에서 세심하게 검토하는 것이라고 할 수 있다.

헤겔의 승인론을 현대화한 브랜덤

셀러스와 로티의 네오프래그머티즘을 계승하는 로버트 브랜덤(1950~)도 헤겔의 승인론을 현대화함으로써 분석 철학과 리버럴한 정의론의 (주체 및 합리성에 대한) 획일적인 시각을 보정하려 한다. 그의 논의는 주체의 내면성이나 능력보다 규범norm 형성에 초점을 맞춘다. 브랜덤에게 규범이란 칸트의 도덕 철학처럼 선험적으로 존재하는 것이 아니라, 주체 간의 상호 관계로부터 발생하고 강화되어 가는 것이다. 또한 사회 계약론에서 상정되는 바와 같이 보편적인 이성을 지닌 자율적 주체들의 합의에 의해 순간적으로 성립하는 것도 아니다. 복수의 주체들 간 상호 작용이 축적되어 감으로써 서서히 형성되는 것이다. 이는 관습으로부터 산출되는 행동의 규칙성에서 도덕의 기원을 찾는 데이비드 흄(1711~1776)의 발상에 가깝다.

〈헤겔의 관념론에 존재하는 프래그머티즘적인 몇 가지 테마〉(1999)라는 논문에서 브랜덤은 헤겔이 말하는 승인의 본질을 다음과 같이 말한다. 그것은 사람들이 자신이 어떠어떠한 행동을 할 것이라고 커미트먼트하는(상호 약속을 하는) 것, 또는 책임을 지는 것이다. 커미트먼트commitment한다든가 책임을 진다responsible for는 것은 자신이 어떤 행동을 하는 데는 일정한 이유reason가 있고, 그에 따라 일관된 행동을 할 생각이라는 것을 언어 혹은 (상대가 느낄 수 있는) 모종의 방식으로 표현하고 있음을 뜻한다. 물론 일방적인 메시지 전달만으로 규범이 성립하는 것은 아니다. 어떤 사람이 동일한 메시지를 여러 차례 상대에게 표명하고, 실제로 그 사람이 그 이유에 입각하여 책임성 있게 판단하고 행동하는 패턴을 보이고 있어, 설령 예외적으로 보이는 행동을 했을 경우에도 이해 가능한 이유가 있을 거라고 확신하게 되었을 때 규범으로서 타당하게 된다. 그의 주저 《그것을 명시화한다Making It Explicit》(1994) 등에서는 서로의 커미트먼트에 주목하고 규범을 형성하는 것을 '점수 기록scorekeeping'이라고 부른다(이유나 점수 기록에 관한 브랜덤의 논의는 다음 장에서 더 상세하게 다루겠다).

칸트의 도덕 철학에서는 이론 이성(인식하는 이성)과 실천 이성(도덕적으로 판단하는 이성)의 주체인 자아가 먼저 있고, 그 자아가 (자신이 이성에 따라 의거하고 있는) 개념틀에 입각하여 대상의 속성에 관해 판단하기도 하고 그 대상에 작용하기도 한다. 요컨대 모놀로그적인 도식인 것이다. 그에 반해 헤겔의 승인론에서는 상대가 승인하기 전에는 자신의 인식의 진리성이나 행위의 정당성에 커미트하는(책임을 지는) 이성적인 주체는 존재하지 않으며, 규범도 존재하지 않는다. 브랜덤이 말하는 규범에는 인식을 위한 기준도 포함되어 있기에 그는 인식과 실천적인 판단을 연속적으로 파악하고 있다. 복수의 당사자들이 과거의 경험에 입각하여 서로의 커미트먼트를 '승인=인식recognize'하는데(영어의 'recognize'도, 독일어 'anerkennen'도 '인식한다'라는 뜻과 상대의 주장이나 입장을 '승인한다'라는 의미로 쓰인다), 그와 함께 각자의 규범이나 그에 따라야 할 이유, 책임 등이 그때마다 형성되는 셈이다. 당연한 얘기지만 이 과정은 경험의 추이에 따라 변화할 가능성이 있다.

이것은 기본적인 개념이나 주체를 도구적으로 파악하고 있다는 의미에서 프래그머티즘이다. 헤겔은 '절대정신의 역사적 자기 전개'라든가 '절대지(絕對知)' 같은 표현을 쓰기 때문에 자칫 프래그머티즘과는 정반대 인상을 주지만, 브랜덤에 따르면 헤겔이 말하는 정신Spirit, Geist이란 서로의 행위를 상호 승인하는 공동체, 승인적 공동체recognitive community다. 물론 이 공동체는 생물의 신체처럼 고정된 구조를 지닌 실체와는 달리, 누가 그 성원이고 누구는 아닌지가 확정되어 있지 않다. 성원들의 경험 및 점수를 매기는 양상에 따라 가변적인 것이다.

주체들 간의 경험을 둘러싼 이런 상호 작용을 규범의 기초로 간주하는 브랜덤의 논의는 헤겔의 승인론과 함께 하버마스의 영향도 받고 있다. 하버마스는 《진리와 정당화》(1999)에 수록된 논문 〈칸트에서 헤겔로 : 브랜덤의 프래그머티즘적 언어 어용론(語用論)〉에서, 브랜덤의 시도가 개념과 규범을 실재론적으로 파악하는 게 아니라, 커뮤니케이션적 행위 속에서 새로이 포착하려 한다는 점에서 대체로 호의적으로 평가한다. 그런 반면 브랜덤의 승인론의 파악 방법에 따르면, 각 당사자가 자신의 행위나 언명에 도덕적으로 커미트하고 있는지, 아니면 그냥 그때그때의 형편에 따라 반응하고 있을 뿐인지를 판별할 기준이 각 점수 기록자에게 없다는 점이 문제라고 지적한다. 규범이 상호적으로 형성되었을 때 비로소 그 판별 기준이 생긴다고 한다면 순환 논법이 되고 만다. 사실 브랜덤은 오히려 단순한 반응과 규범적 태도의 구별을 상대화하려는 것처럼 보이는데, 커뮤니케이션적 실천의 당사자가 커뮤니케이션적 규칙을 토대로 하는 보편적 규범을 지향한다고 보는 하버마스의 입장에서는 규범을 완전히 맥락 의존적인 것으로 만들어 버리는 것은 용납하기 힘들다.

이 문제를 둘러싼 브랜덤과 하버마스의 차이에서 볼 수 있듯이, 상호 승인의 실천이라는 게 최종적으로는 보편적 규범, '정의' 원리를 향해 진화하고 있는 건지, 아니면 맥락에 따른 변화, 다문화주의적 변주에 폭넓게 열려 있어 로티가 말하는 의미에서의 '토대' 따위는 없는 건지가 현대 승인론의 중요한 논점이다.

제3장

자유 의지는 환상에 불과한가?
−자연주의

인간의 행동에 고유한 법칙은 있는가?

　우리는 통상적으로 학문에는 크게 두 종류가 있다고 생각한다. 바로 이과 계열과 문과 계열이다. '이과-문과'는 일본 특유의 구분 방식이지만, 서양에서도 자연 과학이나 수학 등 인간의 주관을 배제하고 객관적으로 탐구하기 쉬운 학문 영역, 그리고 인문 과학이나 사회 과학 등 인간 고유의 활동에 관련되며 따라서 주관성을 배제하기 어려운 영역 등으로 대략적인 구분 정도는 있다(이에 대해서는 오키 사야카의 《문과와 이과는 왜 나뉘었는가》[16] 등 참조). 이런 구분과 각 영역별 방법론의 차이 및 공통성에 철학은 깊이 관련되어 왔다.

　이 장의 주제인 '자연주의'란 극히 대략적으로 말하자면, 이과적이고 자연 과학적인 방법론을 문과 분야에 적용하려는 입장이다. 그렇게 함으로써 '답'이 애매해지기 쉬운 문과 쪽을 더 '과학적'

으로 만들고자 하는 것이다.

(앞에서도 이름이 등장한) 19세기 중반에 활약한 딜타이는 자연 현상을 인과적으로 설명하는 게 목표인 자연 과학과 인간에 관련된 일들을 이해하는 게 목표인 정신과학을 원리적으로 구별했다. 신칸트학파의 철학자 리케르트(1863~1936)는 현상이 발생하는 일반적인 법칙을 밝혀내려는 자연 과학과, 개별 사건들에 내재된 문화적 가치의 인식을 목표로 하는 문화 과학의 차이를 해명했다. 또한 앞서 로티와 관련하여 언급된 해석학이란, 인간의 정신 활동 흔적인 여러 텍스트에 대해, (그 텍스트를 작성한 사람들과) 동일한 정신 구조를 갖고 있다고 상정되는 다른 사람들이 언어를 중심으로 하는 인간 고유의 기호 체계를 활용하여 다가갈 수 있고, 그것을 해독해 낼 수도 있다는 점을 전제로 삼는 철학의 방법론이다. 정신과학 혹은 문화 과학의 대부분은 어떤 형태로든 해석학적인 작업이 포함되어 있다. 그런 학문들은 (인간의 사회적·문화적 활동과 독립적으로 성립하고 또 존재하는 영역을 탐구하는) 자연 과학이나 수학과는 근본적으로 다르다고 할 수 있다.

물론 자연 과학과 문화(정신) 과학 사이에 확실한 경계선이 있다는 말은 아니다. 심리학이나 지리학, 통계학, 인류학처럼 양쪽에 다 걸쳐 있는 연구 영역은 근대 초기부터 존재하고 있었고, 전형적인 인문학으로 간주되는 역사학이나 문학이 데이터의 통계 처리나 당사자(작중 인물)의 생활 환경에 대한 설명, 그들이 하는 행동의 전제가 되어 있는 자연 과학적 지식을 설명하기 위해 자연 과학의 성과들을 원용하는 경우는 비일비재하다. 의학이나 공학이 연구·치료·실무적 결정을 위한 윤리적 지침을 책정할 때 철학의 한 분야인 윤리학에 의거한다거나, 기술을 인간의 생활 습관과 사회 환경에 적합한 형태로 개발하려 할 때 사회학이나 인류학의 연구 성과를 원용하는 일도 드물지 않다.

자연 과학과 문화 과학의 차이가 철학적으로 문제가 되는 것은 '인간의 행동에 물리적 인과 법칙으로 환원될 수 없는 고유한 법칙이 과연 존재하는가' 하는 점이다. 고유한 법칙이 없으면 양자의 구별은 상대적인 것에 지나지 않고, 그럴 경우 해석학이라는 것도 자연 과학의 기초 이론 가운데 하나로 '과학 철학'의 한 변종에 불과하게 된다. 달리 말해서, 이런 식으로 자리매김하지 않을 경우 그것은 사이비 학문이 되어 버린다는 뜻이다. 반대로 고유한 법칙이 있다면, 양자의 경계선을 철학적으로 분명히 하기 위해 딜타이의 연구를 현대에 부활시키고 계승할 필요가 있을 것이다.

인간 고유의 의지 및 행위의 선택 원리를 어떻게 밝혀낼까?

철학사적 차원에서 이런 논의의 출발점은 자연의 인과 법칙에 따르는 사물의 존재 방식이나 운동을 탐구하는 이론 이성의 영역과, 도덕 법칙에 자발적으로 따르려는 실천 이성의 영역을 구분해야 한다고 주장한 칸트의 연구일 것이다. 다양한 물리적 현상을 규정하는 인과 법칙, 혹은 그 배후에 있는 우주의 근본 법칙을 밝히려는 이론 이성을 과연 어떻게 자리매김할 것인가는 (후설과 하이데거에까지 이르는) '초험론 철학'이라 불리는 논의 영역이 따로 산출될 만큼 상당히 난해한 문제이지만, 여기서 특히 주목할 것은 인간이 인과 법칙과는 다른 별도의 법칙에 따라 자신의 의지와 행동을 결정할 가능성, 즉 자유가 있다는 것이 칸트에 의해 시사되었다는 점이다.

칸트는 인과 법칙으로부터 자유로운 행위의 선택 원리는 모종의 도덕 법칙이어야 한다는 전제 아래 사유를 펼쳤지만, 과연 무엇을 '도덕적'이라고 부를지는 그리 구체적으로 특징짓지 않았다. 보편적인 형식을 갖추고 있지 않으면 순수한 도덕 법칙이 아니라고 말했을 뿐이다.

여기서는 일단 인과 법칙과는 다른 방식으로 인간의 의지나 행위를 규정하는 법칙을 도덕 법칙이라고 하자. 마키아벨리가 말한 국가를 유지하기 위해 '군주의 덕(역량)'에 따라 행동하는 일이나, 니체가 말한 '권력 의지(또는 권력에의 의지)' 같은 것을 추구하는 일도, 만일 그런 일들이 물리적 인과 관계로 환원될 수 없는 독자적인 법칙성을 갖추고 있다면 도덕 법칙에 포함하자는 제안이다. 물론 칸트 자신의 기준에 따르면 그런 것들은 당연히 '도덕'에서 배제될 터이다. 그러니까 나의 제안은 다만 이번 장의 논의의 줄기를 확실히 잡기 위해 편의적으로 취한 분류 방식이다.

이처럼 넓은 의미에서의 도덕 법칙이 (적어도 행동하는 인간의 의식에는) 실재한다고 한다면, 심리학, 정치학, 법학, 역사학, 사회학, 경제학, 문화 인류학 등의 학문은 인과적 필연성만으로는 설명할 수 없는 (정신적·문화적 존재인) 인간 고유 행위의 선택 원리를 밝혀내야만 하며, 문학과 예술의 연구 분야에서는 작품이 어떤 인간적 가치의 실현을 지향하고 있는지 밝혀내야 한다. 칸트는 예술 영역에서는 이성의 또 다른 측면인 판단력이 작용한다고 보았지만, 논의가 너무 번쇄해지지 않도록 여기서는 실천 이성과 판단력의 차이까지는 들어가지 않겠다. 리케르트 등을 포함해 (신칸트 학파 중에서도) 서남(西南)학파라 불리는 일파는 도덕 법칙이 타당하게 적용되는 영역이 존재한다는 전제 아래 철학과 기타 학문들의 관계를 재편하고자 했다.

새로운 철학의 사명
-빈 학단과 통일 과학 구상

그렇다면 분석 철학에서는 이 문제가 어떻게 논의되어 온 것일까? 분석 철학의 윤리학 분야를 개척한 영국의 철학자 조지 에드워드 무어는 《윤리학 원리》[17](1903)라는 저서에서 선good 등의 윤리적 개념을 '누구에게 유용하다'든가, '누구에게 기분 좋다', '누구의 진화를 촉진한다' 같은, 경험적으로 관찰 가능한 속성으로부터 도출해 내려는 것은 '자연주의적 오류naturalistic fallacy'라며 기각했다. 이를 통해 무어는 선, 정의, 자유, 평등 같은 윤리학적 제반 개념들의 의미와 그 상관관계를 인간의 생리학적 현상으로 환원하지 않으면서 탐구해 가는 메타 윤리학이라 불리는 영역을 개척했다.

반면 1920년대 후반부터 1930년대 전반에 걸쳐 오스트리아의 빈을 거점으로 '논리 실증주의logical positivism'를 내걸고 활동한 빈 학단(學團)은 철학과 사회 과학 등을 자연 과학화할 가능성을 탐구했다.

논리 실증주의란 과학 철학 차원의 한 입장으로, 과학의 언어는 논리학과 수학처럼 논리적으로 엄밀해야 하며, 아울러 거기서 취급하는 명제는 실험이나 관찰에 의해 검증 가능한 것으로 한정되어야 한다고 본다. 철학은 이 일을 위한 토대 이론의 역할을 해야 하며, 따라서 논리적으로 명료하지 않고 검증할 방법도 없는 문제를 다루는 존재론 같은 형이상학적 논의는 철학에서 제외되어야 한다고 했다. 중심 멤버로는 앞서 거명된 루돌프 카르나프(1891~1970), 물리학자 출신의 과학 철학자 모리츠 슐리크(1882~1936), 수학자 출신으로 사회 과학에 수리적 수법 도입을 권장한 오토 노이라트(1882~1945), 물리학자로 확률론에서도 실적을 낸 한스 라이헨바흐(1891~1953), 수학자 한스 한(1879~1934) 등이다.

노이라트, 카르나프, 한 등 세 사람이 학단 설립을 위해 연명으로 집필한 강령적 문서 〈과학적 세계관 : 빈 학단〉(1929)에는 형이상학적·주관적 요소를 완전히 배제한 '통일 과학Einheitswissenschaft'의 구상이 명확히 제시되어 있다. 이는 경험적 소재를 논리적으로 분석하거나 정식화하는 데 적합한 과학적 기호 체계를 구축함으로써, 상이한 분야의 연구자들이 동일한 말로 대화하고 공통의 세계 이해를 가질 수 있게 한다는 것이다. 새로운 철학의 사명은 세계에 대한 독자적인 테제를 제시하는 게 아니라 시간, 공간, 인과율, 개연성 등 말의 용법이 애매한 탓에 초래되는 문제들을 해결함으로써 통일 과학적인 세계 파악 촉진에 기여하는 것이라고 했다.

주된 관심은 물리학, 기하학, 생물학, 심리학 쪽을 향하고 있지만, 사회 과학의 여러 분야, 특히 역사학과 경제학 분야도 언급되어 있다. 물리학 등의 분야에 비하면 후자의 분야(역사학과 경제학 등)에서 형이상학 개념의 정화는 그다지 진행되지 않았는데, 물리학 분야의 원자처럼 너무 작아서 직접 관찰할 수 없는 대상이 아니라 전쟁과 평화, 수출과 수입처럼 비교적 파악하기 용이한 대상들을 다루기 때문에 그만큼 절박하지는 않다고도 기술되어 있다. 민족정신Volksgeist 같은 애매한 개념을 특정 형태의 인간 집단으로 치환하는 것은 그리 어렵지 않으리라고 낙관적인 견해를 나타내고 있기도 하다.

통일 과학에 대한 희구

노이라트는 논문 〈물리주의에 있어서의 사회학〉(1931)에서, 통일 과학의 언어는 시공간의 질서 및 거기서 발생하는 일들을 정확하게 기술할 수 있는 물리학 언어로 통일되어야 한다고 주장한다. 인간인 나의 체험은 신체의 여러 기관을 구성하는 물질의 운동으로 기술하는 것이 가능하다. 기존에 '사고'라 불리던 것도 어떤 물리적 자극에 대해 신체의 언어 기능이 반응하여 하나의 언명 형태를 취하는 것이며, 나아가 그것이 자신 혹은 다른 사람의 신체에 반응을 일으키며, 더 나아가 그것이⋯⋯라는 일련의 흐름의 일부라고 생각될 수 있다.

이와 같이 인간의 사고를 생체의 반응으로 환원하는 자신의 스탠스를 노이라트는 심리학 용어를 사용하여 '행동주의Behaviorismus'라고 불렀다. 참고로 행동주의의 토대가 되었다고 간주되는 파블로프의 개 실험이 러시아의 생리학자 이반 파블로프(1849~1936)에 의해 수행된 것은 1902년이고, 미국의 심리학자 존 B. 왓슨(1878~1958)이 행동주의 심리학의 선언문을 제출한 것은 1913년이다.

노이라트 입장에서 보자면 딜타이 등이 정신과학의 고유한 방법으로 간주해 온 이해Verstehen나 감정 이입Einfühlen 등도 물리학 언어로 환원 가능하기 때문에 인간의 신체적 행동과 구별되는 정신의 작용을 별도로 상정할 필요는 없다. 그리하여 그가 배제한것은 (딜타이나 리케르트의 영향을 받아) 가치를 둘러싼 인간의 자기/타인 이해를 바탕으로 전개되는 막스 베버류의 사회학이었고, 대신 노이라트가 주장한 것은 사회 행동주의Sozialbehaviorismus에 입각한 사회학이었다. 사회학자들이 정말 실수를 피하고자 한다면, 인간의 모든 행동을 물리의 언어로 기술하려는 행동주의 방법론을 습득해야 한다고 말한다.

나아가 노이라트는 형이상학적인 개념에 여전히 심하게 끌려다니고 있는 분야로 신의 명령을 체계적으로 밝히려는 시도에서 출발한 윤리학, 인간의 동기를 경험적으로 실증 가능한 것이라 상정하는 정신 분석이나 아들러(1870~1937)의 개인 심리학, 법을 경험적으로 확인된 규범norm의 체계로 파악하고자 한 한스 켈젠(1881~1973)의 순수 법학 등을 비판의 도마 위에 올렸다.

그의 논의는 사회 과학 분야에서도 자연 과학처럼 정식화된 법칙에 의해 앞으로 일어날 사건을 정확하게 예측할 수 있는지 여부를 이론의 유효성 판정 기준으로 삼아야 한다든가, 마르크스주의의 유물 사관이나 '상부/하부 구조'의 이분법이 사회 행동주의의 방향과 일치한다고 주장하는 등 지금의 시점에서 보면 사회 과학에 대한 관점이 상당히 조잡하고 좌파적인 진보주의에 치우쳐 있다고 느껴지는 면이 많다. 하지만 그것은 빈 학단을 지배하고 있던 통일 과학에 대한 기대가 얼마나 고조되어 있었는지를 보여 주는 하나의 현상이었을 것이다. 노이라트가 상정한 통일 과학에는 물리적인 것으로 환원될 수 없는 규범이나 가치를 집어넣을 여지가 없었던 듯하다.

카르나프에 관해서도 언급해 두자면 그는 저서 《세계의 논리적 구성》(1928)에서 물리적 대상physische Gegenstände, 심리적 대상 psychische Gegenstände, 정신적 대상geistige Gegenstände을 구별한다. '심리적 대상'이란 지각, 표상, 감정, 생각, 의지 등 의식 내에서 벌어지는 일들과 그에 대응하는 무의식 내에서의 일들을 말한다. 한편, '정신적 대상'에 속하는 것은 사회적·문화적 의미를 갖는 개별 사건이나 포괄적인 일들, 사회 집단, 제도, 문화 등 여러 영역에서의 흐름 및 그것들의 특성과 상관관계 등이다. 이 저서에서 카르나프는 물리적 대상을 토대로 심리적 대상이 구성되고, 심리적 대상을 토대로 정신적 대상이 구성되는 그런 일종의 계층 구조가 있다는 전제 아래, 그런 구성의 전체적 시스템을 밝혀 나가는 것을 '전체 과학Gesamtwissenschaft의 과제'라고 부른다. 그러는 한편, 심리적 대상이나 정신적 대상이 물리적 대상의 기계적인 조합으로 환원될 수 있다는 수준의 안이한 견해는 피하면서 각 대상 영역의 자율성을 인정하고 있다.

그러나 이보다 4년 후의 논문인 〈보편적 언어로서의 물리주의적 언어〉(1932)에서는 어떤 대상 영역을 다루는 과학이든 엄밀하게 실증적이고자 한다면, 물리주의적 언어로 번역할 수 있는 규칙 체계를 채용해야 하며, 이를 통해 통일 과학이 가능해진다는 노이라트에 가까운 입장을 취하고 있다.

콰인의 온건한 자연주의

앞서 언급했지만, 카르나프의 제자에 해당하는 콰인은 〈경험주의의 두 가지 도그마〉라는 논문에서 경험 과학적으로 검증 가능한 원자 명제에, (경험적으로 검증할 필요가 없는, 필연적으로 참인) 논리에 의한 조작(操作)을 가함으로써 모든 과학에 유의미한 명제를 도출할 수 있다고 보는 카르나프 등의 발상을 근본적인 차원에서 논박했다.

그 자체가 단독적으로 참인 단순한 원자 명제 같은 것은 존재하지 않으며, 모든 명제는 전체론적인 체계 속에서 상호 의존하고 있다고 한다면, 물리 언어를 기준으로 모든 과학의 언어를 개조하여 통일 과학에 통합시키려는 카르나프와 노이라트의 구상은 좌절을 피할 수 없게 된다. 설령 물리학의 원자 명제로 간주되는 것이라 해도 단독으로 진리일 수는 없기 때문이다. 사회·인문 과학의 명제를 물리학적인 원자 명제로 환원할 수 있었다 해도 그것만으로 곧장 진리임이 증명되었다고는 할 수 없다. 전체론적으로 보면 후자가 전자에 의존하는 면도 있을 수 있는 것이다.

단, 콰인은 비록 카르나프류의 소박한 경험주의를 비판했지만, 형이상학적인 전제를 배제하고 과학적으로 확인된 사실에 입각해서 생각해야 한다는 경험주의 입장은 유지했다. 절대적으로 확실한 원자 명제를 탐구하겠노라 고집하는 게 아니라, 과학 전체의 수준에서 볼 때 더 확실한 지식으로 나아갈 수 있도록 프래그매틱하게 판단해야 한다는 것이 이 논문의 결론이다. 물론 '프래그매틱하게'라고 말한 것만으로는 별로 분명해졌다는 느낌은 들지 않는다. 물리학적 원자 명제를 신용할 수 없다고 한다면, 과학의 토대 이론으로서의 철학은 무엇을 단서로 하여 과학적인 진리와 언명의 타당성에 관해 사고해야 하는가?

포퍼는 자신의 저서 《탐구의 논리》(1934)에서 반증 가능성Falsifizierbarkeit을 갖추고 있는 것, 즉 어떤 실험이나 관찰을 통해 어떤 결과를 확인할 수 있다면 그 명제가 반증된 것인지가 확실히 규정되어 있는 것, 이를 과학적 명제이기 위한 조건으로 제시하고 있다. 역으로 말하면 반증할 방법이 없는 추상적이고 막연한 명제에는 과학적 가치가 없다는 것이다. 예컨대 '모든 인간에게는 이성이 있다'라는 명제라면, 이성을 어떤 것으로 파악하느냐에 따라 어느 쪽으로든 다 해석이 되어 버리기 때문에 명확하게 논증할 수도 없고 반박할 수도 없다.

자연 과학은 기본적으로 경험 과학이며, 그래서 한정된 조건에서 한정된 대상에 대한 관찰로부터 유추에 의해 추론을 전개해 가는 것인 이상, 그 어떤 명제라도 최종적인 진리로 확정하기는 불가능하다. 포퍼는 귀납법에 의한 추론을 인정하지 않는 것이다. 이는 카르나프를 비롯한 빈 학단의 논의를 철학적으로 더 엄밀화하고자 하는 시도라 할 수 있다. 당시 빈 학단은 물리학 등 자연 과학적 명제의 '검증 가능성Verfizierbarkeit'을 과학으로부터 형이상학이나 개인의 주관을 배제하는 부동의 기준인 양 사용한 것이다.

또한 포퍼는 제반 과학의 토대를 음미하는 철학적 방법론까지도 경험 과학적인 기준으로 죄다 치환하고자 하는 빈 학단의 발상을 자연주의Naturalismus라고 일컬으며, 그것은 원리적으로 불가능하다고 지적한다. 경험된 사실이 과학적 명제로서 타당한지 여부를 음미하기 위해서는 경험으로부터 독립된 방법론이 필요해지는 것이다.

그러나 반증 가능성은 어디까지나 개별 명제를 비판적으로 검토하여 과학적이지 못한 것을 제거해 나가는 소극적인(부정적인) 방식의 기준이다. 사회·인문 과학을 포함한 과학의 통일 언어 구축에는 크게 기여할 성싶지가 않다. 포퍼와 콰인이 두 가지 방향에서 카르나프를 비판한 후 딜타이 이래 늘 철학에 잠재해 있는 난문(수학·자연 과학과 사회·인문 과학 사이에서 철학 자체를 어떻게 자리매김해야 할까, 철학은 어떤 언어로 말해야 할까)에 답하는 것은 곤란해진 듯 보인다.

이런 문제에 대한 콰인 자신의 답변으로 추정되는 것이 논문 〈자연화된 인식론〉(1969)에 제시되어 있다. 여기서 말하는 인식론epistemology이란 과학의 토대, 특히 과학의 언어에 대한 이론이다. 우선 그는 (모든 과학적 명제를 물리학적인 언어로 서술되는 관찰 명제로 환원하고자 하는) 카르나프 등 기존의 인식론이 좌절되었음을 확인한 다음, 인식론을 자연 과학의 한 분야인 심리학 속에 새로 위치 짓자고 제안한다.

심리학이 '인간이라는 주체=대상'에 대한 입력과 출력의 관계를 연구하는 학문이라고 한다면, 증거evidence라는 입력과 이론theory이라는 출력의 관계를 연구하는 인식론은 그 응용이라고 생각할 수가 있다.

이렇게 말하면, 콰인은 마치 빈 학단이 물리학 모델로 시도한 일을 심리학 모델로 치환해 수행하려 하는가 생각되기도 한다. 하지만 그는 자연 과학의 한 부문으로서의 심리학이 인식론을 그 하위 부문으로 포함함과 동시에 인식론이 심리학을 포함하는 자연 과학에 토대를 부여하는 형태로, 양자는 쌍방향적으로 상호 규정하는 셈이 될 것이라고 시사한다. 나아가 새로운 인식론은 빈 학단의 인식론과는 달리, 모든 명제를 감각 여건으로 환원하려 하지 않기 때문에 인지 과정에 대한 경험적 심리학의 성과들을 자유롭게 이용할 수 있다고 주장한다.

감각 여건을 둘러싼 공방

감각 여건이란 말 그대로 인간의 감각에 직접적으로 주어지는 날것 그대로의 데이터를 가리킨다. 분석 철학의 창시자 중 한 사람으로 간주되는 영국의 수리 철학자 버트런드 러셀(1872~1970)은 《철학의 제 문제》(1912)에서 감각 여건을 경험의 근거로 제시했다. 노이라트와 카르나프는 감각 여건을 물리적 언어에 의해 직접적으로 기록한 것, '관찰문Protokollsatz=observation sentence'이라고 불렀다. 카르나프가 관찰문과 (과학적인 명제들의 논리적 토대가 되어야 할) 원자문(원자 명제)의 관계를 어떻게 규정하는지는 논문에 따라 기술 방식에 편차가 있기 때문에 확실치 않은 측면이 있지만, 관찰문 중 일반적 통용성이 높은 것, 또는 그런 형태로 변형된 것을 원자 명제라 보아도 큰 지장은 없을 것이다. 누구에게나 경험 가능하고 간주관적으로 통용되는 관찰문을 얻을 수 있다고 한다면, 그것은 원자 명제로서의 역할을 수행할 수 있다고 생각된다. 그 자체로 완전히 자명한 관찰문을 얻을 수 있는지에 대해서는 카르나프도 회의적이지만, 감각 여건이 존재한다는 사실은 의심하지 않는 것처럼 보인다.

논리 실증주의를 영국에 도입한 앨프리드 에이어(1910~1989)는 《경험적 지식의 토대》(1940)에서 러셀과 카르나프의 감각 여건론을 비판적으로 검토한 후 감각 여건의 실재성과 그것을 물리적 언어로 표현하는 것의 타당성을 주장하고 있다. 반면 언어 행위론의 창시자이기도 한 존 랭쇼 오스틴은 《감각과 지각Sense and Sensibilia》(1947, 1962)에서 감각 여건을 둘러싼 에이어의 표현을 세세하게 분석하고 있다.

에이어는 감각 여건이 실재한다는 사실을 증명하고자 'look', 'seem', 'appear', 'be aware of', 'see' 등 지각과 관련된 동사들이 사용되는 문장을 분석하지만, 그 단어나 문장의 의미를 명확히 확정하지 않은 채 논의를 진행하는 까닭에 무엇을 밝혔는지가 확실하지 않다.

오스틴에 따르면, 감각 여건에 정확히 대응하는 '감각 여건 언어sense-datum language'를 특정하는 것은 불가능하다. 셀러스는 논문 〈경험론과 마음 철학〉(1956)에서 '감각 여건 언어'란 실제로는 'look' 등의 동사로 표현되는 '(……)처럼 나타남을 표현하는 언어language of appearing'이며, 따라서 이런 동사의 사용 규칙(=논리)에 의해 속박되어 있음을 보여 준다. 셀러스는 더 나아가 (많은 철학자가 믿고 있듯이) 우리의 경험에 직접적으로 주어지는given 무언가가 있고, 그것을 개인은 추론을 동원하지 않고 의식할 수가 있으며, 따라서 자신과 다른 사람이 '동일하게' 경험하는 특정한 무언가라고 확정할 수 있다고 자명하게 믿는 것을 '소여의 신화'라고 불렀다. 그리고 로크 이후의 경험론 철학이 이 신화에 사로잡혀 경험적 지식의 토대를 찾고자 아무 성과 없는 논의를 전개해 왔다고 시사한다. 셀러스의 '소여의 신화' 비판이 훗날 로티의 '자연의 거울' 비판의 출발점이 된 것이다.

확실한 지각 경험은 언어 바깥에서는 무의미하다?

조금 옆길로 벗어나지만, 이런 분석 철학 계열의 논의와는 독립적으로 초기 데리다도 유사한 문제에 관심을 갖고 있었다는 점을 지적해 두자. 《목소리와 현상》[18](1967)이나 《그라마톨로지》(1967) 등의 저작에서 데리다는 후설의 현상학과 소쉬르(1857~1913)의 기호학에서도 확인할 수 있듯이 서구의 철학과 인문 과학은 의식에 직접 현전(現前)하는 것들을 자명시하고 그것들을 기점으로 삼아 모든 앎의 토대를 부여하고자 해 왔음을 지적한다. 이런 전제 위에서 그런 현전성présence이란 실제로는 (제2장에서 살펴본 의미에서의) 에크리튀르에 의해 재구성된 것, 재현전화(=표상 작용, représentation)의 산물에 불과하다는 사실을 보여 준다. 이것이 바로 데리다에 의한 '현전성 형이상학' 비판으로 알려진 내용이다. '절대적으로 확실한 지각 경험'이라 여겨져 온 것은 실은 언어에 의해 구성된 것일 뿐이며, 따라서 언어 바깥에서는 의미를 갖지 못하는 것 아니냐는 물음은 분석 철학과 포스트구조주의를 이어 주는, 현대 철학의 중요한 테마였던 셈이다.

콰인에 관한 이야기로 다시 돌아가자면, 그에게는 모든 것을 감각 여건으로 환원하고자 하는 논리 실증주의적인 시도를 포기한다는 것은 온갖 과학의 영역을 동일한 논리로 근거 지을 수 있는, 궁극의 인식론을 포기하는 것이기도 하다. 심리학이 절대로 의심 불가능한 감각 여건을 기점(起點)으로 삼는 학문이 아니라고 한다면, 심리학의 한 분야인 인식론이 모든 과학적 지식에 완전히 체계적인 토대를 부여하기란 애당초 불가능하다. 우리 인식의 기점이 자극에 대한 수용 기관의 반응이라고 한다면, 그 반응이 '(의식) 바깥의 물리적 현실'에 정확히 대응한다고 말할 수 있는 근거는 없다. 애시당초 그 대응 관계 자체를 뒷받침하는 객관적인 기준을 심리학 자체가 제공할 수가 없는 것이다. 더 나아가, 거기에 의식의 관여가 없다고 한다면, 그 반응을 관찰문과 같은 형태로 객관적으로 재구성하기란 불가능하다. 게다가 그것을 해석하여 관찰문으로 번역할 때는 관찰자가 사용하고 있는 언어의 특징이나 본인의 과거 경험에 의해 표현 형식이 규정당한다(데리다식으로 말하면 에크리튀르에 지배당한다).

그래서 콰인은 관찰문을 언어 공동체와 결부 지어 다음과 같이 재정의한다. '그 공동체의 모든 구성원이 동일한 자극 아래에서 합의할 문장', 즉 어떤 자극을 받은 공동체의 모든 구성원이 그때 자신이 느낀 바를 표현하는 문장으로서, 예컨대 'A는 B 색이다'(X)라든지 '여기서는 C로 느껴진다'(Y) 같은 문장을 채용하기로 합의한다면, X와 Y는 그 공동체의 관찰문이 되는 것이다. 관찰문을 획득하기 위해서는 그 언어를 구성하는 단어나 문장이 사용되는 방식과 자극과의 연계성을 연구할 필요가 있다. 심리학과 언어학을 조합한 방식으로 계속 접근해 간다면 정의된 방식의 관찰문에 조금씩 다가갈 수는 있을지 몰라도 빈 학단이 추구한 것, 즉 절대 확실하고 보편성 있는 물리적 사실에 전면적으로 대응하는 관찰문은 획득될 턱이 없다.

결국 단 한 번뿐인(즉, 절대적인 의미에서의) 토대를 부여한다는 것은 불가능하며, 그때그때의 심리학적·언어학적 연구 성과에 의해 인식론을 수정하고 아울러 인식론적인 견지에서 심리학·언어학 토대를 새로이 부여하는, 과정을 되풀이할 수밖에 없다. 그것이 콰인이 발견한 온건한 자연주의 노선이다.

원인과 이유는 어떻게 다른가

　빈 학단이나 에이어 같은 급진적 자연주의와 오스틴, 셀러스, 콰인 등의 온건한 자연주의의 차이는 절대 확실한 감각 여건을 상정하고 모든 과학 명제를 거기로 환원할 수 있다고 보는가 아닌가로 요약할 수 있다. 이와 밀접하게 관련된 또 하나의 이론적 쟁점으로 원인cause과 이유reason의 차이를 어떻게 볼 것인가 하는 문제가 있다. 만일 인간의 행동에 (물리적 인과 관계에서의 원인과는 별도로) 고유한 이유가 있다고 한다면, 그것을 탐구하는 비자연 과학 분야가 존재할 수 있는 근거가 생긴다.

　분석 철학 분야에서 이 문제에 대한 논의의 출발점이 된 것은 후기 비트겐슈타인이다. 비트겐슈타인 사후에 출간된《철학적 탐구》에서는 내 팔을 들어 올리려는 나의 의지will와 실제 팔의 운동 사이에 어떤 관계가 있는가라는 문제가 논의되고 있다. 우리는 자신의 의지가 팔이 위로 상승하는 결과를 일으키는 원인이라고 생각하기 쉽지만, '팔을 들고 싶다'고 생각해도 들어 올려지지 않는 경우도 있고, 또 딱히 의식하지 않아도 저절로 팔이 상승하는 일은 언제든 일어날 수 있다. 가령 내 의지에 따라 팔의 운동이 발생한다 해도 나는 내 근육이 어떤 식으로 의지에 따라 움직이는지조차 거의 모르며 설령 안다고 하더라도 자신의 의지로 컨트롤하는 일은 보통은 불가능하다.

　《철학적 탐구》[19]라는 저작을 위한 예비적 고찰로 평가되는

1933~1934년의 강의록(통칭 《청색 책The Blue Book》)과 1934~1935년의 강의록(통칭 《갈색 책The Brown Book》)은 1958년에 간행되었다.[20] 두 강의록을 보면 이 문제가 원인과 이유의 차이라는 측면에서 논의되고 있다. 원인이든 이유든 '왜why?'라는 물음에 관한 답변이라는 점에서는 같기 때문에 혼동하기가 쉽다. 하지만 양자는 다른 것이다.

나의 행위 B가 일정한 조건에서 규칙적으로 발생할 경우 그 조건은 원인 A라고 불린다. B를 실행할 때 나 자신이 'A→B'를 파악하고 있을 필요는 없다. A가 B의 원인이라는 것은 경험을 바탕으로 한 가설이다. 반면에 이유라는 것은 행위가 이루어진 후 그 행위의 정당화를 위해 나 자신이 부여하는 것이다. 이유는 가설이 아니라 나 자신이 부여하는 것이므로 경험에 의한 뒷받침은 필요하지 않다. 이런 식으로 정리하면 원인이란 어떤 행위를 특정한 물리적 인과 관계 속에 위치 짓는 것이 되는 반면, 이유는 규칙, 관습, 규약, 타인의 기대 등 사회적·문화적 맥락에 위치 짓는 것이 된다. 양자는 명확하게 다른 것처럼 느껴진다. 그러나 콰인의 영향을 받아 분석 철학자가 되었고 1960년대부터 1970년대에 걸쳐 행위론, 진리론, 마음 철학 등 분석 철학의 주요한 문제 영역 전반에 걸쳐 압도적인 존재감을 과시한 도널드 데이비드슨(1917~2003)은 〈행위, 이유, 원인〉(1963)에서, 이유에 의한 정당화 혹은 합리화rationalization도 인과적 설명causal explanation의 일종이라고 지적한다. 차이가 있다면 원인에 의한 설명에 그 사람의 평가적 태도와 신념이 포함되는 정도라서 결국은 인과적 설명의 특수 사례에 지나지 않는다는 것이다.

우리가 어떤 사람이 특정 행위를 한 이유를 듣고 납득하는 것은 그 이유에 관한 설명이 우리가 합리적인 것으로 상정하는 통상적인 인과적 연관 속에 무리 없이 포함된다고 느껴질 때이다. 듣는 사람이 그 설명으로 실제 납득이 된다면 그 행위는 '합리화'된다. 듣는 사람이 만일 그런 상황이었다면 자기도 그랬을 수 있겠다고 판단한다면 그 행위는 ('합리화'에 더하여) '정당화'된다. 이는 우리가 자신의 실수에 관해 변명(정당화)을 할 때 어떤 이야기를 하는지 생각해 보면 쉽게 이해가 될 것이다.

이처럼 '이유'를 특정 유형의 '원인'(즉, 크게 보면 원인에 속하는 것)이라고 보았을 경우 원인과 결과 간에 보편적 법칙을 상정하는 비트겐슈타인 쪽과의 양립은 불가능해지는데, 데이비드슨에 따르면 그렇지가 않다. 기본적으로 인과적 설명이 유일하고도 확정적인 인과 법칙에 의거해야만 할 필연성 따위는 없기 때문이다. 인간과는 직접 관련 없는 물리적인 현상조차도 원인과 결과 간에 인과 법칙을 상정할 수 없는 경우가 (상정할 수 있는 경우보다) 많다.

데이비드슨의 논의는 이유를 원인 속에 통합시킨다는 점에서 인간의 행위에 고유한 법칙이 있음을 부정하고 인문 과학적 지식, 사회 과학적 지식, 수학적 지식, 자연 과학적 지식의 구별을 해소하는 방향을 취한다고 할 수 있다. 하지만 인과 관계를 엄밀한 물리학적 법칙으로 성급하게 환원하지 않는 데다가 인과 관계를 표현하는 언어의 역할을 중시하기도 해서 콰인의 (온건한) 자연주의와 마찬가지로 인간적인 '이유'의 논리가 작동할 여지를 많이 남겨 두고 있다. 콰인 및 데이비드슨의 노선에 의해 확립된 분석 철학 주류파의 논의는 언어를 매개로 진리, 의미, 대상의 지시, 행위자의 의도 등에 관해 논하는 사유가 되었고, 그 틀에 머무르는 한 지식의 두 영역의 경계선을 둘러싼 문제는 그다지 두드러지지 않았다.

인간의 행위는 기본 개념으로 환원할 수 없다

두 영역의 차이를 다시 주목하게 만든 것은 앞서 언급한 로티의 《철학과 자연의 거울》이다. 로티는 철학을 '자연의 거울'로 삼고자 애써 온 (근대 초기의 로크부터 현대의 분석 철학 주류파에 이르는) 인식론적이고 토대주의적인 철학을 비판하며 '해석학'적인 방향성을 표방했다. 아울러 그때까지 개념적으로 엄밀하지 못하다고 간주해 분석 철학에서는 거의 제대로 참조하지 않던 니체나 하이데거 등의 담론을 프래그머티즘의 인식론적 행동주의를 매개로 흡수함으로써 논의의 상황은 크게 변화된다. 그는 데이비드슨 이후 분석 철학의 주류로 간주해 온 힐러리 퍼트넘(1926~2016)과 마이클 더밋(1925~2011)을 언어='자연의 거울'파의 대표로 꼽으면서 맥락에 따른 의미의 변용에 주목한 데이비드슨과의 차이를 강조하는 전략을 취한다.

로티는 '정신/자연' 이분법이라든가 과학을 '초월한' 형이상학적인 어휘에 의한 논의 같은 걸 인정하지 않는다는 의미에서 자신의 입장을 '자연주의'라고 부르기 때문에 혼란스럽긴 하지만, (통상적인 의미의 환원론적 자연주의자들과는 반대로) 인간의 행위가 비물리적 성격(수학과 물리학의 토대 개념 같은 것)으로 환원될 수 없고, 또 사회적·문화적 맥락에 따라 변용될 여지가 많다는 점에 관심을 향하게 한 것은 틀림없으리라. 아울러 휴버트 드레이퍼스[21](1929~2017)가 1970년대부터 1990년대까지 수행한 연구도, 로티와 마찬가지로, 분석 철학과 전통적인 인문적 앎과의 기본적인 관계를 회복하려 한 시도로 볼 수 있을 듯하다. 드레이퍼스가 현상학과 해석학의 성과를 동원하여 인간의 지성이 인공 지능과 근본적으로 다르다는 점을 밝히고, 또한 하이데거의 《존재와 시간》이라는 책을 맥락적으로 한정된 환경 속에서 인간의 행동 방향이 규정받는다는 점을 해명한 시도로서 프래그머티즘적으로 읽어 냈다는 점에서 그렇다.

맥도웰의 느슨한 자연주의

그런 상황에서 '소여의 신화' 비판과, 이유의 (인과 법칙으로부터의) 상대적 자율성을 둘러싼 논의를 재개한 사람이 존 H. 맥도웰(1941~)이다. 저서 《마음과 세계Mind and World》(1994)에서 맥도웰은 셀러스가 〈경험론과 마음 철학〉에서 '이유의 논리 공간logical space of reasons'이라고 부르던 것을, 자연 과학적인 논리가 지배하는 '자연의 논리 공간logical space of nature'과 대치시킨 후 체계적인 재구성을 시도한다. 맥도웰은 '노골적인 자연주의bald naturalism'가 '이유 공간'에 고유한 성질이 있다는 점을 인정하지 않은 채 그저 '소여의 신화'에만 의거하여 인간의 모든 경험을 '자연의 논리 공간'으로 환원하려 한다고 비판한다.

맥도웰에 따르면, '이유 공간'이 존재하는 것은 인간의 경험의 이중성에 기인한다. 인간은 다른 동물들처럼 외계로부터의 작용에 대해 지각적으로 감응하는 것(외적 경험)뿐만 아니라, 그 자극을 자신 안에서 의식하고(내적 경험), 그에 대한 개념을 형성하는 내발성spontaneity*도 갖추고 있다. 무슨 소리가 귀에 울리면 그것에 대해 직접 신체적으로 반응할 뿐만 아니라 '뭔가 소리가 (내게) 들렸다'라는 식으로 개념을 사용해 자기한테 일어난 일을 파악하려 한다는 것이다. '내발적'이라고 하는 까닭은 인간이 다양한 외적/내적 경험에 대해 각각 어떤 개념을 갖게 될지가 자연법칙에 의해 미리 결정되는 게 아니라, 주체 측의 자유가 작동할 여지가 있다고 하는 의미에서다. 원초적이라 여겨지는 지각 경험에서 이런

---

* 원문에는 '自發性(자발성)'이라고 되어 있지만 '내발성(內發性)'으로 번역한다.

자생성이 이미 작동하고 있다면 '소여의 신화'는 성립되지 않는다.

　자신으로부터 내발적으로 형성된 개념들은 대상을 지각할 때 자동적으로 적용될 뿐만 아니라, 인간이 외계의 여러 사물이나 다른 사람들에 대해 능동적으로 작용할 때도 매개 역할을 한다. 이런 인간적 내발성이 강력하게 출현하는 곳이 '이유 공간'이다. 이런 의미에서는 자연 과학 역시 '이유 공간'에 속하지만, 자연 과학이 연구 대상으로 삼는 현상들은 인간의 내발성과는 기본적으로 관계없는, 즉 인과 법칙적인 형태로 출현하는 '자연의 논리'에 따르고 있다. 자연법칙과는 다른 '이유 논리'의 독자성이 확연히 출현하는 것은 윤리의 영역이다. 맥도웰은 '덕'(=윤리적 태도)의 습득에 관한 아리스토텔레스의 논의를 참조한다.

　플라톤의 이데아론에 상정되어 있는 것처럼 자연을 완전히 초월한 선의 이데아에 이끌리는 형태로 인간이 도덕적으로 행동할 수 있다? 그런 일은 결코 없다. 그렇다면 인간들은 실제로 사회 속에서 어떻게 살아가는가? 자신이 그때그때의 상황 속에서 명확한 자각 없이 실행한 행위나 습관적으로 하고 있는 행위를 그 행위의 귀결이나 타인의 평가에 입각하여 반성하며, 또 그것이 옳았는지 옳지 않았는지를 판단하고, 왜 그런지를 생각하는 가운데 '이유'를 발견하기에 이른다. '이유'는 내발적인 개념 형성 능력이 고도로 발휘됨으로써 산출된다. 이유를 둘러싼 반성과 행위 패턴이 점차 결합되어 몸에 배기 시작하면, 그것이 제2의 자연(두 번째 본성)으로서의 '덕'이 된다. 제2의 자연을 획득한 인간의 행위를 인도하는 것이 '이유 공간'이다. '이유 공간' 속에서 사고하는 윤리적 주체는 자신이 지금 어떻게 해야 할지에 대해, 그 상황에 관계될 법한 '이유'들의 저장고를 뒤져 가며 사고하게 된다.

맥도웰은 인간이 생물학적인 경향성에 부분적으로 반하는 '제2의 자연(본성)'을 획득하고, 그것을 사회적·문화적 상황에 맞추어 간주관적으로 발전시켜 간다고 보는 자신의 입장을 '느슨한 자연주의relaxed naturalism'라고 부른다. 물리적·생물학적 인과 관계로 환원되지 않는 '이유'의 독자적인 논리성을 강조하는 그의 입장은 '공공적 이유(이성)'에 대한 롤스와 하버마스의 리버럴한 윤리학 및 정치 철학과 친화성이 있다. 그리고 윤리를 선험적인 것이 아니라 아리스토텔레스적인 '제2의 자연'에서 유래한다고 본다는 점에서는, 샌델이 (롤스의 견해를 '연고 없는 자기'라 비판하며) 주장한 자기관(自己觀)과도 친화성이 있다고 할 수 있겠다.

철학 외부로부터의 공세
-소칼, 윌슨

1995년 미국의 물리학자 앨런 소칼(1955~)이 신좌익 계열의 학술 잡지로 포스트모던 계열 사상과 친화성이 높다고 알려져 있던 《소셜 텍스트》에 가짜 수학·물리학 이론들을 몰래 끼워 넣은 논문 〈경계를 침범하기〉를 기고하는 해프닝을 벌였다. 그 논문이

게재된 후 소칼이 자신의 글이 가짜 논문임을 공표하면서 이 사태는 포스트모던 계열의 사상 전체가 기만일 뿐이라는 증거라고 주장함으로써 소위 '과학 전쟁(소칼 사건)'이라 불리는 소동이 일어났다.[22]

여기에는 비판의 타깃이 된 포스트모던 계열의 철학뿐만 아니라 과학 사회학자, 과학 철학자 등도 참전하여 포스트모던 사상의 존재 의의, 인문 과학과 사회 과학 분야에서 자연 과학이나 수학 분야의 용어를 은유로 사용하는 문제, 학술 잡지의 논문 심사 제도와 논문 집필의 도덕성 문제, 인문 과학 및 사회 과학과 자연 과학 및 수학과의 적정한 관계, 아카데미즘의 예산과 조직 등 광범위한 문제가 화제에 올랐다(이 경위를 상세하게 다룬 가나모리 오사무의 《과학 전쟁》[23] 참조).

소칼은 전략적인 차원에서 비판의 타깃을 포스트모던 계열로 지목되는 사상으로 좁혀 잡았지만, 이 소동 전후로 자연 과학 계열의 학자들, 특히 인간의 인지 메커니즘을 연구하는 생물학자와 인지 과학자들이 (명확한 논리로 말하지 않는 경향이 있는) 인문 과학과 사회 과학 계열 학문의 실태를 비판하는 논의들이 두드러지게 출현하게 되었고, 그 결과 철학자들도 그에 반응하기 시작했다. 과거에 논리 실증주의자들이 문제 제기한 것과 비슷한 상황이 (꽤나 조잡한 형태로) 발생한 것이다.

자연 과학자들이 가한 비판 가운데 비교적 정리된 것으로는 곤충학자이자 생태학자로, 사회 생물학을 개척한 에드워드 O. 윌슨

(1929~   )의 《통섭(컨실리언스) : 지식의 대통합》²⁴(1998, 2002)을 들 수 있다. 컨실리언스consilience는 '함께'라는 뜻의 접두사 'con-'과 '도약하다', '튀다'라는 뜻의 라틴어 'salire'가 결합된 조어로, 상이한 방법에서 산출된 여러 결론이 하나로 수렴되는 현상을 가리킨다.

이 저서의 앞부분에서 윌슨은 자연 과학, 인문 과학, 사회 과학의 컨실리언스가 필요하다고 주장한다. 예를 들어 환경 문제를 생각해 보자면 이 주제에는 윤리학, 생물학, 사회 과학, 환경 정책 등 네 분야가 관련되어 있으며, 그것들이 협력하여 문제 해결에 임해야 하고, 그러기 위해서는 한 분야의 논의 성과가 다른 분야에도 곧 전해지도록 해 둘 필요가 있다. 하지만 누구나 알고 있는 이 사실에도 불구하고 현실에서는 좀처럼 그렇게 되지 않는다. 윌슨의 말에 따르면, 그 이유는 무엇을 공통의 추상 원리 및 증명력 있는 증거로 간주할지에 대해 전문가들 사이에서 합의가 없기 때문이다.

물질세계를 탐구하는 자연 과학에서는 여러 분야 간의 경계선이 점차 사라져 분자 유전학, 화학 생태학, 생태 유전학 등 컨실리언스를 내포하는 혼성 영역이 생겨나고 있다. 인간의 행위도 물리적 인과 관계에 의한 사건들로 구성되어 있는 이상, 인문 사회 과학도 자연 과학과의 통합을 지향해야 한다. 이런 전제에서 윌슨은 다양한 전문 용어를 구사하며, 통합에 반대하는 소수의 철학자를 비난한다. 그의 말에 따르면, 과학으로는 해명할 수 없는 미지의 문제에 관해 사고하는 것을 자신의 사명으로 삼아 온 철학은 향후 점차 축소되어 갈 영역이며, 가능한 한 '과학'화 되어야만 하는 것이다.

단, 윌슨이 말하는 두 영역의 통합은 쌍방향적인 것이 아니라 주로 인문 과학과 사회 과학 측이, 인과 관계로 나타나는 자연법칙을 자신의 방법론의 토대로 받아들여 자기 변혁함으로써 달성되는 것인 듯하다. 생물학자인 그는 철학이나 사회학이 씨름하고 있는 문제는 대부분 생물학적인 기초 위에서 설명이 가능하다고 생각한다.

윌슨은 자유 의지에 의해 자신의 행위를 선택하는 소위 '자기self'를 인정하지 않는다. 설령 존재한다고 해도, 그것은 신체의 다양한 회로 속에서 진행되고 있는 의식 외부의 프로세스에 의해 조종되고 있기 때문에 인간은 자신의 행위에 대한 완전한 지휘권 따위는 갖고 있지 못하다. 자유 의지free will란 결정에 이르기까지의 의식 외 활동, 마음mind의 메커니즘이 아직 완전히 밝혀지지 않았기 때문에 생기는 행복한 '환상'에 불과한 것이다('마음 철학'에 대해서는 다음 장에서 논한다).

그는 인간의 문화에 관해 "문화는 공동체의 정신에 의해 만들어지며, 개별 정신은 유전적으로 구축된 인간 두뇌의 소산이다"라고 단언한다. (집합적 산물인) 하나의 완성된 형태로서의 문화가 개인의 정신에 영향을 끼치는 면도 있지만, 신경 경로라든가 인지 발달의 규칙성 등은 유전자에 의해 규정되어 있기 때문에 개인이 수용할 만한 문화적 선택지는 한정적이다. 예를 들어 뱀에 대해 공포를 느끼는 선천적인 반응이 있고, 그것을 기반으로 한 집단 내의 상호 작용을 통해 뱀, 특히 독사에 대한 꿈이나 신화가 발생할 소지가 생겨난다. 유전자는 문화를 창출하고 (역으로 문화로부터) 일정한 피드백을 받으면서 함께 진화하고 있다. 윌슨은 그것을 '유전자-문화 공진화gene-culture coevolution'라고 부른다.

'문화적 규범cultural norm'은 '유전자-문화 공진화'와 깊은 관계가 있다. 경합 중인 다른 규범들보다 생존과 번식에 뛰어난 기능을 발휘하는 규범은 '살아남고', 그 규범에 따르는 집단의 문화적 진화를 촉진한다. 문화적 진화는 유전적 진화보다 빨리 진행되기 때문에 양자의 연계성은 점차 느슨해지지만 그렇다고 해서 완전히 단절되는 일은 없다.

이런 논의는 너무 단순하게 보일 수 있지만, 영국 출신의 생물 철학자 마이클 루스(1940~   ) 등의 연구를 통해 윤리학의 한 영역으로 인지되고 있던 도덕 감정과 문화적 규범의 본질을 진화론의 관점에서 밝히고자 하는 진화 윤리학evolutionary ethics과 궤를 같이 하고 있는 것 또한 사실이다.

이런 전제에 입각하여 자연 과학 측에서는 정신 활동의 신체적 기반을 연구하는 인지 신경 과학이나 뇌 과학, 인간 행동의 유전적 기반을 탐구하는 인간 행동 유전학, 사회적 행동의 유전적 기원을 탐구하는 사회 생물학, 인간 진화의 기반이 된 환경을 연구하는 환경 과학 등의 시도가 진행되고 있다. 사회 과학의 여러 분야는 이런 연구 성과들을 바탕으로 자기 학문을 쇄신하여, 인간이 불합리한 판단을 하는 원인의 해명이나, 개인과 사회의 효용을 극대화하는 방법의 탐구, 미래의 예측 등에 대해 구체적인 성과를 낼 수 있도록 해야 한다고 그는 말한다.

진화론의 견지에서 자유를 생각한다

철학자들 중에도 이런 자연 과학의 도전, 지극히 알기 쉬운 '자연주의'(윌슨 자신은 자연 과학에 의한 인문 과학과 사회 과학의 토대 부여라는 의미에서 '자연주의'라는 말을 사용하고 있지만)의 공세에 긍정적으로 응답하려는 사람들이 있었다. 그 대표 격으로 콰인의 지도를 받은 미국의 철학자이자 마음 철학과 인지 과학의 경계 영역에서 연구를 수행하는 대니얼 데닛(1942~   )을 꼽을 수 있을 것이다. 데닛은 자유 의지가 환상이라고는 말하지 않는다. 오히려 그 존재를 긍정한다. 단, 그것은 칸트 등이 상정하는 것처럼 생물인 인간의 신체적 제약을 초월한 곳에서 작용하는 것이 아니라, 주변 환경에 부응하여 (다른 동물에게서는 볼 수 없는) 합리적인 행동을 선택할 수 있는 능력을 의미한다.

《자유는 진화한다》[25](2003)에서 데닛은 '자유 의지론 vs. 결정론'의 사상사를 개관하고 쌍방 입장의 문제점을 지적하면서, 그와 관련된 인지 과학의 최신 연구 성과들을 소개한 후 진화론의 관점에서 자유를 사고해야 한다고 주장한다. 동물 중에는 단순히 환경에 반응할 뿐만 아니라 환경 속에서 일정한 정보를 추려 내 무엇을 하면 어떻게 될까 시뮬레이션이 가능한 동물도 있다. 하지만 인간의 경우에는 뇌의 정보 처리 장치를 선택할 수 있고 행동하는 자신을 감시하며 제어하는 능력도 가지고 있다. 그리고 그 능력을 행사하기 위해 언어를 비롯한 각종 외부 장치들을 이용한다.

달리 말해 보자면, '나는 ○○라는 예측 아래에서 △△를 하려고 한다. 그러나 ○○ 이외의 가능성은 없는가? 그 경우 △△가 아니라, □□ 또는 ◇◇ 쪽이 좋은 것 아닌가?' 하는 식으로 내면적인 물음(반성)의 형태를 취하는, 즉 시뮬레이션의 시뮬레이션의 …… 시뮬레이션을 통해 인간은 자신의 행동 합리성을 향상할 수 있다는 것이다.

이를 가능하게 하는 것이 자기의 생각을 객관적으로 표현하여 시간차를 두고 관찰할 수 있게 해 주는 언어다. 이것을 문자로 기록해 두면 뇌 자체의 기억 용량을 뛰어넘은 자기 모니터가 가능해진다. 나아가 문화라는 형태로 저장된 타인들의 경험을 원용하는 것도 가능하게 된다. 도덕과 법 등의 규범 또한 뇌의 외부 장치로서 작동하는 문화의 일부인데, 다른 방식으로 저장된 정보를 활용하는 쪽보다 나 자신의 관여 정도가 낮은 방식, 말하자면 강제적으로 발동된다는 점만 다를 뿐이다. 이런 관점에서 그는 윌슨과 마찬가지로 뇌를 중심으로 하는 인간의 생물적 특징과 문화적 제반 장치들이 공진화하는 구도를 그려 낸다.

밈이란 무엇인가?

　인간의 유전자와 공진화하는 문화의 유전자에 해당하는 것을 데닛은 '밈meme'이라 부른다. 이것은 원래 진화론적 자연주의자로 알려진 생물학자 리처드 도킨스(1941~　)가 세계적으로 물의를 일으킨 《이기적 유전자》(1976)에서 인간 특유의 문화가 매개된 진화 방식을 설명하기 위해 도입한 개념이다. 밈이란 사람들의 대화, 교육, 텍스트, 미디어, 의례 등을 매체로 뇌와 뇌 사이를 연결하여 자기 복제하면서 진화를 추진하는 정보의 단위다.

　데닛은 《자유는 진화한다》(2003)가 출간되기 이전에 나온 《의식의 수수께끼를 풀다》[26](1991)와 《다윈의 위험한 사상》(1995) 등의 저서에서도 인간 마음의 진화를 설명하기 위해 부분적으로 밈 개념을 이미 사용한 바 있지만, 문화적 진화의 메커니즘을 논한 《마음의 진화를 해명한다》(2017)에서는 밈에 중심적인 지위를 부여하고 있다. 이 저서에서 데닛은 생물의 정보 처리 시스템의 진화와 인공 지능의 정보 처리 시스템을 병행하여 기술하면서, 밈이 소프트웨어와 유사한 기능을 수행한다고 주장한다. 소프트웨어라고 생각해 보면 꽤 다른 특성을 가진 개체들 사이에서나 서로 다른 환경 사이에서도 문화의 전파가 가능한 메커니즘이 무엇인지, 나아가 현시점에 이르러서는 대체 무슨 쓸모가 있는지 전혀 알 수가 없고 심지어 버그(모순)를 야기하는 원인이 되기까지 하는 기묘한 커맨드(규범)가 왜 예전에 생겨났고 지금까지 존재하는지도 설명이 된다.

데닛은 밈을 매개로 진행되는 문화적 진화와 관련하여, 셀러스와 (그의 '이유의 논리 공간'의 영향을 받은) 맥도웰, 브랜덤과 존 호지랜드(1945~2010) 등 피츠버그학파의 논의를 '보충'하는 논의를 하고 있다. 데닛은 '이유'를 둘러싼 피츠버그학파의 논의가 무의미하다고 부정하지는 않는다. 그가 문제 삼는 것은 '이유 제공 게임 reason-giving game'이 어떤 식으로 진화해 왔는지를 피츠버그학파가 묻지 않는다는 점이다. 비트겐슈타인이나 데이비드슨이 집착하던 '이유'와 '원인'을 구별하는 문제에 관해 데닛은 진화론적인 관점에서 답변을 시도한다.

우리는 일상적으로 왜why라는 물음과 어떻게(how, 어떤 식으로 해서)라는 물음을 혼동한다. 데닛은 이런 현상이 단순히 우리가 언어에 부주의해서가 아니라 진화론적인 근거가 있기 때문에 나타난다고 주장한다. 원인은 '과정 설명process narrative'으로 'how'에 대응하는 것인 반면, 이유는 'why'에 대응하는 것이라고 그는 생각한다. 두 물음은 원래 같은 성질이었지만, 문화적 진화가 이루어짐에 따라 '어떻게'로부터 '왜'가 분화되어 온 것이다.

진화의 도정에 있는 각 생물종이나 개체들에게 중요한 문제는 '어떻게(어떤 식으로 해서)' 자신의 생명을 유지하고 자기를 복제할 것이냐. 단순한 구조밖에 갖고 있지 않은 생물의 경우에는 어떤 사태가 발생했을 때 자신이 갖고 있는 어느 기관을 어떻게 사용할지는 거의 확실하며, 그 움직임은 순간순간 거의 자동으로 결정된다. 그러나 복잡한 생명체의 경우에는 목전의 상황뿐만 아니라 주변 상황도 함께 살피면서 잠시 후 일어날 일을 예상하여 어떤 동작에 집중하는 것이 최선인지를 계산할 필요가 있다. 그래서 (다른 동작이 아니라) '왜 그 동작인가'라는 물음이 생긴다.

또 그런 복잡한 생물은 (진화사의 이전 단계에서 진화한) 유전 정보들을 대량으로 계승하고 있기 때문에 어떤 기관이나 기능은 '어찌하여' 존재하는지 그 목적을 곧장 알 수 없는 경우들도 있다. 경우에 따라서는 원래의 용도('어떻게')와는 다른 '목적'이 나중에 부여될 수도 있을 것이다.

'목적purpose'이란 현실에서 진행 중인 각 단계 동작들의 연쇄로부터는 직접 보이지 않는 운동의 방향성 또는 목표라고 할 수 있다. 아리스토텔레스는 자연의 운동에 궁극적인 '목적'이 있다는 전제 아래 자연 철학을 전개했던 반면, 근대의 생물학과 철학은 목적론을 형이상학적인 발상이라며 배제하려 해 왔다. 물론 데닛은 신과 우주의 궁극적인 원리 등에 의해 설정된 절대적인 '목적'을 복권시키려는 것은 아니다. 그보다는 진화 과정에서 그 생물의 진화 방향성을 나타내는 것으로 '목적'을 재정의한 후 그것을 자신의 진화론 안에 위치 지으려는 것이다. 그는 생물이 자신의 운동의 '목적'을 (반드시 의식하는 것은 아니지만) 발견하여 그것을 추구하는 바를 공학 용어를 빌려 '리버스 엔지니어링reverse engineering'이라고 부른다. 리버스 엔지니어링이란 완성된 제품을 분해해 봄으로써 그 제품을 구동시키는 원리와 코드, 각 기능들이 존재하는 목적 등을 밝혀내는 일이다.

생물학 시점에서는 다른 고등 동물들도 자신의 신체 기능과 특정 환경에서의 동작에 대해 소급적인 방식으로 '목적'을 발굴하고 있다고 볼 수 있지만, 인간은 밈, 특히 언어를 매개로 그 일을 매우 효과적으로 수행한다. 게다가 복수의 개체들 사이에서 정보 교환을 함으로써 정보의 정밀도를 더 향상시킬 수 있다. 그런 정보의 핵심에 자리 잡고 있으면서 개인의 선택과 행위를 정당화하는 것이 '이유reason'다. 진화의 여정에서 서서히 떠오르는 '목적'과 관련한 '이유', 즉 어떤 목적을 추구해야 할까? 어떤 방식으로 추구해야 할까? 어떻게 하면 그 목표에 도달할 수 있을까? 등의 문답을 통해 인간의 '응답 가능성=책임 능력responsibility'이 발달해 온 것이다.

상호적으로 '이유'를 제공해 주는 게임을 진행하려면 규칙이 필요한데, 그 기준이 되는 것을 데닛은 '규범성normativity'이라 부른다. 규범성에는 도구적 규범instrumental normativity과 사회적 규범social normativity 등 두 종류가 있다. 전자는 품질 관리나 결과의 실효성에 대한 것으로, '공학적 규범'이라고 표현해도 좋다. 후자는 커뮤니케이션이나 협력에 관련된 것으로, 윤리학에서 통상적으로 규범이라 부르는 것은 이 후자 쪽이다. 두 규범은 '좋음'의 기준이 다르다. 전자에서는 '좋은 도구good tool'라고 할 때의 좋음(장점)이 문제인 반면, 후자의 경우에는 '선한 행동good deed'이라고 할 때의 좋음이 문제가 된다.

우리가 어떤 도구나 행위를 선택하는 그 직접적인 '이유'가 그

시점에는 명확히 의식되지 않거나 혹은 그것이 '좋은(타당한) 이유 good reason'인지 아닌지 확실히 평가할 수 없는 경우가 많다. 대부분은 일단 선택한 후 '이유 제공 게임' 과정에서 언어에 의해 표상되고, 다른 선택지를 지지하는 이유와 비교 및 대조되는 가운데 평가가 정해진다고 보아야 할 것이다. 그 과정에서 살아남아 정착된 여러 이유로부터 '이유의 논리 공간'이 구성된다. 도구적 규범성과 사회적 규범성은 서로 대상이 다르기 때문에 문답이 오고 가는 '이유'의 종류 및 게임의 진행 방식은 다르지만, 두 규범성 모두 인간의 문화적 진화의 방향성을 제어하기 위해 장기간 작용하도록 '디자인'된 밈이라는 점에는 차이가 없다.

    이렇게 진화론적인 견지에서 생각을 진전시키다 보면 '이유'와 '원인'을 놓고 세세한 문제 설정을 하면서 전문적인 논의를 거듭해 온 전통적인 철학의 모습이 공허하게 느껴진다.

반자연주의로부터의 응답

    윌슨이나 도킨스 등에 의해 철학과는 동떨어진 자연 과학 분야에서 만들어진 정관(定款, 근본 규칙)을 '철학' 자체 속으로 흡수해 들여오고자 하는 데닛 같은 자연주의적 노선에 대해서는 당연히 찬반 양쪽으로부터 다양한 반응이 나타나고 있다. 반(反)자연주의 입장의 대표 주자는 언어 행위론뿐만 아니라 마음 철학과 사회 철학의 영역에서도 적극적으로 발언하고 있는 존 설(1932~)이다.

인간의 의식 및 행위에 있어 지향성intentionality을 중시하는 존 설은 인간의 뇌를 AI의 정보 처리와 대비시키는 인지 과학의 논의나, 그런 양자(뇌와 AI)의 유비에 의거하여 인간의 의식을 뇌세포 속에서의 인과적인 작용으로 환원시키고자 하는 자연주의적인 시도 전반에 대해 비판적이다(의식의 본질을 둘러싼 논쟁은 '마음 철학'의 문제이므로 본격적으로는 다음 장에서 다루겠다).

지향성이란 쉽게 말하면, 주어진 정보를 처리할 뿐만 아니라 기본적으로 자신의 의식을 어디로 향하게 하여 그 지점에 있는 것과 대상관계를 맺을 것인가라는 의식의 능동적인 측면이다. 의식의 지향성에 대해, 정보 처리의 최적화라는 AI적인 기능 이상의 고유한 역할을 인정할 것이냐를 놓고 1980년대부터 데닛과 논쟁하고 있는 존 설은 밈 담론에 대해서도 비판적이다. 《의식의 신비》(1997)에서 존 설은 '유전자'와 모방imitation을 통해 전파되어 가는 '밈'의 유비는 핀트가 어긋난 것이라고 주장한다. 진화는 유전자를 매개로 맹목적인 자연의 힘에 의해 무작위적으로 진행되는 반면, 문화적인 모방에는 인간의 의식이나 지향성이 반드시 포함되기 때문이다. 존 설의 입장에서 보자면, 이 차이를 중시하지 않는 것은 데닛이 의식이나 지향성을 AI의 고급 기능과 동일시하여 그 고유한 의의를 인정하지 않기 때문일 뿐이다.

《사회적 현실의 구축》(1995)과 《사회적 세계의 제작》(2010)에서는 개별 주체의 차원을 넘어선 집단적 지향성collective intentionality과 언어 행위, 특히 '발어(發語) 내 행위'에 들어 있는 [특정 행위나 태도에 자신과 타인을 커미트시키는(책임 있는 존재로 참여시키는)] 성격으로부터 제도적 사실institutional facts의 존재를 도출하고자 시도한다. 이 '제도적 사실' 틀 내에서의 언어를 수반하는 상호 행위에 의해 의무, 권리, 책무 등 인간 고유의 '욕망으로부터 독립된 행위 이유'가 생성되고, 그 '행위 이유'나 제도가 부여하는 규칙에 (자신의 자연스러운 욕망과는 독립적으로) 따를지 말지를 고민하는 자유 의지가 작동할 여지가 발생한다는 것이다.

존 설은 집단적 지향성과 언어의 기원 등은 생물학에 입각하여 자연주의적으로 설명할 수 있다는 전제에 서면서도, 일단 사회적 제도, 사회적 세계가 구축되면 생물학적인 인과 관계로부터 독립된 이유에 근거하여 행위를 할 수 있게 된다는 맥도웰에 가까운 자세를 취하고 있다.

자유 의지는 환상인가?

미국의 과학 철학자 알렉산더 로젠버그(1946~)는 데닛적인 의미에서의 자연주의의 제창자 중 한 사람이다. 《무신론자에 의한 현실 가이드―환상 없는 삶을 향유하기》(2011)에서는 윌슨 이상으로 극단적인 '자연주의+과학주의'의 입장을 취하면서 자유, 자유

의지, 도덕성, 의지의 목적 따위는 환상일 뿐이고 인간적 현상들의 의미를 인문 과학에 의해 '해석interpretation'하는 것은 무력하다고 아이로니컬하게 단언한다. 한편, 《사회 생물학과 사회 과학의 우선 사항》(1981), 《사회 과학의 철학》(1988) 등의 저서에서는 자연 과학적인 방법론과 착상을 흡수한 연구가 이미 경제학이나 정치학 등 사회 과학의 여러 분야에 적극적으로 도입됨으로써 합리적 선택론 등이 인간의 행위를 수학적 모델로 설명하는 데 일정한 성과를 거두고 있음을 강조하지만, 지금까지 '이유'라고 불려 온 것들을 완전히 인과 관계로 치환하는 데까지는 이르지 못했기 때문에 '해석'이 작동할 여지는 남아 있음을 강조하면서 균형을 취하고 있다(2016년의 《사회 과학의 철학》 제5판에서도 중간적인 입장을 유지하고 있다).

데닛류의 자연주의를 피츠버그학파의 '이유의 논리 공간'이나 하버마스의 '커뮤니케이션적(의사소통적) 행위 이론'에 더 접근시키는 방향으로 수정하고 있는 듯 보이는 사람이 포스트모던 좌파에 대한 비판으로 유명한 캐나다의 철학자 조지프 히스(1967~)이다.

《규칙을 따른다》(2008)에서 히스는 사회 생물학 등에 영향을 받은 자연주의적, 진화론적 사회 이론 대부분이 각 개체가 진화의 결과로 갖고 있는 속성, 즉 도구적 합리성 또는 이타성으로부터 도덕을 비롯한 사회적 규범을 직접 도출해 내려 한다는 점을 문제시하며 그 한계를 지적한다. 나아가 진화 과정에서 인간들이 갖추게 된 '규범 동조성norm-conformity'과 널리 공유된 규범에 의해 조정된 게임에 참여함으로써 실제로 얻어지는 효용 등 양자(규범 동조성과 효용) 간의 피드백 관계에 의해 점차 고도의 사회 통합social integration이 이루어져 간다는 점을 (본서의 제2장에서 살펴본) 브랜덤의 '커미트먼트'와 '점수 기록'에 관한 논의를 참조하면서 논증하고 있다. 우리는 서로 상대방이 어떤 문제에 대해 어떤 태도를 취하는가, 예컨대 계산대 앞에서 줄을 서는 방식이라든가 또는 어떤 경우에 어떤 표현을 사용하는가 등을 기억하고, 그것이 어느 정도의 빈도를 초과하면 상대가 그 규칙에 따른다고 인식한다.

당연한 얘기지만 '점수 기록'과 '커미트먼트(commitment, 중대한 의미 부여, 약속)'가 규범의 체계를 형성함에 있어 규범적인 '이유'를 둘러싼 공적 커뮤니케이션이 중요한 역할을 수행한다. '당신은 언제나 이러이러하게 행동하시던데, 그런 규칙이 옳다는 태도를 취하고 계시겠군요'라고 서로 확인함으로써 공유 가능한 규칙은 공유하게 된다는 것이다. '규칙을 따르는 것'에는 생물학적·생리학적 문제로 완전히 환원될 수 없는, 문화 진화론적인 의미가 있는 것이다. 히스에 따르면, 아리스토텔레스로부터 현대의 행동경제학이나 뇌 신경 윤리학에 이르기까지 2000여 년에 걸쳐 사회 이론가들을 괴롭혀 온 '아크라시아akrasia' 문제, 즉 '의지의 약함weakness of will'을 둘러싼 문제도 매끄럽게 설명될 수 있다고 한다. 아크라시아 문제는 사회적 규칙을 따름으로써 효용을 얻고자 하는 '실천적 합리성practical rationality'을 자기 자신에게 적용한다는 관점에 서면 잘 설명된다는 것이다.

자연 과학도 만들어진다

분석 철학 계열의 논의에서는 '물리학이나 생물학에는 엄밀하면서도 객관적으로 대상을 분석하는 방법론이 확립되어 있지만, 그 방법론을 대상의 성질이 다른 인문 과학이나 사회 과학에 응용하는 문제라면?'이라는 수동적인 형태로 문제가 제기되는 경우가 많다. 콰인뿐만 아니라 맥도웰과 브랜덤도 자연 과학 자체의 유효성을 의문시하는 태도를 취하지는 않는다. 이는 19세기 이후 철학을 포함한 근현대의 인문 과학과 사회 과학이 일반적으로 자연 과학이나 수학에 대해 일종의 콤플렉스를 느끼면서 그 도전을 어떻게 받아들일지를 항상 의식하고 있었다는 점을 생각하면 당연한 일이기도 하다. 마르크스주의(특히 주류파)조차 자연 과학에는 기본적으로 거스르지 않으면서 자신이 자연 과학의 최신 성과에 가장 가까이 있다는 점을 어필해 왔다. 스탈린주의 시대에 소련의 정통 마르크스주의에서는 소위 '부르주아 사이비 과학' 비판이 행해졌지만, 이것도 자신이야말로 진정한 자연 과학의 옹호자라고 어필한 것으로 볼 수 있을 듯하다.

반면 '구조주의/포스트구조주의'의 영향을 받은 프랑스계의 철학에는 자연 과학이 의거하는 기반에 대해 역사학적 차원이나 사회 과학적 차원에서 새삼 의문을 던지는 논의의 계보가 있다. 푸코는 《광기의 역사》[27]나 《임상 의학의 탄생》 등을 통해 현대 의학 및 정신 의학의 제도적 틀과 담론의 체계가 의사, 환자, 병원, 정부,

법원, 교회, 자본 등 다양한 행위자actor들 간의 권력관계라든가 인간의 '정상적인 삶'에 대한 사람들의 시선 등과 어떻게 얽히면서 형성되어 왔는지를 밝혔다. 《말과 사물》에서는 고전주의적 에피스테메(지식의 지평)로부터 근대의 에피스테메로 이행하던 과도기에 등장한 세 학문, 즉 '생명'을 대상으로 하는 생물학, '노동'을 대상으로 하는 경제학, '언어'를 대상으로 하는 언어학이라는 이 세 분과 학문의 컬래버를 통해 '인간'이라는 통합적인 개념이 형성되었음을 밝히고 있다.*

요컨대 생물학이나 의학은 역사학이나 문헌학, 철학, 사회학 등 다른 앎의 영역들과 전혀 무관하게 탄생한 것이 아니라 근대적 에피스테메 속에서 상호 의존 관계에 있었던 셈이다.

이처럼 앎의 역사성과 권력성을 중시한 푸코적인 문제의식에 대하여 분석 철학자들은 별로 반응하지 않았다. 이들은 (자연 과학이나 수학에 준하는) 개념의 논리적 엄밀성에 집착하면서 역사라든가 권력, 문화, 무의식 등의 요소를 배제해 온 것이다. 하지만 캐나다의 과학 철학자 이언 해킹(1936~   )처럼 근대 사회가 직면한 '우연성/개연성'을 둘러싼 문제를 처리하기 위해 통계학이 생

---

* 참고로 푸코에 따르면 근대의 에피스테메는 '유한성'의 에피스테메다. 그리고 이 에피스테메를 한몸에 구현한 존재가 바로 인간이다. 인간은 노동, 생명, 언어라는 그 자체로 각각 유한한 세 요소를 삼위일체로서 구현한 형상이기 때문이다. 이러한 의미에서 인간은 역사상 처음 출현한 것이며, 《말과 사물》에 나오는 그 유명한 문장에서처럼 바닷가 모래사장에 그려져 있어 밀려오는 파도에 속절없이 사라질 존재다.

겨난 과정이라든가 '관찰-실험-이론' 관계의 다양성과 그에 대한 과학 기초론의 관련성 등을 연구하는 사람도 없지는 않았다. 그러나 자연 과학의 '객관성'을 정면으로 의문시하면서 체계적이고 급진적인 논의를 전개하고 있는 학자라면, 분석 철학의 '외부'에서, 그들의 문제 설정에 갇히지 않으면서 발언을 계속하고 있는 프랑스의 과학 사회학자 브뤼노 라투르(1947~)를 들어야 할 것이다.

라투르는 《과학이 만들어지는 때》[28](1989), 《판도라의 희망》[29](2001) 등의 저서를 통해 실험실에서 실제로 어떤 과정을 거쳐 실험이 구상되고 실행되어 그 결과가 논문으로 정리되며 전문 저널에 실리고 과학적 사실이 되는지를 구체적으로 분석함으로써 거기서 작동하는 다양한 역관계나 관습, 진리를 둘러싼 투쟁 등을 밝힌다. (다수의 과학 철학자도 포함해서) 과학 전문가가 아닌 사람들은, 전문 과학자들이 객관적인 증거에 근거하여 연구하고 있으며, 설령 부정을 저지르는 사람이 있다 해도 전문가들 간의 검증과 반증에 의해 도태되겠지 하는 낙관적인 시각을 갖는 경향이 있다. 그러나 라투르의 연구에 따르면 재판에서 증거 조사를 하는 과정과 다를 바 없다. 라투르는 그 과정을 책임지고 있는 전문가가 어떤 교육을 받고 무엇에 관심을 가지며 어떻게 문제를 처리하고 싶은가에 따라, 심지어 어떤 사람이 전문가로 인정받고 어떻게 참여하는지에 따라서도 상당히 좌우된다는 점을 구조적으로 밝혀냈다. 또한 조사 여행 등을 통해 '데이터'를 수집할 때 특정 분야의 방법론으로 환원될 수 없는 온갖 실무적인 기술이 동원된다는 사실에는 (미개 사회를 대상으로 하는 문화 인류학이 관심을 가질 법한) 물건과 사람의 복잡한 관계들의 연쇄가 있다는 점도 시사한다.

중기 이후의 하이데거는 근대적인 자연 개념이 너무 인위적이고 과학주의적으로 축소되었음을 지적하면서, 소크라테스 이전 그리스 철학자들의 '자연physis' 개념을 새로 검토해야 한다고 제창했다(이에 대해서는 나의 저서 《'후기' 하이데거 입문 강의》[30] 참조). 하이데거의 피시스론(자연론)은 통상적으로 그의 독자적인 '존재'론의 일부로 하이데거 전문가들만 관심을 갖는 경향이 있지만, 푸코와 라투르의 과학론과 연결되어 있는 듯도 보인다. 그것은 '또 하나의 (철학적) 자연주의'라고 할 수 있을지도 모른다.

제4장

마음을 어디까지 설명할 수 있는가?

−마음 철학

마음 철학이란 무엇인가?

최근 특이점 문제로 상징되는 AI 기술의 급속한 발전, 일상생활에의 보급, 신경 생리학의 최신 연구 결과가 미디어에서 빈번히 거론되는 일 등과 맞물리면서 인간의 마음에 대한 관심이 높아지고 있다. 정보 처리의 속도와 정확성, 생산 공정 관리 등에 대하여 AI가 인간을 능가하는 것은 이제 더 이상 움직일 수 없는 사실이지만, 장기적인 목표 설정이나 자기 주변 환경의 상황 파악, 감정과 그에 대한 이해 등 가장 인간답다고 간주되어 온 마음의 작동까지 AI가 습득하게 되는 것일까? 아니면 이런 일들은 역시나 기계로는 재현 불가능한, 인간 고유의 영역일까?

이런 문제와 씨름하고 있는 것이 분석 철학계의 마음 철학philosophy of mind이라는 분야다. 연구자 층이 가장 두껍고 가장 격렬한 논쟁이 계속 이어지고 있는 상황이다. 20세기 말경 일본 출판계에서도 화제가 된 '퀄리아qualia'*는 이 분야의 가장 인기 있는 주제 중 하나다.

그렇지만 마음 철학이 최근 들어 갑자기 등장한 것은 아니다. 데카르트 이래 근대 철학의 가장 중요한 문제의 하나인 마음과 몸의 상관관계를 둘러싼, 몇 세기에 걸친 논의의 축적을 바탕으로 발전한 분야다. 데카르트는 정신과 (신체를 포함한) 물질을 각각 다른 종류의 '(물)체'로 간주한 후 양자가 어떻게 영향을 주고받는지, 즉 정신으로 의지한 일이 다른 성질의 물체인 몸을 어떻게 움직이는지, 또한 반대로 물질인 몸에서 일어난 일이 어떻게 정신에 전해지는지에 관한 물음을 제기했다. 데카르트 자신은 뇌 속에 있는 '송과체(松果體)'**라는 기관에서 변환이 이루어진다고 주장했다.

그 후 양자의 관계에 대해 많은 철학자가 다양한 아이디어를 제시하여 왔다. 정신과 신체는 모두 신에 의해 창조되었으며 전자가 후자를 지배하도록 정해져 있다고 보는 기독교적 견해도 있고, 그 철학적 변형 버전으로 신을 통해 정신과 물질을 관계 짓는 견해(말브랑슈)도 있으며, 정신이든 물질이든 모든 것은 신이라고 보는 견해(스피노자)도 있지만, 정신 우위의 견해는 자연 과학의 발전과 종교의 영향 저하에 따라 점차 후퇴해 갔다.

---

* 복수형은 quale. 개별 대상들을 인식할 때 의식에 발생하는 감각의 질적 변화를 가리킨다.
** 좌우 대뇌 반구 사이 셋째 뇌실의 뒷부분에 있는 내분비 기관. '송과체'는 '솔방울 모양'으로 생겨서 붙은 이름이다.

이에 따라 정신에 독자적인 실체가 있는 게 아니라 외부로부터의 자극에 의해 신체에 발생하는 화학적·생리학적 작용의 연쇄로서 정신, 의식, 자기 등을 설명하려고 하는 유물론적 견해가 점점 더 우세하게 되었다. 그 원조는 사회 계약론의 창시자로도 알려진 홉스다.

정신이란 정말 신체를 중심으로 한 물질의 운동이 산출하는 이미지에 불과한 것일까? 아니면 본래는 물질의 운동에서 유래하는 것이었다 할지라도 일정한 자율성을 갖추고 있는 게 사실인데, 과연 정신 전부를 뇌를 중심으로 한 물질의 운동으로 '번역'해서 설명할 수 있는 것일까? 초점은 이런 논점으로 옮겨 갔다. 거기에 AI의 발달이 맞물리면서, 의식을 갖춘 인간의 뇌의 기능과 AI가 어떻게 다른지, 원래 인간의 의식은 어떻게 생성되는지 등의 문제까지 논의되기에 이르렀다.

마음 철학에서는 인지 과학이나 심리학, 생물학 등의 성과를 받아들여 마음을 물리적으로 설명 가능한 현상으로 파악하고자 하는 물리주의physicalism 경향이 강하다. 다만, 마음을 구성하는 요소로 생각되는 의식, 자기의식, 감각 등을 어떻게 설명할 것인지를 둘러싸고 물리주의자들 사이에서도 다양한 전략과 방법론이 있다.

물리주의의 원조 러셀

물리주의자의 원조는 러셀이라 할 수 있다. 《마음 분석》(1921)에서 러셀은 "마음과 물질이 모두 '중성적 소재neutral stuff'라는 동일한 성분으로 구성되어 있다. 이 소재는 마음과 물질 중 어느 한쪽에 더 가깝다고 할 수 없다. 나는 이 소재를 기점으로 논의를 하겠다"라고 선언한다.* 이런 점에서 심신 문제에 관한 러셀의 논의는 중립적 일원론neutral monism이라고도 불리지만, 실제로는 마음을 실체로 여기는 관념론적 철학을 비판하는 데 중점을 두고 있으며 물리주의적인 경향이 강하다.

이 저서에서 그는 심적 현상mental phenomena을 구성하는 의식, 욕망, 감정, 기억, 의미, 신념 등의 요소를 개념 분석을 통해 재정의한 다음, 이 심적 현상의 공통 특징을 밝히고자 한다. 심적 현상을 과학적으로 연구하는 심리학도 물리학 등 여타의 자연 과학 분야와 마찬가지로 주로 감각(sensation, 감각 작용)에서 얻어지는 데이터를 베이스로 하고 있다. 하지만 이런 심리학의 초점은, 그 원인으로 간주되는 물질적 대상이 아니라 그것이 우리 (주관) 내에서 일으키는 작용에 맞추어져 있다는 점에서 차이가 있고, 또 감각만이 아니라 직접적으로는 물질적 성격을 갖지 않는 이미지도 데이터로 간주한다는 점에서 다르다. 그런 의미에서 심적 인과 법

---

* 이런 선구적인 주장으로 인해 러셀은 최근 '범심론panpsychism' 논의의 한 축이 되고 있다.

칙과 물리적 인과 법칙이 전적으로 동일한 것은 아니지만, 그럼에도 양자는 밀접하게 관계하고 있다.

러셀은 인간의 기억, 습관, 사고 등을 다른 생물에게서도 볼 수 있는 현상이 발전된 것으로 여긴다. 그것은 바로 과거에 경험한 사건을 현재의 사건과 결부 짓는 '므네메(상기) 현상mnemic phenomena'이다. '므네메'*는 원래 독일 생물학자 리하르트 제몬(1859~1918)의 용어다. 이것은 (신경 조직 등) 신체를 구성하는 물질에 기록된 과거 자극의 흔적과 그에 대응하여 발생하는 상기(想起)를 의미한다. 이런 므네메를 러셀은 새로이 정의하여 다음과 같은 법칙을 제시했다.

"복합적 자극complex stimulus A가 생물에게 복합적 반응complex reaction B를 일으킨 적이 있다고 할 경우, 미래의 어떤 상황에서 (A 전체가 아니라 그중) 일부만 일어나는 일이 복합적 반응인 B 전체를 일으키는 경향이 있다."

구체적으로 예를 들어 보자면 예전에 어떤 장소에서 위험한 동물과 맞닥뜨렸다가 필사적으로 도주한 적이 있다고 할 경우, 그 위험한 동물이나 바로 그 장소 또는 그와 유사한 뭔가와 맞닥뜨렸을 때 마찬가지로 죽도록 도망치는 현상을 떠올리면 좋을 것이다. 이런 반응은 지적으로 그다지 발달하지 않은 동물에게서도 볼 수 있다. 므네메 현상에 대해 러셀은 신경 조직 내의 물리적 인과 작용

---

* 이 단어는 고대 그리스의 기억의 여신 므네메mneme에서 따왔다.

에 의해 발생하는 것으로 볼 수 있다고 시사하지만, 확실히 단언하는 것은 피하고 있다.

노이라트나 카르나프와 마찬가지로 러셀 또한 왓슨 등 심리학 분야의 행동주의를 참조하고 있다. 행동주의자들과 마찬가지로 러셀은 내관(內觀, introspection : 자신의 내면을 관찰함)을 축으로 논의를 전개하려 하는 철학적 심리학에 대해 비판적인 태도를 취한다. 그는 동물의 행동을 이해하려고 할 때와 마찬가지로 외적인 관찰external observation을 통해 얻어지는 데이터에 입각하여 심적 사건을 설명해야 한다고 주장한다. 다만, 분석의 세부 사항으로 들어가면 왓슨 등과의 의견 차이도 드러나며, 실제로 행동주의를 자신이 구상하는 마음 철학의 기본 원리라고 천명하는 것도 아니다.

데카르트의 망령
-마음은 물리 법칙에 따르지 않는다?

철학적 행동주의라고도 할 수 있는 입장을 본격적으로 전개함으로써 마음 철학 분야에서 일련의 물리주의적 논의가 활성화되도록 자극한 것은 길버트 라일(1900~1976)의 저서 《마음의 개념》[31] (1949)이다. 라일은 오스틴과 함께 일상 언어 학파의 기수로 지목된 영국의 철학자다. 라일은 이 저서에서 인간은 마음과 몸을 가지고 있으며 마음과 몸은 다른 세계에 속해 있다고 보는 근대 철학의 전제를 '데카르트적 신화Cartesian myth'라고 칭한다. 이 신화에 갇혀 있는 사람은 물리적 인과 법칙에 따라 움직이는 신체라는 기계가 있고, 그 속에 마음이라는 또 하나의 실체가 탑승하여 이런저런 조작(操作)을 하고 있다는 식으로 말하고 싶어 한다. 이것을 그는 '기계 속 유령의 도그마the dogma of the Ghost in the Machine'라 부르며, 그런 도그마가 발생하는 것은 범주상 오류 때문이라고 주장한다.

우리는 일상적으로 '○○가 머릿속을 뛰어다닌다'라든가 '△△를 풀기 위해 머리를 쥐어짠다' 같은 표현을 사용한다. 그런 표현 방식에 이끌리다 보면 우리에게는 마치 뇌 등 신체의 저 깊숙한 곳, 외부에서는 보이지 않는 그곳에서 뭔가 보이지 않는 작용이 진행되고 있는 듯한 착각이 생긴다. 그러나 마음과 신체가 서로 다른 세계에 속해 있다는 데카르트적 이원론의 전제에 입각할 경우, 마음이 신체 속 어딘가의 공간에 위치한다는 것은 모순이다.

갈릴레이의 지동설 등에 의해 자연 과학이 발전하고 기계적인 자연관이 널리 퍼진 시대에, 수학자·물리학자·생물학자로서 스스로도 그 발전에 기여한 데카르트였지만, 그는 신을 믿는 종교인이기도 했다. 종교인으로서의 그는 신과 인간을 잇는 정신적(또는 영적) 세계를 부정할 수 없었다. 인간을 다른 물체와 같은 (물리적 법칙에 따르는) 단순한 기계로 간주하는 것은 정신 영역의 부정으로 이어진다. 그런 곤란한 상황에서 데카르트가 생각해 낸 타협책이 심신 이원론이다. 마음은 물리 법칙에 따르지 않고, 따라서 기계가 아니라는 의미다.

그러나 [신의 영(靈)과 통하는] 마음은 그 본성상 '이지적인' 것일 터이고, 따라서 법칙도 없이 자의적으로 움직이고 있을 리가 없다. 한편, 마음은 모종의 형태로 (아마도 송과체 같은 것을 매개로) 신체에 영향을 주고 있을 것이다. 그래서 데카르트와 그 후계자들은 기계적인 자연법칙(즉, 인과율)과는 다르지만, 마음이 모종의 형태로 관계를 하면서 또 지적으로 이해하는 것도 가능한 법칙(즉, 자연법칙과는 다른 인과 법칙)에 따른다고 상정하고, 그 법칙을 탐구하지 않을 수 없게 되었다. 라일은 바로 이것이 '기계 속 유령'의 정체라고 본다. 이 철학적 도그마(독단)가 마음에 대한 (서양인의) 일상적인 언어 실천과 결합되어 마치 마음의 세계가 물리적인 세계와는 별개로 존재하는 듯한 환상을 떠받쳐 왔다는 것이다.

우리가 통상 머릿속에서 뭔가 비가시적인 형태로 일어나고 있다고 여기는 일들은 실제로는 그 사람의 신체적인 동작에 나타나는 일련의 경향성disposition이거나 아니면 그런 경향성들의 복합체다[이런 경향성들은 '영리한/우둔한'이라든가 '신중한/미련한' 같은 (마음에 관련되는 것으로 여겨지는) 형용사로 수식할 수 있다]. 그것들은 비록 어떤 대상이나 사건처럼 그 지점이 어디라고 정확히 확정할 수는 없지만, 그렇다고 해서 그런 경향을 추측할 수 있게 해 주는 외적인 현상이 없는 것도 아니다. 그 사람의 행동을 관찰하거나 흉내 내 보는 것 또는 커뮤니케이션 등을 통해 다른 사람도 그 사람의 머릿속에서 일어나고 있는 일을 이해할 수 있다. 내가 어떤 사람을 '이해한다'는 것은 그 사람과 동일한 사고 과정을 머릿속에서 그대로 재현하는 것이 아니다. '장기를 두는 사람'이 뭘 하고 있는지를 이해한다는 것은 자기도 장기를 둘 수 있게 되는 것, 혹은 경기 관람자로서 장기 두는 사람이 두고 있는 수들이 게임 전개상 어떤 의미를 갖는지 읽어 낼 수 있게 되는 것, 요컨대 주로 'know-how'의 문제일 뿐 장기 두는 사람 특유의 논리적 사고 과정 같은 것을 자신 속에서 구축하는 일이 아니다.

암산을 한다든가 소리 내지 않고 책을 읽는 것은 머릿속에서 일어나고 있는 심적 행위라 생각하기 십상이지만, 그런 일들이 쓰면서 계산하는 것이나 소리 내 낭독하는 것과 결정적인 차이가 있다고는 생각할 수 없다. 목소리나 손을 사용해서 하던 일(그래서 남들도 볼 수 있던 일)을 손이나 목소리를 사용하지 않고 할 수 있게 된 것일 뿐이며, 심지어 머릿속으로 하는 일과 평행하게, 그런 신체적인 운동의 흔적을 관찰할 수 있는 경우도 있다. 머릿속에 단어나 문장이 '자연스레' 떠오른다 해도 그것이 반드시 논리적으로 구성되어 있는 것은 아니지 않은가. 또 '사고'라고는 할 수 없는, 단순한 나열에 불과할 수도 있지 않은가.

그런 의미에서 데카르트주의자들이 말하는 것, 즉 "물리적 사건은 공공적인public 성격을 갖는 반면, '심적 행위'는 '사밀(私密, private)'하다"라는 상정에 명확한 근거는 없다. 명확한 징후가 신체로 표출되지 않는 경향성은 본인 아니면 감지할 수 없다는 것은 확실하지만, 사실 본인도 자신의 동기나 기분을 착각하거나 알아차리지 못할 수 있고, 바로 자기 자신의 일이기 때문에 모종의 선입견이 개재되는 경우도 있다. 따라서 자기의 '안'과 '밖'이 절대적으로 구별된다고 하는 (명확한 근거 없는) 전제 위에서, '안'을 탐구하는 '내관(內觀)'에 특권을 부여할 수는 없다. 우리는 자기가 하는 행동의 일정한 경향성을 표현하기 위해 '머리'나 '마음', '안/밖' 같은 비유적인 표현을 사용하고 있는 데 지나지 않는다. 데카르트주의 철학자들이 그것을 부당하게 확대 해석하여 사이비 문제를 양산해 온 것이다.

러셀이 생물학과 심리학의 연구 성과에 의거하여 논의를 진행하는 반면, 라일은 '나는 이런 것을 의식했다I was conscious that ……', '나는 이러하기를 바란다 I want ……', '그것이 어떠한 듯 보인다It looks as if ……' 등과 같은, 마음에 관계된 일상적인 표현을 분석함으로써 이런 현상들을 행동주의적으로 이해한다는 것에 별문제가 없음을 보여 준다. 라일의 주된 관심은 일상 언어에서 마음이 취급되는 방식 및 그런 방식과 마음 철학의 말의 어긋남이다. 그는 인간에게 고유하다고 여겨지는 행동과 반응을 인과적으로 설명하여 '기계 속 유령'을 완전히 추방하기 위한 방법론이 필요하다고 주장하지만, 그것이 심리학의 전매특허라고는 생각하지 않으며 오히려 경제학, 사회학, 인류학, 범죄학, 언어학(+철학) 등이 공통의 문제의식 아래에서 씨름해야 할 과제라고도 주장한다. 그는 행동주의 심리학이 '데카르트의 망령'을 궁지에 몰아넣는 데 기여하고 있다는 점을 평가하지만, 다른 한편 행동주의 심리학자들이 너무 (인간과 기계를 등치시키는) 인간 기계론적인 방향으로 내달리고 있다는 쓴소리도 한다.

마음이나 의식이 있는지 없는지의 경계는 매우 애매하다

길버트 라일이 《마음의 개념》을 발표하고 4년 후, 이미 사망한 비트겐슈타인의 저작 《철학적 탐구》(1953)가 사후 출간되는데 여기서도 비슷한 문제가 제기되고 있다. 우리는 타인에 대해서는 간접적으로 관찰할 수밖에 없으며, 따라서 본래의 의미에서는 본인 밖에 인식할 수 없는 '심적 과정'이라는 게 있다고 생각하기 쉽다. 하지만 비트겐슈타인에 따르면 그것은 언어게임의 규칙에 대한 문제일 뿐이다. 철학자는 '그는 고통을 느끼고 있다'와 '그가 고통을 느끼고 있다고 나는 믿는다'라는 두 문장은 전혀 의미가 다르다고 생각한다. 그러나 비트겐슈타인에 의하면, 그것은 어떤 규칙을 가진 언어게임을 하느냐의 문제일 뿐 (탐구 대상이 자신이든 타인이든) 양자 간에 절대적인 차이는 없다. 지금 이 경우에는 '……는 고통을 느끼고 있다'를 제삼자가 보고할 때 어떤 구문을 사용할 것인가라는 규칙이 문제인 것이다.

우리는 언어를 배우는 과정에서, 사람이 어떤 특정한 패턴으로 행동하거나 어떤 표정을 짓거나 어떤 자세를 취하는 것을 보면,

'저 사람은 고통을 느끼고 있다'라고 표현해야 한다는 것을 배운다. 개인의 '안Innen'에서 무슨 일이 발생하고 있는지를 확인한 것은 물론 아니다. (마음이나 내면에 관한 언어까지 포함하여) 언어란 공공적인 게임으로서 기능하는 것이기에 오직 자신만이 알 수 있는 '사적 언어private Sprache'는 존재하지 않는다.

비트겐슈타인이 라일보다 심리학적 문제에 더 깊이 파고드는 것은 아니다. 그리고 그가 언어 사용이라는 측면에서 마음 문제를 생각한다고 하는 방침을 철저히 고수하며 심리학적 행동주의와 확실히 거리를 두는 것 또한 사실이다. 하지만 마음의 문제란 서로의 행동을 어떻게 평가할지를 둘러싸고 벌어지는 상호 작용의 문제라고 생각하는 것을 '행동주의'라고 부른다면, 그의 자세는 매우 행동주의적이다.

그런데 비트겐슈타인은 이 문제와 관련하여 독특한 상상을 제안한다. 어느 순간 문득 둘러보니 우리 주위 사람이 모두 로봇Automat이 되었고, 그들의 외적인 행동 양식Handlungsweise에는 변화가 없지만 의식Bewußtsein은 없어진 그런 상황을 상상해 보자는 것이다. 앞서 언급했듯이 '로봇이 의식을 가질 가능성'이 있느냐 없느냐는, 현대의 마음 철학 분야에서 뜨겁게 이어진 논쟁의 핵심에 자리 잡은 문제다. 비트겐슈타인은 이 문제에 직접 대답하려고는 하지 않는다. 대신 그는 이 물음이 어떻게 받아들여질까에 관심을 돌리고 있다.

방에서 혼자 일을 하고 있다거나 할 때 이런 문제를 상상하게 된다면 꽤나 오싹한 느낌이 들 것이다. 그러나 그냥 평범한 대화를 나누다가 "거기 아이들은 로봇에 불과해. 살아 있는 듯 보이지만, 자동적으로 반응하고 있을 뿐이야"라는 소리를 듣는다면 특별한 느낌은 거의 들지 않는다. 혹은 살짝 기분 나쁜 느낌 정도일 것이다.

비트겐슈타인 자신은 이 시뮬레이션이 의미하는 바를 따로 설명하지 않았지만, 문맥상 이것이 함의하는 바는 분명할 것이다. 만일 어떤 상대와 일정한 거리가 확보되어 있고 자신과 딱히 접점이 없다는 게 분명한 경우에는 (상대의) '내면'에 '의식'이 있느냐 없느냐는 그리 신경 쓰이는 문제가 못 되며 행동에도 영향을 미치지 않는다는 것이다. 나와 가까이에 있으면서 직접 그를 상대해야 할 수도 있는 그런 상대라면, 그가 '나와 마찬가지로 마음'을 가진 존재인지 (평소 같으면 거의 신경이 쓰이지 않을 문제가) 신경이 쓰이기 시작한다. 이렇게 생각해 보면 우리의 일상적인 행위나 생활 감각에서 마음이나 의식이 있는지 없는지의 경계는 매우 애매하다.

튜링이 다시 부각시킨 일대 문제

이와 유사한 문제를 검토한 사람이 영국의 수학자이자 논리학자이며 컴퓨터 과학의 선구자 중 하나인 튜링(1912~1954)이다. 그는 〈계산 기계와 지성〉(1950)이라는 논문에서 유명한 '튜링 테스트'

를 고안했다. 튜링 테스트란 어떤 플레이어가 벽으로 분리되어 있는 컴퓨터에게 일련의 질문을 던지고 그 대답을 통해 상대가 인간인지 기계인지를 판별할 수 없는 경우, 해당 컴퓨터는 (인간이 생각하고 있는 것과 마찬가지로) '생각'할 수 있다고 인정한다는 것이다.

이 논문에서 튜링은 신학적 반론과 수학적 반론 등을 포함해 몇 가지 예상되는 반론에 대해 검토하고 있지만, 철학적으로 가장 흥미롭고 훗날 마음 철학에서도 중요한 의미를 갖는 것은 의식 consciousness이라는 측면에서의 반론이다.

튜링은 신경학자 제퍼리 제퍼슨(1886~1961)의 1949년 연설문 〈기계 인간의 마음〉의 한 구절을 참조하고 있다. 제퍼슨에 따르면 단지 문장을 쓰는 것만으로는 안 된다. 거기에 더하여 자신이 쓰고 있다는 걸 알고 있고, 자신의 성공에 기뻐하며, 실패를 한탄하고, 칭찬에 우쭐해하는 등이 없는 한 그 기계는 인간처럼 생각하고 있다고는 할 수 없다. 즉, '자신이 생각한다고 느끼는feel oneself thinking' 기계일 것, 바로 이 조건이 꼭 필요하다는 주장이다.

이에 대해 튜링은 (우리도 당연히 할 수 있는 문제 제기와 마찬가지로) 자신의 머릿속에서만 독아론적(獨我論的)으로 생각하고 있을 뿐인 게 문제라면 그건 대부분의 인간도 마찬가지 아닌가 하는 의문을 제기한다. 어떤 사람이 '생각하고 있다' 혹은 '느끼고 있다'라고 확신할 수 있는 것은 본인뿐이며, 다른 사람은 단지 추측할 수밖에 없지 않은가? 그 점은 기계를 상대로 하는 경우와 다르지 않다고 튜링은 지적한다. 현실적인 해결책으로 튜링은 '자신이 생각하고 있다고 느끼는지'를 확인하기 위한 튜링 테스트를 생각해 보면 좋을 것이라고 제안하며, 유효할 것으로 생각되는 질문 방식을 예시하고 있다.

그의 논리는 뭔가 빗나간 느낌을 주지만, 이처럼 행동주의적이고 컴퓨터 과학적인 관점에서 소박한 문답을 시도해 봄으로써 "나는 '내가 의식을 갖고 있다(혹은 생각하고 있다)'는 것을 어떻게 아는지, 진정으로 안다고 할 수 있는지"라는 근본적인 물음이 다시 수면 위로 떠오르기 시작한다. 데카르트가 미완의 과제로 남겨 둔, 그리고 후기 후설과 초기 하이데거가 집착한 그 물음이다. 인간의 의식에는 단순히 '의식이 있는 듯 보인다'라는 것 이상의 실체가 있는가? 이를 두고 존 설 vs. 대니얼 데닛 논쟁이 펼쳐지게 된다. 이에 관해서는 이 장의 후반부에서 자세히 이야기해 보자.

물리주의의 전략들 1
-유형 동일설 vs. 토큰 동일설

1950년대 이후 다양한 물리주의 논의가 대두된다. 처음 등장한 것은 유형 동일설type identity theory이다. 호주의 철학자 J. J. C. 스마트(1920~2012)와 영국의 철학자 U. T. 플레이스(1924~ 2000), 그리고 빈 학단의 멤버로 훗날 미국으로 이주한 헤르베르트 파이글(1907~1988) 등이 제창자로 간주된다.

스마트는 〈감각과 뇌의 프로세스〉(1959)에서, 비트겐슈타인이 《철학적 탐구》에서 제시한 행동주의적 논의를 순수 물리주의적으로 해석한 후 이를 계승하여 "인간은 물리적 입자들의 광범위한 배치arrangement일 뿐 그 위에 혹은 그것을 초월한 곳에 따로 감각sensation 혹은 의식의 상태state of consciousness가 있는 것은 아니다"라고 명확히 말한다. 여기서 말하는 '감각' 혹은 '의식의 상태'는 뇌 안의 일정한 프로세스와 동일시되어야 하는 것일 뿐 양자가 상관관계에 있다는 뜻은 아니다. 어떤 것도 자기 자신과 관계를 가질 수는 없기 때문이다.

플레이스는 〈의식은 뇌 내 프로세스인가〉(1956)에서 비트겐슈타인과 길버트 라일의 행동주의적 논의에 기본적으로는 찬성하면서도 그들의 이론에는 의식, 경험, 감각, 심상mental imagery 등 내적 프로세스라는 담론의 잔재 같은 개념들이 있으며, 바로 거기에 불만이 있다고 한다. 그는 그런 잔재를 일소하기 위해 '의식은 뇌 내(=뇌 안에서 진행되는) 프로세스이다'라는 테제를 제기하고, 이 테제에 대해 예상되는 이견에 반박을 시도한다.

이 문장이 아무래도 마음에 걸려, 의식과 뇌는 다른 존재 영역에 속하는 건데 무리하게 의식은 곧 뇌 내 프로세스'이다'라고 곧장 동일시해 버리는 것은 아닌가라는 이원론적인 의견을 내고 싶어하는 사람이 적지 않으리라. 그러나 그런 마음이 이는 것은 '이다is'를 정의라고 판단하기 때문이다. 하지만 이 경우의 '이다'는 '전자(電子)는 전하(電荷)의 운동이다'라고 말하는 경우의 '이다'처럼 구성composition을 의미한다. 뇌 안에서 일정한 프로세스가 발생할 때만 의식이 발생한다는 것이 생리학적으로 확인된다면 이 테제는 증명된 셈이다.

철학자 중에는 '……처럼 보인다' 혹은 '……라고 느껴진다'라는 문장으로 표현되는 경험은 '내관'으로밖에는 포착될 수 없다고 보는 사람이 적지 않다. 그러나 스마트에 따르면, 우리는 외적으로 관찰할 수 있는 현상에 대해 그런 문장을 사용한다는 것을 배운 후 그것을 '의식'을 기술할 때 전용(轉用)한 것일 뿐 그 역이 아니다.* '……는 녹색으로 보인다'고 말할 때의 '녹색' 이미지는 물리적으로 실재하는 사물이다. 우리는 물리적인 대상에 견주어 표현하는 방법 말고는 '의식' 속 이미지에 관해 이야기할 수 없다.

한편, 파이글은 논문 〈'심적인 것'과 '물리적인 것'〉(1958, 1967)에서, 심신 이원론의 전제가 되어 온 '심적인 것the mental'과 '물리적인 것the physical'에 대한 기존의 철학적 어휘들을 정리하고, 나아가 동일성의 의미에 대해서도 검토한 후 '날것으로서의 감각raw feels'과 '신경 프로세스neural processes'는 경험적으로 동일하다고 주장한다. '날것으로서의 감각'이란 말 그대로 뭔가를 느꼈다고 하는, 언어화되기 이전의 소박한 감각이다. 만일 자극과 반응의 조건에 의해 '날감각'의 잔상after-image을 갖고 있다고 증명할 수 있는 모든 사람이 모종의 뇌 내 신경 생리학적 프로세스도 갖고 있다

---

* 비트겐슈타인이 《철학적 탐구》에서 사적 언어가 존재하지 않음을 언어게임의 관점에서 논박하는 방식과 매우 유사하다.

면, 그리고 그 역도 참이라면, 양자는 동일한 것인 셈이다. 현시점에서는 실험의 정밀도와 관련된 불확실성과 부정확성이 있기 때문에 두 영역의 등가성은 개연적일 수밖에 없지만, 실험의 정밀도가 높아진다면 동일성이 증명될 가능성이 있다고 제안한다.

플레이스가 후에 정리한 바에 의하면 이런 '의식'과 '뇌 내 프로세스'를 동일시하는 견해는 이미 고대 그리스의 의학자 히포크라테스라든가 로마의 시인이자 철학자인 루크레티우스에서 볼 수 있으며, 근대 초기에 홉스와 가상디에 의해 새로이 제창된 바 있다. 하지만 현대 심리학의 성과를 바탕으로 최초의 이론화가 시도된 것은 미국의 심리학자이자 〈며느리와 시어머니〉의 숨은 그림에 의한 지각 실험으로 유명한 에드윈 보링*(1886~1968)의 《의식의 물리적 차원》(1933)에서였다. 보링은 의식을 신체 내 감각이나 이미지를 상호 관계 지어 주는 작용으로 파악하고 의식의 위치는 감각이나 이미지의 식별이 행해지고 학습이 이루어지는 뇌라고 주

* 〈며느리와 시어머니〉 그림을 이용해 시각에 의한 지각 연구를 수행했고, 1930년에 만화가 힐이 그린 이 그림을 공표했다. 이 숨은 그림은 본래 1888년의 독일 엽서가 기원인데, 우리나라에서는 흔히 '부인과 노파'라고 불린다.

장한다. '내관'도 감각이나 이미지를 변별하는 의식의 작용이라고 한다면, 다른 신경 경로들 간의 선택으로 환원될 수 있다고 한다.

    플레이스 등과 마찬가지로 의식과 뇌 내 프로세스를 직접 연결시키는 동일설은 그 후 앞서 말한 바와 같이 '유형 동일설'이라 불리게 되었다. A 유형에 속하는 심적 사건이 X 유형에 속하는 뇌 내 사건과 동일하다고 주장하기 때문이다. 예를 들어, '심적 고통'이 뇌 내 어떤 유형의 신경 섬유 발화와 동일하다는 사고방식이다.

    그에 반해 '토큰 동일설token identity theory'이라 불리는 견해도 있다. 분석 철학 용어로 종종 눈에 띄는 '유형type과 토큰'의 구별은 실용주의 철학자 퍼스(1839~1914)에게서 유래했다. 유형이 집합에 속하는 것들 전체를 가리키는 반면, 토큰은 개별 사례를 가리킨다. '이 책상은 가격이 얼마짜리다'라고 할 때의 '이 책상'은 어떤 규격이나 타입에 따라 제작된 책상 일반(유형)을 가리키는 경우도 있고, 화자의 눈앞에 있는 이 책상(토큰)을 가리키는 경우도 있다. 설령 동일 개체라 해도, 예컨대 '그는 시끄러워'라고 할 때 그의 행동거지 전반을 가리키는 경우도 있지만, 지금 현재 그가 보이는 행동거지를 가리키는 경우도 있다. 마음과 뇌의 관계로 비유해 보자. '심적 고통'의 특정 유형과 뇌 내 특정 부위의 신경 섬유 발화 일반을 동일하다고 보는 것이 유형 동일설이라면, 어느 순간의 '심적 고통'과 그 순간 그 사람의 신체에 발생한 물리적 사건의 동일성에 주목하는 것이 토큰 동일설이다.

순수한 '심적 사건'은 없다?

토큰 동일설의 대표적인 논자라면 흔히들 앞에서도 언급한 데이비드슨을 꼽는다. 데이비드슨 자신은 토큰이라는 말을 쓰지 않지만, 논문 〈심적 사건〉(1970)에서 그에 해당하는 '비법칙적 일원론 anomalous monism'을 전개하고 있다. 그에 따르면, 심적 사건과 물리적 사건 사이에 양자를 대응시키는 엄밀한 법칙은 없다. 하나의 클래스(집합)≒유형으로 상정된 심적 사건은 물리적 과학에 의해서는 설명이 불가능하다.

왜 그런가? (언뜻 보면 물리 법칙에 의해 직접 지배당하지 않는 듯 보이는) '자유로운 행위'를 설명할 때 우리는 그것을 욕구, 습관, 지식, 지각 등 다른 심적 사건이나 상태들을 원용하지만, 그 조합 양상이나 각각의 관여 정도는 케이스마다 다르기 때문이다. 예컨대 '철학 책을 읽는다'라는 행위를 설명할 때 무척이나 다양한 요인이 관여하고 있을 가능성이 있다. '왠지 모르지만 지적 호기심이 솟았다', '선생님이 읽으라고 지시하셨다', '그런 걸 읽는 일이 지적인 것처럼 느껴졌다', '친구랑 대화가 되었으면 싶었다', '원래 독서가 습관이다', '딱히 철학이 아니더라도 뭔가 글자로 된 걸 읽고 싶었다', '왠지 안 읽으면 큰일 날 것 같은 압박을 받았다' 등등.

심적 사건의 윤곽이 이토록 불확정적이기 때문에 그것을 하나의 유형으로 정리하여 물리적 사건의 특정 유형으로 환원하는 것은 불가능하다. 그러나 개별적인 심적 사건에 대해 그것이 어떤 성질인지를 확정적으로 기술할 수 있다고 한다면, 그것을 개별적인 물리적 사건, 예를 들어 뇌의 특정 영역에서 발생하는 일련의 연쇄 작용으로 환원하는 것은 가능하다. 데이비드슨은 한편으로는 환원의 법칙화를 부정한다. 그러나 다른 한편으로는 모든 물리적 측면에 있어 유사함에도 불구하고 심적 측면에서는 다른 두 사건이라는 것은 존재할 수 없고, 어떤 대상도 물리적 측면에서의 변화 없이 심적 측면에서만 변화하는 일은 불가능하다고 주장한다. 알기 쉽게 단순화해서 말하자면, 물리적 사건을 뺀 순수한 심적 사건 같은 것은 없다는 뜻이다.

이처럼 심적 특징이 물리적 특징에 의존하는 양상을 데이비드슨은 '부수성(付隨性, supervenience)'이라고 부른다. 마음 철학과 관련된 서적을 보다 보면 종종 '슈퍼비니언스'라고 영어를 그대로 음역한 경우가 있는데, 그게 바로 이 단어다. 그대로 음역하는 경우가 많은 이유는 '부수성'이라고 하면 이 말의 어원이 된 라틴어 동사 'supervenire'의 '위로super + 온다venire'의 뉘앙스가 살지를 않고, 더군다나 단순한 수반 현상epiphenomena과의 차이가 애매해지기 때문일 것이다. 마음 철학에서 '수반 현상설'이라고 하면, 심적인 것은 물리적인 것의 운동의 부산물이며 전자에서 후자로의 영향은 없다고 보지만, 다른 한편 심적인 것의 자립성도 주장하는 학설, 요컨대 이원론의 일종이다.

슈퍼비니언스로서의 부수성에 대해서는, 한국 출신의 미국 철학자 김재권(1934~2019)이 《부수성과 마음》(1993)과 《물리계 안에서의 마음》[32](1998) 등의 저서에서 상세한 논의를 전개하고 있다. '부수'라는 게 대체 어떤 것인지 단어의 인상만으로는 정확히 알았다는 느낌이 들지 않기 때문에, 다시 한번 논리적으로 파고들어 봄으로써 심적 사건과 물리적 사건의 관계를 생각하는 토대로 삼고자 한 것이다. 그는 데이비드슨이 말하는 부수성이 공변화(共變化), 의존성, 환원 불가능성 등 세 가지 요소를 포함한다고 지적한 다음, 그 말들이 어떤 걸 의미할 수 있는지를 일단 마음-뇌 문제를 떠나서 자연 과학의 다양한 영역의 사례에 입각해 검토한다.

그런 다음, 데이비드슨은 비록 엄밀한 의미에서 심적 사건을 물리적 사건으로 환원시키는 것은 불가능하다고 강조하지만, 김재권은 데이비드슨이 상정하는 식의 환원이라면 (심적 사건만 불가능한 게 아니라 그 어떤 사건도) 실제로는 아무리 정밀화된 과학 영역에서도 거의 불가능하고 비현실적이라고 비판한다. 환원을 너무 좁은 의미로 사용하여 (그런 식의 환원은 불가능하다고) 비(非)법칙성을 강조할 것이 아니라, 일단 당장은 부분적이고 개별적이라도 좋으니 심적인 것이 물리적인 것에 '부수'되어 오는 근거를 밝혀야 한다. 만일 그렇지 않으면 물리주의가 아니게 되어 버린다. 이것이 김재권의 스탠스다. 논문 〈심리 물리적 법칙들〉(1985)에서는, 데이비드슨이 비법칙적 일원론을 주장함으로써 물리주의의 골자를 빼 버리는 이유는 인간의 자유(도덕 법칙)와 자연의 필연성(인과 법칙)을 조정하고자 한 칸트적 이원론의 영향을 받고 있기 때문이 아닐까 시사하고 있다.

이처럼 꽤나 정통 물리주의적인 태도를 보이던 김재권이지만, 《물리주의 혹은 그것에 충분히 가까운 무언가》(2005)에서는 일변하여 심적인 것을 물리적인 것으로 완전히 환원시키는 것은 불가능하다고 분명히 말한다. 김재권이 환원시킬 수 없다고 하는 것은 의식의 불가결한 구성 요소로서의 퀄리아(qualia, 감각의 질)이다. 퀄리아란 개개의 대상을 인식할 때 의식에 생기는 감각의 질적 변화를 말하며, 이런 퀄리아는 대상에 대한 객관적 정보로 치환될 수 없다고 간주된다. 퀄리아가 환원 불가능하다는 것은 장래에 생리학이나 인지 과학이 더 발달하더라도 심적인 것의 일부는 계속 잔존할 것이라고 보기 때문이다. 물리주의의 약점을 인정하는 김재권은 자신의 입장을 '결함 있는 물리주의defective physicalism'라고 부른다. 참고로 김재권은 마음 철학의 입문서로 저술한 《마음 철학》(1996) 초판의 말미에서 퀄리아 문제를 다루는 것은 곤란하다는 점을 인정하면서도 일단은 그 문제에 도전해 보고 싶다는 긍정적인 자세로 마무리 지었지만, 제2판(2006)과 제3판(2011)에서는 그것이 '물리주의의 한계'라고 털어놓는다.

물리주의의 전략들 2
-기능주의

'유형 동일설 vs. 토큰 동일설'의 문제에 대해, 마음-뇌의 일의적인 환원 법칙이 있는지를 파고드는 것과는 다른 형태의 접근법으로 '다중 타당성multiple realizability'론이라 불리는 것이 있다. 이 논의를 선두에서 치고 나간 사람은 힐러리 퍼트넘이다.

논문 〈뇌와 행동〉(1960)에서 퍼트넘은 '고통'을 예로 들어 논점을 제시한다. 우리가 고통이라고 부르는 것은 ('아야!'라고 외친다거나, 어떤 특정한 표정을 짓는다거나, 일정한 몸짓을 한다거나 해서) 고통을 느끼고 있는 듯 보이는 사람을 둘러싼 다양한 현상의 클러스터(집합)에 대한 명칭이다. 이런 길버트 라일적인 발상에 대해 유형 동일설 논자들이라면, 고통이란 뇌 내 신경 세포의 발화(發火)에 의해 V파(波)가 발생한 상태라는 명제가 사실로 판명 나면 'V파 발생=고통'이라고 주장할 수도 있을 것이다. 그래서 퍼트넘은 인간(지구인)과 동일한 외모와 행동 패턴을 갖고 있으면서도 몸을 구성하는 물질이 미묘하게 다른 존재, 요컨대 (우리 우주와 쌍둥이 관계에 있는) 또 하나의 우주에 사는 우주인을 상상해 보자고 제안한다. 그 우주인이 우리에게는 고통을 느끼고 있다고밖에는 보이지 않는 반응을 할 때 그의 두뇌에 해당하는 기관에서도 발화(發火)가 일어나는데 V파가 아니라 W파가 발생한다고 하자. 그렇다면 그것은 고통이 아니라고 할 것인가?

〈마음과 기계〉(1960), 〈로봇 : 기계인가, 아니면 인공적으로 창조된 생명인가?〉(1964), 〈몇몇 기계의 심적 생활〉(1967) 등 로봇에 대한 일련의 논문에서 퍼트넘은 이 논법을 '로봇은 마음을 가질 수 있는가' 문제에 응용했다. 튜링 테스트를 통과한 인공 지능은 인간과 마찬가지로 '의식을 갖고 있다'고 간주해야 하지 않겠느냐고 시사한 것이다. 〈몇몇 기계의 심적 생활〉에서는 심-뇌 동일설을 둘러싼 논쟁에서 간과하기 쉬운 요소로 기능적 조직functional organization이라는 개념을 꼽고 있다. 이것은 특정 기능을 담당하는 물리적인 조직 구조를 말한다. 우리와 다른 물리적 조직 구조를 가진 생명체, 예를 들자면 주로 실리콘으로 이루어진 생명체(지구 생물과 비슷하게 거동하는 생물)가 다른 세계에 존재하고 그 일부가 의식 또는 마음에 해당하는 기능도 갖고 있다고 한다면, 의식을 기존 의미에서의 '뇌 프로세스'와 동일시하는 논의는 근거가 흔들릴 테고 로봇이 마음을 갖게 되어도 이상할 것이 없다.

이처럼 기능에 주목한다는 점에서 퍼트넘의 논의는 '기능주의functionalism'라고도 불린다. 논문 〈다양한 심적 상태의 성질〉(1967)에서는, 가령 고통을 뇌의 상태라고 보는 유형 동일설적인 견해라든가 '행동 경향behavior-disposition'이라고 보는 행동주의적인 견해와 대비하여, 기능적 상태functional state로 보는 자신의 견해 쪽이 고통이라는 현상을 더 적확하게 파악할 수 있다고 주장한다.

단, 《표상과 실재》[33](1988)에서는 자신의 기능주의를 스스로 비판하면서 수정을 가하고 있다. 이 변화는 실재(實在)에 대한 퍼트념의 파악 방식의 변화와 연동되고 있지만, 이 문제에 뛰어들면 너무 복잡해지니까 이 책에서는 생략하기로 한다. 이 점에 대한 퍼트넘 자신의 설명은 《마음·신체·세계》(1999, 2005)에 제시되어 있다. 수정은 주로 '믿는다', '안다', '바란다' 등의 동사로 표현되는 '명제적 태도propositional attitude' 또는 거기에 출현하는 개념은 과연 '기능적 상태'로 환원될 수 있는가 하는 점과 관련된다.

예를 들자면 '나는 고양이 한 마리가 매트 위에 있다고 믿고 있다'라고 할 경우의 '고양이'라는 개념은 우리 뇌의 특정 부위라든지, 인공 지능의 메모리 등에 기억되어 있다. 그렇게 우리는 생각하기 쉽다. 하지만 내가 고양이라고 여기고 또 그렇게 부르고 있는 존재와 당신이 고양이라고 여기고 또 그렇게 부르는 존재는 정말로 같은 존재일까? 고양이 이미지가 완전히 일치하지 않을 가능성도 있고, 내가 고양이라는 단어에 특별한 감정을 품고 있거나 선입견을 갖고 있거나 하는 반면, 당신은 그렇지 않을지도 모른다. 고양이의 의미가 어긋나 있다면 뇌의 상태도 미묘하게 다를 듯하다. 서로의 모국어와 문화적 배경이 상이하다거나 어떤 사람한테는 가까운 존재지만 다른 사람한테는 친숙하지 않은 대상에 관련된 경우 그런 갭은 더 커진다. '나는 고양이 한 마리가 매트 위에 있다고 믿고 있다'라는 동일한 문장으로 표현되는 A씨의 신념과 B씨의 신념이 동일한지는 뇌의 기능적 상태만으로는 알 수 없다. 그것은 A씨와 B씨가 처해 있는 환경에 의존한다.

컴퓨터가 할 수 없는 일은 무엇인가?

이런 퍼트넘의 새로운 견해는 《이성·진리·역사》[34](1981)에서 제시된 저 유명한 '물통 속의 뇌brain in a vat'론과 관계가 있다. '혹시 나는 어떤 과학자에 의해 꺼내져 인공 배양액이 들어 있는 물통에서 길러지는, 뇌만 있는 존재가 아닐까'라고 생각해 보는 사고 실험이다. 고도로 발달한 기계에 의해 자극이 주어지고 있을 뿐인데, 정작 자신은 신체를 갖고 살아가는 존재라고 철석같이 믿고 있는 것에 불과하지 않을까? (그렇지 않다고 항변하고 싶겠지만) 과연 어떤 근거로 그렇지 않다고 말할 수 있을까? 이에 대한 퍼트넘의 답변을 보면 어떤 의미에서 맥이 빠지는 느낌이 든다. 그는 속고 있는지 여부를 결정할 근거에 대해서는 즉답을 하지 않은 채 뇌만 있는 자신을 생각하는 것은 불가능하다고 주장한다.

외재적인 대상을 본래적인 의미에서 지시refer 혹은 표상represent하기 위해서는 그 대상의 개념과 그것이 사용되는 문장을 실제로 이용use할 수 있지 않으면 안 된다. 어떤 존재자를 고양이라 부르고 또 고양이가 나오는 문장을 사용할 수 있으려면 환경 속에서 고양이와 관계를 가지면서 자신은 이 말로 어떤 성질의 존재자를 '지시'하고 또 자기나 타인에 대해 '표상'하려고 하는지, 자신이 이 말을 발화했을 때 다른 사람이 어떻게 반응할지를 학습하지 않으면 안 된다. 뇌만 있는 존재인 내가 그런 의미에서 고양이를 '지시'하고 '표상'할 수 있는 상황을 생각하기란 불가능하다. 이처럼 실제

단어의 '이용'을 중시하는 견해를 퍼트넘은 비트겐슈타인의 《철학적 탐구》에서 배웠다고 한다. 이 시기의 퍼트넘은 기능주의를 완전히 포기하지 않았지만, 이미 의문을 표명하고는 있다.

이와 마찬가지로, 환경 속에서 개념을 사용하는 능력에 초점을 맞춘 논의를 드레이퍼스도 《컴퓨터가 할 수 없는 일What Computers Can't Do》(1972)에서 전개하고 있다. 제목에서 알 수 있듯이, 드레이퍼스는 자신의 신체로 세계와 관련된 적이 없는 AI의 한계를 지적하고 있다. 그는 인간의 지적인 거동이 생활 형식이나 언어 사용과 관련이 있다고 보는 후기 비트겐슈타인의 논의라든가 '세계-내-존재In-der-Welt-sein'로서의 현존재(인간)가 주변 사물이나 다른 사람들과 맺는 관계에 대한 하이데거의 논의를 원용하면서, 세계에서의 실천적 활동 맥락이 인간의 앎을 받치고 있다고 지적한다(하이데거의 '세계 내 존재론'에 대해서는 졸저 《하이데거 철학 입문》[35] 참조). 늘 어떤 상황에 처해 있는 인간과 달리, 컴퓨터는 상황 속에 있지 않으며 환경 속에서 자신의 방향을 취하는 일은 없는 것이다.

마음의 모듈성

다시 기능주의 이야기로 돌아가자. 1970년대 초반에 퍼트넘의 노선에 따라서 기능주의적 발상에 입각한 '다중 실현 가능성'

이 의미하는 바를 엄밀화하려고 시도한 미국의 철학자 제리 포더(1935~2017). 그는 《정신의 모듈성The Modularity of Mind》[36](1983, 1985)에서 인간의 마음을 다양한 종류의 기능 단자(모듈)로 구성된 정보 처리 기구에서 진행되는 프로세스라고 파악한다. 주지하다시피 모듈이란 컴퓨터 등 복잡한 기계를 구성하는 기본적 유닛(단위)으로, 표준 규격에 맞게 되어 있기 때문에 특정 기계뿐만 아니라 동종의 다른 기계에도 전용될 수 있는 것을 말한다. 컴퓨터에서는 각 모듈에서의 처리가 연속적으로 이루어짐으로써 정보 처리가 가능해지는데, 그와 마찬가지로 인간의 두뇌에서 각 모듈을 동원하여 수행되는 일련의 처리 프로세스야말로 마음이라 보는 것이다.

포더는 마음을 튜링 머신과의 아날로지를 통해 생각하자고 촉구한다. 튜링 머신은 테이프, 스캐너, 프린터 등 소수의 서브시스템과 그것들에 의해 실행되는 기본 동작들(멈춘다, 시작한다, 테이프를 읽는다, 상태를 바꾼다, 인쇄한다 등)로 이루어진다. 튜링 머신은 어떤 계산이 수행될지 미리 프로그램으로 정해져 있지만, 생물은 환경과 상호 작용하며 정보를 교환하고 있다. 따라서 튜링 머신을 모델로 인간의 심리 구조를 생각하려면, 환경의 변화에 따라 입력된 정보를 처리하여 중앙 처리 장치(현대적으로 말하자면 CPU)에 공급하는 보조 시스템(=모듈)을 상정할 필요가 있다. 각 모듈에서 정보 처리 대상이 되는 것은 '심적 표상mental representation'이며, 그것을 변형transformation하고 행동으로 연결하는 일련의 프로세스가 마음이 될 것이다.

외계에서 들어온 정보를 CPU가 처리하기 적당한 형태의 정보로 변형하는 것이 지각과 언어로 구성된 입력계input system이다. 입력계의 모듈은 특정 정보에 대해 특정 표상을 주도록 선택적으로 작용한다. 중앙계central system는 입력계로부터 수취한 정보와 기억 장치에 저장되어 있는 정보에 입각하여 세계의 모습에 대해 최선의 가설을 세운다. 즉, 믿음belief을 형성하고 고정하는 것이다. 이 믿음들이 각각 제멋대로가 아니라 전체적으로 일관성을 유지하도록 하나의 틀로 묶어 주어야 한다. 이것은 인공 지능 연구에서 '프레임 문제frame problem'라 불리는 것이다. 예컨대 어떤 여성에게 전화를 걸어 그녀가 저녁 식사에 참석할지 여부를 확인해야 하는 과제가 주어졌을 경우, 어떻게 그녀의 전화번호를 알아낼까? 검색에서 발견한 번호가 틀렸다면 어떻게 할 것인가? 어떤 식으로 질문할까? 얻은 대답이 예도 아니고 아니요도 아닐 때는 어떻게 질문을 바꿀까 등등의 대응 방식을 결정할 필요가 있다. 경우에 따라서는 신념을 변경할 (기억된 정보를 갱신할) 필요도 있다.

포더는 중앙계는 입력계만큼 각 모듈이 분화되어 있지 않아 신념 체계 전체를 다 끌어들인, 그래서 작용 영역을 한정하지 않는 처리가 수행되고 있다는 견해도 성립한다는 점을 인정하지만, 최종적인 답은 인지 과학의 발전에 의해 주어질 것이라 보고 있다.

입력계에 한정해 모듈성을 주장하는 포더의 논의는 어중간한 인상을 주지만, 그의 문제 제기를 계기로 마음의 모듈성을 둘러싸고 상당히 세세한 차원까지 들어간 논쟁이 이루어지고 있으며, 마음 전체를 모듈로서 파악하는 논의도 등장하고 있다. 어쨌든 마음의 본질이 입력계에서 산출되는 표상을 일정 수순에 따라 변형하는 기구라고 한다면, 그것을 AI로 재현하는 일은 불가능하지 않을 것이다.

기능주의에는 이 밖에도 양상 논리학을 이용한 '가능 세계론'으로 알려진 데이비드 루이스(1941~2001) 등의 '분석적 기능주의analytical functionalism'라 불리는 것이 있다. 이것은 심적 사건의 실체를 특정한 후 그것을 신체 기관의 활동으로 환원시키는 게 아니라, 심적 사건을 표현하는 문장의 논리적 스테이터스를 분석하여 물리적인 사건과 기능적으로 연관 지을 수 있을지를 논리학적으로 문제화하는 것이다. 논문 〈동일론을 옹호하는 논거〉(1966)에서는 심적인 경험이 물리적 인과 관계에서 수행하는 역할을 식별할 수 있다면 동일성이 증명될 수 있다는 입장을 표명했고, 〈심리 물리적 및 이론적 동일화〉(1972)에서는 심적 상태를 표현하는 명제가 논리학적으로 인과 관계를 표현하는 명제로 치환 가능한지를 검토하고 있다. 호주의 철학자 데이비드 암스트롱(1926~2014)은 《어느 물질론자의 마음 이야기》[37](1968)에서 의지, 지식, 지각, 신념 등 심적 상태를 표현하는 개념은 논리적으로 일관성 있게 물리적인 인과 연쇄의 일부를 이루는 것으로 번역할 수 있음을 체계적으로 제시한다.

물리주의의 전략들 3
-소거적 유물론

물리주의에는 또 한 가지 '소거적 유물론eliminative materialism' 이라는 유력한 접근법이 있다.

심적 사건을 물리적 사건으로 환원하는 게 문제인 이유는 원래 심적 사건을 설명하는 데 사용되어 온 기존의 민간 심리학적인(소박 심리학적인)* 언어가 우리 삶의 경험에 뿌리박혀 있고, 그래서 그 말들을 물리주의적 언어로 번역해야 한다는 전제에 서 있기 때문이다. 소거적(消去的) 유물론은 그 전제에 과연 근거가 있는가에 대한 의문에서 출발하는 입장이다. 부정확한 정보에 지나지 않는다면 굳이 번역을 시도할 필요 없이 폐기해야 한다는 래디컬한

---

* 사람들은 통상 자신의 막연한 믿음, 욕구, 희망, 의도 등 내적인 심리 상태를 자명시하고 타인들 역시 비슷하리라 생각한다. 그리고 많은 세상사 역시 이런 전제 위에서 이해하고 설명하고 예측하곤 한다(많은 경우 이 과정은 무의식중에 진행된다). 이런 전반적인 믿음과 상식의 체계를 과학적 심리학과 구별하여 민간 심리학, 소박 심리학, 상식 심리학 등으로 부른다. 우리는 이런 지식의 체계나 요소 등을 따로 학습하는 게 아니라 마치 모어(母語)처럼 자신도 모르는 사이에 자연스럽게 배운다. 이 가운데 물리학이나 생물학 등과 관련된 영역에서 근대 이래로 많은 수정과 변경, 대체가 이루어져 왔다. 그러던 것이 20세기 후반 이래 뇌 과학의 급속한 발달 등으로 인해 마음 영역에 대한 민간 심리학적인 믿음과 상식마저 비판의 도마 위에 오른 것이다. 그리고 이러한 민간 심리학 비판의 흐름을 철학 분야(넓게는 인문 사회 과학 분야)에서 대표하는 것이 바로 소거적 유물론이다. 이 흐름에 대해서는 과도한 전문가주의라는 비판도 가해지고 있다.

입장인 것이다. 이런 접근법에서 보자면 철학적 심리학이나 유형 동일설은 쓸데없는 노력을 하고 있는 셈이다.

이 입장의 출발점이 된 것은 오스트리아 출신의 과학 철학자이자 스스로 근대 합리주의의 여러 전제에 반대하는 아나키스트를 자처하는 파이어아벤트(1924~1994)의 논문 두 편이다. 한 편은 〈유물론과 심-신 문제〉(1963)이고, 또 한 편은 파이어아벤트가 제롬 샤퍼(1929~2016)의 논문 〈심적 사건과 뇌〉(1963)에 관해 쓴 짧은 코멘트 논문(1963)이다. 전자인 〈유물론과 심-신 문제〉에서 파이어아벤트는 인간의 심적 사건에 관한 기본적인 관찰 문장으로 여겨지는 '나 지금 아파I am in pain' 같은 문장을 생각해 보자고 한다. 그리고 이 문장을 다른 사람이 이해하기 위해서는 해석interpretation이 필요한데, 해석이라는 것은 원래의 의미를 근원적으로 변질시켜 버린다고 주장한다. 만일 철학자가 자신이 이런 문장에 매우 친숙해 잘 안다고 생각하며 분석을 한다면 그것은 환상이다. 더군다나 어떤 경우에도 해석이 들어갈 수밖에 없다면 유물론적 해석을 배제할 이유는 없다고 주장한다.

후자인 코멘트 논문에서는 (심적 사건이 되는 것도 포함하여) 관찰의 결과는 모종의 '이론적 배경'으로부터 정식화해야 하는데, 물리주의자를 자인하는 사람이라면 기존의 심신 이원론적인 언어 스타일에 속박되어 무리하게 물리주의적 언어로 번역하려 하지 말고 곧장 자신의 배경 이론에 따라 정식화해야 한다고 주장한다.

이보다 조금 뒤 로티는 논문 〈심신 동일성, 사비성(私秘性),

여러 범주〉(1965)에서 같은 취지의 논의를 하고 있다. 감각, 아픔, 심상 같은 심적 사건들을 진술하는 관찰 용어observation-term는 전통적으로 계속 사용해 온 결과 꽤나 친숙해져 있기 때문에 우리는 자신이 느끼는 자극을 보고할 때 그 용어들을 사용하는 게 당연한 듯이 생각하기 쉽지만, 그것은 언어적 실천에 기인한 습관의 문제일 뿐 그 이상의 근거는 없다. 비트겐슈타인이 《철학적 탐구》에서 지적하고 있듯이, 우리는 어떠어떠한 상황이면 어떠어떠한 말을 사용해야 하는지 훈련을 받으면서 길들여져 온 것이다. '나는 고통을 느끼고 있다' 대신, 자신의 뇌 내 신경 섬유의 자극이라는 형태로 보고하는 것이 부적절하다고는 할 수 없다. 관찰 용어와 비관찰 용어의 차이는 언어 실천의 종류에 따라 상대적이다. 예상되는 반론[내관적(內觀的)인 보고는 외적으로 관찰 가능한 사태와 달리 '사비성privacy'이 있다고 하는 반론]에 대해서는 내관적인 보고를 하는 사람이 옳은 언어 스타일을 구사하고 있다는 근거는 없다고 일축한다.

후속 논문 〈소거적 유물론을 옹호하며〉(1970)에서 로티는 앞의 논문에 대해 제임스 콘먼(1929~1978)과 리처드 번스타인(1932~2022)이 각각 가한 비판에 대응하며 소거적 유물론을 옹호한다. 오래전에는 고통 등의 심적 사건들이 악마와 관련된 표현으로 설명되었지만, 지금은 그것이 거의 완전히 소거되어 감각에 의한 표현으로 대체되어 있다. 그렇다면 감각에 의한 표현도 (언젠가는) 다른 것으로 대체되는 것이 아닐까 시사하고 있다. 콘먼과 번스타인은 이 문제를 물고 늘어지면서, 악마에 의한 설명은 특정 이론에 의해 구속되어 있지만 감각에 의한 설명은 그렇지 않다고 주장한다. 그러나 로티에 따르면 그들(콘먼과 번스타인 등)은 '전(前) 언어적인 소여성prelinguistic givenness' 같은 것이 있고 따라서 그것을 표현하기에 '적합한adequate to' 말이 있음을 전제하지만 그것을 판정해 줄, 언어를 초월한 기준 따위는 없다. 전 언어적 소여에 대한 내적 느낌awareness 같은 것은 '물자체'와 마찬가지로 형이상학적 가정일 뿐이다.

번스타인이 볼 때 한 이론의 언어 체계를 다른 것으로 대체하려면 두 이론 사이에 가교를 놓는 절차가 필요할 텐데, 로티는 그런 절차를 생략하고 "마치 모종의 메타언어나 메타이론 같은 것에 따르고 있기라도 하듯 래디컬한 소거를 단행한다. 마르크스가 국가에 대한 기성 이론들을 완전히 무용하다고 단정해 버린 것과 똑같다"라며 로티의 기본자세를 비판한다. 그에 대해 로티는 자신은 메타언어나 메타이론에 호소하며 유물론을 옹호하는 게 아니고, 다른 어휘를 가진 이론들 간의 언어게임의 승패라는 관점에서 심적 어휘의 소거 가능성을 생각하고 있을 뿐이라고 답한다. 또한 과학적 실재론scientific realism에 경도되어 있는 게 아니냐는 콘먼의 비판에 대해서는, 자신은 과학적 실재론에 커미트하고 있는 게 아니라 신경 생리학의 어휘를 원용하여 '소여의 신화'를 비판하고 있을 뿐이라고 답한다. 이처럼 로티가 메타이론적인 것에 거리를 두는 자세는 그가 《철학과 자연의 거울》에서 취한 해석학적 입장과도 상통한다고 할 수 있을 것이다.

소거적 유물론의 재정식화
-처칠랜드

파이어아벤트와 로티는 이렇게 심적 사건 고유의 어휘를 고집하는 전통적인 철학을 비판할 때 소거적 유물론의 논법을 취하고 있다. 그러나 다른 한편 그들은 과학적 이성의 보편성과 과학적 실재론 같은 것으로부터 거리를 두면서, 과학적 언어도 언어게임 중 하나에 불과하다는 견해를 갖고 있다. 반면 과학적 실재론에 확실히 커미트하면서 소거적 유물론을 재정식화한 사람이 미국의 철학자 폴 처칠랜드(1942~　)이다. 그는 《마음의 가소성과 실재론》(1979), 《물질과 의식》[38](1984), 《신경 컴퓨터적 퍼스펙티브》[39](1989) 등 일련의 저서에서 소거적 유물론의 기본 전략을 보여 주고 있다.

그는 우선 마음이라든가 자신을 둘러싼 상식적인 개념틀(민간 심리학)이 토대에 해당하는 경험에 직접 뿌리박혀 있는 게 아니라, 하나의 이론적 틀이라는 점을 강조한다. 하나의 이론인 이상 그보다 해당 상황을 더 잘 설명할 수 있는 새로운 어휘를 갖춘 이론이 등장하면 대체되어야 마땅하다. 새로운 이론으로 대체될 때 낡은 이론의 어휘로 설명되던 사태를 새로운 이론의 어휘로 번역하여 후자를 전자 속에 수용해야 한다고 생각하는 사람들이 있지만, 파이어아벤트나 로티와 마찬가지로 처칠랜드도 그런 발상을 거절한다. 물리학 교과서에 고전 역학(뉴턴 역학)과 상대성 이론의 상호 번역 같은 내용이 실려 있을 때가 있지만, 그것은 고전 역학과 상대성 이론을 해체하여 무리하게 대응시키는 데 지나지 않는다.* 물리학 분야에서는 그런 식으로 무리하고 있다는 걸 쉽게 알아차릴 수 있지만, 심적 사건을 기술하는 이론의 경우 그런 번역에 수반되는 문제들이 쉽게 망각되면서 낡은 어휘에 의한 사고가 보존되고 만다. 그것이 마음 철학이 다양하게 제기하는, 겉보기에만 그럴듯한 많은 문제의 온상이 되고 있다는 것이다.

'빨간색이야'라고 하는 대신 '0.63×10^{-6}m의 전자파를 선택적으로 반사한다'라든지, '큰 소리'를 '진폭이 큰 공기 소밀파(疏密波)', '시큼해'를 '수소 이온이 높은 상대 농도를 가진다' 등으로 표현한다면, 우리는 그것을 이상스레 느낄 것이다. 하지만 어릴 때부터 물리적 이론에 근거한 그런 표현들을 배우고 익혀 친숙해진다면, 또한 그에 따라 주변 사물들을 차분히 관찰하게 된다면, 지금까지 이용하지 않은 감각 정보를 효과적으로 활용하여 지각 방식

---

* 고전 역학과 상대성 이론은 시공간 개념을 포함해서 이론의 전제와 구조도 다르고 비일상적인 상황에서는 예측에서도 차이가 난다. 하지만 일상적인 상황에서는 예측에 실질적인 차이가 없다. 사실 상대성 이론으로부터 고전 역학을 유도해 낼 수 있으며, 현실적으로는 큰 무리 없이 동일시되기도 한다. 그러나 그렇게 유도될 경우에도 물리학자들의 세계에서는 두 이론이 동일한 이론이라든가 하는 따위의 혼동은 일어날 수 없다.

을 전환시키는 것이 가능하다. 마음에 대해서도 고통을 뇌 내 C 섬유의 자극으로 표현하는 것을 배우면 내관에 의해서만 파악된다고 믿어 온 부분들을 포함해서 우리의 자기 인식이 더 세련된 방식으로 변화해 갈 가능성도 있다. 처칠랜드는 그럴 것이라고 시사한다.

그의 부인이자 캐나다 출신의 미국 철학자인 퍼트리샤 처칠랜드(1943~)도 소거적 유물론자인데, 계산론적 신경학자 세즈노스키(1947~)와 공동 연구를 하여 그 성과를 공저《컴퓨터적인 뇌》(1992)로 출간하는 등 신경 과학과 철학의 본격적인 접목에 주력하고 있다. 그녀는《신경 철학》(1986) 등의 저서에서 철학이 신경 과학의 최신 결과를 바탕으로 마음에 대한 기본적인 개념틀을 바꿀 필요가 있다는 점과 그렇게 해서 쇄신된 철학은 신경 과학에 연구 방향성을 제공하는 개괄적인 비전을 보여 줄 수 있다는 점을 주장한다. 최근에는《브레인트러스트》[40](2011, 2013) 등의 저서에서, 인간의 도덕적 행동을 신경 생물학, 진화 생물학, 인류학의 연구 성과에 입각하여 주로 호르몬 작용의 영향이라는 측면에서 고찰하고 있다.

물리주의에 대한 다양한 비판

마음 철학에는 물리주의에 철두철미하게 반대하는 학자들도 있다. 호주의 철학자 프랭크 잭슨(1943~)은 논문〈수반 현상적 퀄리아〉(1982)에서, 태어났을 때부터 흑백의 방에서 자라난 메리라는 색채학자에 대한 유명한 사고 실험을 수행한다.

흑백텔레비전 모니터를 매개로 한 사고 실험에서 상정하기를, 메리는 자신의 방 바깥의 외부 세계에서 빨갛다든가 파랗다고 일컬어지는 것이 어떤 파장의 빛으로 이루어져 있는지, 그것이 인간 뇌의 신경 섬유에 어떤 자극을 주었을 때 빨강이나 파랑 감각(퀄리아)이 생기는지, 어떨 때 사람들은 '하늘이 파래'라고 하는지에 대해서는 모든 물리적 정보를 얻고 있다고 한다. 그 조건에 있던 메리가 어느 날 방에서 해방되어 컬러 모니터를 통해 외부 세계의 빨간색이나 파란색을 보았다고 하자. 그때 메리는 뭔가를 새로 학습하게 되었다고 할 수 있을까?

우리는 이 경험에서 새로이 뭔가를 배웠다고 말하고 싶어 하지만, 메리는 정의에 의해 모든 물리적 정보를 이미 얻은 상황이었다. 하지만 그녀에게는 그때까지 뭔가가 부족했다는 느낌이 든다. 그것은 바로 '날것으로서의 감각' 혹은 '퀄리아'다. 프랭크 잭슨은 이 점에 의거하여, 인간의 의식을 물리적인 것들로 구성되어 있다고 보는 물리주의는 틀렸다고 결론 내릴 수 있다고 한다. 참고로 그는 나중에 논문 〈퀄리아에 관해 덧붙이는 말〉(1998)에서 이 견해를 철회할 의사를 표명하고, 그 뒤 2003년 논문 〈마음과 환상〉에서는 그 이유로 메리가 새롭게 획득하는 것은 퀄리아가 아니라 표상이었다는 생각을 제시한다('메리의 방'에 대해서는 이번 장 말미에서 더 상세히 논의한다).

미국의 철학자 조지프 러빈(1952~)은 〈유물론과 퀄리아〉(1983)에서 역시 퀄리아와 관련하여 물리주의를 비판하고 있다. '고통은 곧 신경 섬유의 발화(發火)다'라는 표현은 기능주의자들이 선호하는 인과적인 설명이다. 하지만 그것만으로는 정말 중요한 질문인 '왜 고통은 그것이 실제로 그렇게 느껴지는 방식으로 느껴져야만 하는가!Why pain should feel the way it does!'에 답변이 되지 않았다. 고통의 질적인 성격qualitative character과 신경 섬유 사이의 관계는 수수께끼로 남아 있는 것이다. 그는 그것을 '설명상의 갭explanatory gap'이라 부르며, 이 갭의 존재를 감추는 물리주의를 비판한다.

또한 호주 출신의 철학자 데이비드 차머스(1966~)는 《의식하는 마음》(1996)에서, 물질과는 다른 독자적인 지위를 의식에 부여하는 이원론을 본격적으로 전개한다. 그는 우선 의식에 대한 다양한 개념을 행동의 인과적 연쇄 및 인지와 관련하여 두 종류로 확연히 분류한다. 하나는 심리학적인 실험을 통해 그 실태를 파악할 수 있는 심리학적psychological 개념이고 또 하나는 어떻게 느끼는지에 대한 현상적phenomenal 개념이다. 차머스 자신은 둘 중 후자에 초점을 맞추어 의식론을 전개하겠다고 선언한다. 물리주의자는 전자를 물리적 사건으로 환원할 수 있다고 주장하지만, 의식을 둘러싼 문제로서 중요한 것은 후자라고 한다.

그는 '(현상적) 의식'이 이 세상의 물리적 특성에 논리적으로 '부수supervene'되는 것이 아님을 밝히기 위해 지구와 완전히 동일한 물리적 특성을 가진 쌍둥이 우주를 가정한다. 그리고 그곳에 있는, 나 자신과 생물학적 특성이 완전히 동일하며 모든 물리적 자극에 대해 나랑 완전히 똑같은 반응 행동을 하지만 (현상적) 의식에 의한 경험이 전혀 없는 나의 '(현상적) 좀비'를 떠올려 보라고 한다. 그 좀비에게 의식 경험이 없었다고 해도 쌍둥이 우주에서의 물리적 인과 연쇄에 어긋나는 일은 추호도 발생하지 않는다. 따라서 의식은 이 세상의 물리적 특성에 논리적으로 부수되는 것이 아니다. 즉, 이 세계와 동일한 물리적 특성으로부터 필연적으로 의식이 생기지는 않는다. 그런 의미에서 의식을 물리적 특성으로부터 도출해 내려는 유물론은 틀렸다.

한데 우리에게는 실제로 의식에 의한 경험이 있다. 게다가 'OO가 빨갛네'라든가 '나는 고통을 느끼고 있어' 같은 경험은 자연계의 물리적 사건에 '부수'하는 형태로 발생한다(=자연적 부수성). 그가 보기에 의식은 이 세상의 (논리적으로 필연적이지는 않은, 즉) 우발적인 물리 법칙에 따라 물질적 기층(基層, physical substrate)을 기반으로 발생하지만 물리 법칙에 포함되는 일은 없다. 그는 이런 자신의 기본적 입장을 '자연주의적 이원론naturalistic dualism'이라 부른다. 의식은 물리 법칙에 직접 따르지는 않지만, 물리적 프로세스의 일부인 인지 메커니즘과 상호 정합성coherence을 유지하고 있다. 어떤 판단을 내리거나 특정 대상에 주목하게 되는 등의 인지 프로세스가 (내가 경험하는 '어떠어떠한 느낌'과 무관하게) 제멋대로 진행되고 또 그런 식으로 행동이 발생한다는 말은 아니다. 차머스는 어쩌면 이 우주에는 경험이 물리적인 것에 어떤 식으로 의존하는지를 규정하는 '심리 물리적 법칙들psychophysical laws'이 있는 게 아닌가 상정해 본 다음, 이를 밝혀 보기 위해 의식 이론을 확립해야 한다고 제창한다.

차머스는 의식을 물리 법칙으로부터 직접 도출할 수는 없다는 점을 강조하지만, 물리적 세계가 인과적으로 닫혀 있다는 점(따라서 인과적 연쇄의 외부에서 의식이 개입하는 일은 없다), 혹은 의식이 인지와 행동의 기능적 측면에 대응하고 있다는 점 등은 인정하며, 그런 점에서 물리주의자들, 특히 기능주의자들과 공통의 전제에 서 있는 부분이 많다. 통상적인 물리주의자들 이상으로 인지 과학의 성과를 참조하면서 논리적 부수성과 자연적 부수성을 구별하는 방식에서 볼 수 있듯이 가능 세계론에 커미트하고 있는 것이다. 그는 인지적 기능들 사이에 정합성을 유지하면서 기능주의적으로 설명 가능한 것으로서 의식을 포착하고자 하는 자신의 전략을 '비환원적 기능주의nonreductive functionalism'라 부른다.

수술에 의해 분리된 뇌는 '살아남았다'고 할 수 있을까?

인간의 의식은 물리적인 속성으로 환원 불가능한 것이라는 점에서 우주 내에서 특수한 존재론적 지위를 갖고 있다고 강조하는 학자로, '신(新)신비주의자'라고 불리는 영국의 철학자 콜린 맥긴(1950~)이 있다. 가령 차머스 등은 일종의 우회 전략을 취하는 데 반해(차머스는 마음 철학의 주류파인 물리주의자들의 논의의 전제를 상당히 받아들여 그 내용을 비판적으로 음미하되, 그럼에도 불구하고 의식의 비물리적 성질을 부정하긴 어렵다는 점을 시사한다), 맥긴은 물리주의적인 논증 방식을 별로 따르지 않으면서 독자적인 방식으로 의식 문제에 접근해 간다.

저서 《마음의 성격The Character of Mind》(1982)에서는 미래에 뇌를 분리하거나 융합하는 수술이 가능해진다고 해도 과연 그 수술을 받은 '자기'가 살아남았다고 할 수 있겠느냐 하는 사고 실험을 제시한다. 사람들은 대부분 이전의 자기가 모습을 바꾸어 살아남은 게 아니라, 이전의 자기는 사라지고 새로운 자기가 태어났다고 여길 것이다. 만일 뇌 이식의 경우라면, 인격의 동일성은 뇌의 동일성에 종속되므로 동일한 자기 그대로라고 간주하는 사람이라도 이 경우처럼 뇌와 자기를 곧장 연결하는 사고방식에는 위화감을 느낄 것이다.

이처럼 독자를 딜레마에 몰아넣음으로써 맥긴은 우리가 일상적으로 전제하는 '자기'는 (물질인 뇌와는 달리) '분리 불가능한 하나의 실체'이며, 따라서 다른 단위나 관계성으로는 분해할 수 없다고 주장한다. 이 견해에 모순이 있음을 제시하지 못하는 한 우리는 그런 견해를 유지하는 것으로 충분하다. 거증(擧證) 책임은 마음과 뇌의 동일성을 주장하는 물리주의자들 측에 있는 것이다.

의식의 신비?

이와 동일한 사고 실험을 영국의 철학자 데릭 파핏(1942~2017)이 《이유와 인격-비인격성의 윤리를 향하여Reasons and Persons》(1984)에서 수행한다.

파핏은 트랜스퍼테이션(순간 이동)이 가능해진 미래 세계를 생각한다. 그곳에서는 직접 물질을 순간 이동시키는 게 아니라, 먼저 그 사람의 신체에 대한 정보를 스캔한 다음 새로 이동한 곳에서 그 정보를 다운로드하여 재현하는 형태로 이송한다. 원래의 자기 신체는 해체하는 것이 원칙이지만, 만에 하나 일이 잘못되어 원래의 자기도 남아 버릴 경우, 그래서 두 명의 내가 존재하는 사태가 발생할 경우 어떻게 생각할까라고 파핏은 문제를 제기한다. 그도 이런 고찰을 통해 인격의 동일성을 신체나 뇌에 결부시켜 버리는 것을 부정한다. 하지만 인간의 인격적 동일성이라는 게 본래부터 그리 확고하지 않고 시간의 경과와 함께 변화하는 것이고, 그래서 젖먹이이던 자신과 지금의 자신 사이에 거의 접점이 느껴지지 않는 경우도 많으니, 동일성을 고집할 의미는 없다고 주장한다. 심지어 '자기로부터의 해방'까지 제창한다. 파핏의 논의 목적은 장기적인 변화라는 퍼스펙티브perspective를 도입함으로써, 각자의 아이덴티티(동일성)의 불변성을 전제로 한 기존 윤리학의 틀을 재고하는 데 있다. 맥긴과는 정반대의 발상이다.

앞의 예에서 알 수 있듯이, 맥긴은 내부로부터의 시점에 철저히 일관함으로써 각각의 '자기'를 중심에 놓는 마음의 세계를 옹호하는 전략을 취한다. 그는 《의식의 문제》(1991)에서는 미국의 철학자 토머스 네이글(1937~)의 유명한 논문 〈(자신이) 박쥐라는 것은 어떤 일인가〉*(1974)를 확대 해석하는 형태로 의식의 신비를 강조하고 있다(네이글은 물리주의에 비판적이지만 그렇다고 해서 완전히 부정하지는 않는 미묘한 자세를 취하고 있다).

네이글의 논문 제목이 말하는 바와 같이 박쥐라고 하는 게 (가령 인간인 우리 자신에게) '어떤 일'인지는, 박쥐의 시각이나 청각에 대한 객관적·물리적 데이터를 아무리 많이 축적해도 우리로선 알 수가 없다. 우리는 박쥐가 아니기에 박쥐의 청각이나 시각을 가지고 하늘을 날면 어떤 느낌이 들지 알 수 없기 때문이다. 이 사고실험을 통해 네이글은 '경험의 주관적인 성격subjective character of experience'을 물리주의적인 서술에 의해 설명할 수 없음을 시사한다. 네이글 자신은 퀄리아라는 단어를 사용하지 않았지만, 이처럼 1인칭 관점을 취하는 당사자밖에는 알 수 없는 경험이 바로 퀄리아다.

---

* 논문의 원제는 What is it Like to be a Bat?이다. 여기서 '어떤……(what …… like)'은 매우 간단해 보이는 표현이지만, 가령 이런 존재 방식의 생물이 저런 존재 방식의 생물을 이해한다든가, 공감한다, 혹은 이러이러할 것으로 상상한다는 게 정녕 무엇인지 파고드는 중요한 질문이다. 이 장의 마지막 소절 '퀄리아라는 사용자 환상'에 나오는 문장 '빨강을 경험한다는 게 어떤 일인지'의 '어떤 일인지'와 결부해 깊이 사유해 볼 질문이다. 이 질문은 이 소절의 마지막 단락에서 '뭐와 비슷한(=어떠한, look like)' 것이냐는 질문으로 심화된다.

네이글의 이런 논의에 맥긴은 경험의 또 다른 측면을 덧붙인다. '세계를 향해 방향성을 갖게 되는world-directed' 측면, 바꿔 말하자면 '지향성'을 덧붙이는 것이다. 이것은 주체가 자기 '외부'에 있는 구체적인 무언가를 대상으로 의식하고, 그 대상 쪽으로 의식을 향한다는 것이다. 그 무언가 쪽으로 의식을 향하므로 퀼리아를 동반한 경험이 이루어지는 것이다. '긴장된다'든가 '두근두근한다' 든가 '그저 그러네' 혹은 '신선해' 같은 느낌이 드는 것은 내가 능동적으로 무언가 쪽으로 의식을 향하기 때문이다.

물리주의자라면 지향성을 인과적인 사실 차원에서 설명하려 할 테지만, 만일 인과적인 사실일 뿐이라면 의식이 어째서 특정 대상으로 향해지는지, 거기에 퀼리아가 동반되는 까닭은 무엇인지가 설명되지 않는다. 먹을 게 시야에 들어오면 우리는 거기에 자동적으로 반응하는 게 아니라, 뭔가 특정한 미각적 기쁨을 줄 듯한 것을 발견하려 하고, 그런 쪽으로 의식을 향한다. 만일 예술이나 학문 탐구 대상 쪽으로 의식을 향해 그 대상에 대해 뭔가를 느꼈다고 할 때, 그것을 생물학적인 인과 법칙 차원에서 설명할 수 있다고 여기는 건 어불성설일 것이다. 과연 의식은 최종적으로 무엇을 지향하여 운동하고 있는 것인가?

맥긴은 (인과 법칙과는 다른 차원에서) '지향성-퀼리아' 쌍의 형태를 취하며 진행되는 의식의 발현 메커니즘이나 의식이 물질계에 '육화(肉化)'되는 메커니즘을 자연 질서에서의 '숨겨진 구조hidden structure'라고 부른다. 그는 숨겨진 구조에 이르기access 위해서는 내관(內觀)이 중요하다고 본다. 내관을 통해 이를 수 있는 것이 주관적 퍼스펙티브뿐이라는 점, '의식의 숨겨진 구조' 자체는 밝힐 수 없다는 점 등 한계는 인정하고 있지만, 그래도 퀄리아나 지향성 등에 가장 직접적으로 이르는 방법으로서 정당화하고 있다. 뇌에서의 지각 및 그와 관련된 추론의 메커니즘을 경험적으로 탐구하는 상향식bottom-up 접근법과 내관에 의한 하향식top-down 접근법이라는 두 가지 접근법을 아울러 구사함으로써 숨겨진 구조의 특성에 육박해 들어가야 한다고 보는 것이다.

맥긴은 《신비로운 불꽃 : 물질세계 내의 의식The Mysterious Flame : Conscious Minds in a Material World》(1999, 2001)에서, 의식을 둘러싼 문제는 공룡이 소멸한 원인에 대한 문제처럼 구체적인 증거 부재로 인해 해결이 곤란한 것과는 차원이 다르다고 주장한다. 개념적 틀이 결여되어 있기 때문에 의식에 대한 설명이 '뭐와 비슷한(=어떠한, look like)' 것인지조차 모른다. 그것은 말하자면 우리의 개념적인 자원에 거대한 구멍이 되었다. 이를 맥긴은 '신비'라고 부른다. 그는 스스로 그런 근원적인 무지를 인정한다는 의미에서 '신비주의mysterian'적인 입장을 취한다고 공언한다. 그것은 일견 지적인 체념처럼 보이지만, 그의 말에 따르면 그것은 인간이 자신에게는 '한계'가 있음을 알고 '한계'를 초월해 가기 위한 방법을 생각하게 하는 포지티브한 계기가 된다.

의식의 본질을 둘러싼 공방 1
-지향성

지금까지 보았듯이, 마음 철학에서는 AI와 마음의 유비가 큰 비중을 차지하고 있다. AI와 관련하여 가장 초점이 되는 것은 당연히 AI가 인간의 마음과 동일한 것을 가질 수 있는가, 의식을 가질 수 있는가, 자율적인 사고를 할 수 있게 될까에 대한 문제다. 마음 철학에서는 단순한 계산이 가능한 수준을 넘어 인간에 가까운 AI를 존 설의 명명에 따라 '강한 AIstrong AI'라고 부른다.

극히 평범하게 예상해 보자면, 물리주의자들이 강한 AI를 지지하고 반(反)물리주의자들이나 이원론자들은 반대하는 그런 구도가 될 것 같다. 하지만 자연적 이원론자인 차머스는 인간 뇌의 기능 구성에 정확히 대응하는 일정한 물질적 구성이 존재한다면, 그에 부수하여 현상적 의식이 생길 수 있다고 주장하면서 강한 AI를 적극적으로 지지한다.

퍼트넘처럼 기능주의의 선구자이면서 기능주의 비판으로 돌아서 강한 AI에 비판적 태도를 취하는 예도 있다. 존 설의 경우, 심적 상태는 뇌의 작용에 의해 야기되고 뇌의 구조에서 현실화된다고 하는 자세, 즉 기본적으로는 '의식은 뇌의 작용에서 발생한다'라는 물리주의적인 자세를 보이면서도 심적 현상에 고유한 성격이 있다는 점을 강조하며 (행동주의자와 기능주의자에 대항하여) 강한 AI를 부정한다.

존 설이 특히 주력하는 것은 지향성을 둘러싼 문제다. 논문 〈마음, 뇌, 프로그램〉(1980)에서 그는 단순히 주어진 가설을 엄밀하게 정식화하고 검증할 수 있는 도구에 불과한 '약한 AI'와 올바른 프로그램을 부여받으면 그것을 실제로 이해하고 인지 상태가 되는 '강한 AI'를 구별한 다음, 후자가 불가능하다는 점을 유명한 '중국어 방' 사고 실험으로 보여 준다.

나는 어떤 방에 갇혀 있다. 거기에 한자들이 죽 적혀 있는 듯한 종이 뭉치가 주어진다. 나는 중국어를 전혀 모르기 때문에 기본적으로 그게 중국어인지 아닌지조차 모른다. 그런 상태에서 영어로 지시를 받는다. 이 지시는 처음에 주어진 종이 뭉치 ①에 "'◆ ◇ □ ■'라는 기호 열이 있으면 종이 뭉치 ②에서 '△ ▽ ▼ ▲······'로 시작하는 기호 열을 찾아 양자를 관계 지어 기록하라"라는 형태로 제시된다. 이 지시에 따라 나는 ①에서 찾아낼 수 있는 모든 기호 열에 대응하는 기호 열을 ②에서 뽑아 관련지은 것들을 방 밖으로 출력한다. 그러면 외부의 방에 있는 중국어 사용자는 마치 그 방에는 중국어를 이해하는 존재가 있는 듯 보인다.

존 설의 말에 의하면, 프로그램에 따라 작동하는 AI가 하고 있는 일이 바로 이것이다. 주어진 지시대로 작업을 계속하는 내가 나 자신이 대응 작업을 하는 중인 중국어 문장을 이해하지 못하듯이, 주어진 명령에 따라 AI도 그저 입력과 출력을 연결시키고 있을 뿐 자신이 하는 일을 이해하지는 못한다.

그렇다면 우리와 AI는 어떻게 다른가. 존 설에 따르면, AI가 하는 작업은 프로그램의 '인스턴스화(실체화, instantiation)'일 뿐 거기에는 지각, 행동, 이해, 학습 등 인간의 다양한 의식 형태의 근저에 있는 지향성이 결여되어 있다. 이 논문에서 존 설은 지향성을 '세계 속의 어떤 대상이나 사태를 향한 혹은 그런 대상이나 사태와 관련되도록 방향 지어져 있는 심적 상태의 특징'이라고 정의하고 있다. 간단하게 말하면, 무언가에 자발적으로 관련되어 가고자 하는 태세다. 우리는 외계로부터 들어오는 자극에 대해 기계적으로 반응하고 있을 뿐 아니라, 자신의 의식을 특정한 무언가로 향하게 하면서 그것에 관련되어 가고자 한다.

우리가 타자를 이해한다고 할 때, 우리는 타자를 자신과 마찬가지로 지향성을 가진 존재로 간주하여 '지향성'을 귀속시키는 반면, 입력에 대해 기계적으로 반응하며 출력을 할 뿐인 AI에게 지향성을 귀속시키는 일은 없다. 이 논문 이후 존 설이 《지향성》(1983)에서 제시하는 설명에 따르면, 발화 행위를 통해 우리는 자신이 발하는 문장에 지향성을 부여한다. 즉, 문장에는 대상이나 사태에 대한 우리의 지향성이 반영되어 있어 문장을 이해한다는 것은 그 문장에 의해 표상되는 다른 사람의 지향성을 이해한다는 것이다. AI의 문장 작업에는 지향성이 관여하지 않는다.

존 설에 대한 데닛의 응답

존 설은 그 후 《마음·두뇌·과학》(1984, 1993), 《마음의 재발견》(1992, 2008), 《마인드》[41](2004, 2006) 등의 저서에서 마음 철학에 대한 자신의 입장을 전개해 간다. 《마음의 재발견》에서는 기존의 마음 철학의 유물론적 경향, 즉 의식을 빼고 지향성을 설명함으로써 심적 상태를 소거하고자 하는 경향을 비판한다. 이를 바탕으로 의식은 복잡한 뇌 내 프로세스의 인과적 연쇄 속에서 창발된 속성emergent property이긴 하지만, 1인칭적인 성격을 갖고 있다(객관적이며 3인칭적으로 관찰 가능한 물리적 사실들로는 환원할 수 없다)고 주장한다. 《마인드》에서는 의식의 '1인칭 존재론first-person ontology'을 제창한다.

'중국어 방' 사고 실험은 마음 철학 분야에서 커다란 반향을 일으켰다. 물론 실험 설정 자체가 부적절하다는 점(방 안에서 처리되는 게 이상하게 늦는 듯하다는 점 등)을 지적하는 논의도 적지 않았지만, 처칠랜드 부부는 논문 〈기계는 생각할 수 있을까?〉(1990)에서, 규칙의 지배 아래 작업을 실행하는 고전적인 AI라면, 존 설이 말한 대로, 의미를 이해하지는 못할 것이라는 데 동의한다. 하지만 다른 한편 신경 과학의 최신 성과에 힘입어 뇌라는 것이 수백만을 넘는 수많은 경로에서 동시 처리를 수행하는 병렬 머신이라든가 뉴런군(群)들 간의 피드백에 의해 전체적인 동작을 조정하는 메커니즘이 있다는 사실 등이 밝혀지고, 이런 특징들을 어느 정도 반영한 AI가 현실화되고 있다는 점에서 강한 AI가 불가능하지는 않다고 한다.

앞서 존 설 vs. 대니얼 데닛 논쟁이라는 표현을 쓰기도 했지만, 데닛의 《해명되는 의식》이라는 저서 전체가 어떤 의미에서는 지향성을 핵으로 한 존 설의 의식론에 대한 응답이라 할 수 있다. 물리주의까지 포함하여 기존의 마음 철학은 뇌의 어딘가에 의식의 중핵에 해당하는 장소가 있고 그곳에 위치한 '진정한 자기'가 의식 내 모든 사건을 컨트롤하고 있는 듯한 표현을 해 왔다는 점을 데닛은 문제시한다. 그는 그런 자신의 내적인 진정한 자기(인 듯이 간주되어 온 것)를 '호먼큘러스homunculus'라 부르고, 호먼큘러스가 있는 곳이자 그(호먼큘러스) 앞에서 의식의 온갖 대상이 표상되는 공간을 '데카르트 극장Cartesian theatre'이라 부르며, 그게 죄다 환상임을 심리학 실험 결과와 인공 지능 연구 결과에 입각하여 논증하려 한다. 칸트와 독일 관념론 철학자들이 상정하고 있는 주체, 즉 이성에 의해 의식을 전체적으로 통합하는 포괄적인 주체 따위는 없다. 내 의식에 있어서는 그때그때 다른 경로로 여러 단계에 걸쳐 결정이나 판단이 이루어지기에 어디서 그런 결정들이 확정되었는지는 결정할 수 없다. 다만 나중에 그 과정을 돌아보며 자신이나 다른 사람에게 보고할 때 마치 자기 주위의 상황을 파악하고 자신의 의도에 따라 모든 것을 실행한 '통일된 주체'가 있기라도 한 듯 표현하게 되는 것이다.

'데카르트 극장-호먼큘러스'를 대체할 의식 모델로 그가 제안하는 것은 '다원적 초고(草稿, multiple drafts)-팬더모니엄pandemonium'이다. '다원적 초고'란 무엇인가? 매스컴이나 관공서에서 공식 문서가 작성될 때를 생각해 보자. 먼저 몇몇 사람이 문서 초안을 작성하고 그중 어느 하나를 원안으로 삼는다. 거기에 다른 초안에 들어 있던 좋은 표현들도 흡수하여 시안을 만든다. 이 안이 몇 단계의 수정을 거쳐 최종적인 문서로 발표되기에 이른다. 바로 이와 유사한 일들이 뇌 속에서 일어난다는 것을 '다원적 초고'라 명명한 것이다. '팬더모니엄'*이란 한 명의 호먼큘러스가 아니라 역할 분담이 확정되지 않은 수많은 도깨비(데몬들, 뇌 내 모듈들)가 이리저리 준동한다는 말이다. 과제가 주어질 때마다 복수의 데몬이 그 일을 인수하여 자신의 방식으로 실행하기 위해 활발히 경쟁하고 협력하며 서로의 작업을 평가하고 선택하기도 하면서 병행적인 방식으로 동작한다. 수많은 데몬이 참여한 다단계 편집이 이루어져 하나의 답이 출력되는 것이다.

　이처럼 '자기' 안에서 일어난 일들을 나중에 마치 일관성이 있던 것인 양 생각하며 말하려 할 때 편의상 '중심이 되는 주체'가 있었다는 식으로 표현하게 된다. 공문서 서명자가 마치 단일 저자인 것처럼 간주하듯이 말이다. 그런 방식으로 말하는 이유는 그렇게 해야 자신이 나아가야 할 방향을 정해 자신이 할 행동의 예측 가능성을 높일 수 있으며, 다른 사람과 커뮤니케이션하기도 용이해지

---

* pandemonium에서 pan은 '모든', '많은'이란 뜻이고, 'demon'은 (악령이라고 종종 오역되는) '도깨비'라는 뜻이다.

기 때문이다. 이런 과정을 되풀이하는 가운데 '통일된 자기'가 존재한다는 것은 의심할 수 없는 사실이 된다.

그런 의미에서의 '자기'를 데닛은 '이야기의 중력 중심Center of Narrative Gravity'이라고 부른다. '이야기'에 의해 자기가 구성된다는 것은 매킨타이어나 테일러 등의 커뮤니테리언 정치 철학자들이 롤스 등의 보편적 주체론자들에 대항하여 전개하는 논의인데, 흥미롭게도 물리주의의 최선봉인 데닛이 그와 유사한 논의를 하고 있다.

'단일한 자기'는 이야기적 허구다

단, 매킨타이어는 '이야기적 자기'가 정체성으로 정착된다는 전제 위에서 생각하기 때문에 그 점은 오히려 대조적이다. 그때그때 말하기를 통해 자기가 재구성된다는 데닛의 견해는 오히려 앞서 본 에크리튀르에 대한 데리다의 논의에 가까운 것으로 보인다. 실제로 데닛도 영국의 소설가 데이비드 로지(1935~)의 소설 《놀라운 솜씨Nice Work》(1988) 등장인물의 다음과 같은 발언을 인용하는 형태로 다소의 유보를 단다는 전제 위에서, 데리다적인 '자기'관이 자신의 발상에 의외로 가깝다는 점을 인정한다.

"(……) 자본주의와 고전주의 소설의 토대가 되는 '자기self' 따위는 존재하지 않는다. 바꿔 말하면, 어떤 인물의 동일성을 구성하는 유한하고 단일한 영혼이라든가 본질 같은 것은 존재하지 않는다. 존재하는 것이라고는 (……) 여러 담론의 무한한 그물망 속에서의 하나의 주관적인 위치뿐이다. 동일한 이유로 소위 저자라는 것은 존재하지 않는다. (……) 자크 데리다의 유명한 말을 빌리면, '텍스트 바깥에는 아무것도 존재하지 않는다'는 것이다."

　AI의 진화를 잣대로 인간 의식의 진화를 생각하는 데닛과, 에크리튀르를 둘러싼 고찰로 서구의 로고스 중심주의적인 철학을 근본부터 뒤흔들고자 하는 데리다의 '자기'관이 결과적으로 접근하고 있다는 점은 흥미로운 상황이다. 덧붙여 말하자면, 데리다 또한 주체와 언어의 관계를 놓고 존 설과 격한 논쟁을 펼치고 있다(졸저 《포스트모던 니힐리즘》[42] 제11장 참조).

　이런 관점에서 보면, 존 설이 고집하는 '1인칭 존재론'과 결합된 지향성은 무의미해진다. 데닛의 틀에서는 '단일한 자기'란 이야기적 허구다. 굳이 말하자면 각각의 데몬이 지향성을 띠고 있다고 해야 할 것이다. 기본적으로 '나'는 내 안의 데몬들이 무엇을 하고 있는지 파악할 수가 없다. 자기 안 뉴런들의 움직임을 '내관'을 통해 읽어 낼 수 있는 인간은 없다. 오히려 '외부'에서 제삼자가 신경과학 등의 수단을 사용해 관찰하는 편이 '데몬'들이 어떤 지향성을 가졌는지 파악하기가 용이하다.

　데닛에게 지향성이란 대상 또는 시스템의 거동을 예측하기 위한 전략적 시점(視點)의 문제다. 논문 〈지향적 시스템들〉(1974)과 〈'지향 자세'의 철학〉(1987) 등에서 그가 펼치는 논의에 따르면, 우리가 어떤 대상(시스템)을 (현상학자들이 지향성이라 부르는) 신념이나 욕망 등의 심적 상태를 갖춘 합리적 행위체rational agent로 간주함으로써 그 행동을 예측할 수 있다면, 그것은 지향성을 갖춘 시스템이 되는 셈이다. 그런 의미에서 각종 컴퓨터에 지향성을 부여하는 것은 정당하다고 한다.

의식의 본질을 둘러싼 공방 2
-퀄리아

인간 의식의 본질을 고려할 때의 또 다른 초점은 퀄리아다. 네이글, (초기의) 프랭크 잭슨, 콜린 맥긴 등은 퀄리아 문제를 설명하지 못하거나 무시한다는 이유로 물리주의를 비판한다. 그들에게는 퀄리아야말로 인간 의식이 물리적 인과 관계로 환원될 수 없다는 점을 단적으로 보여 주는 증거다. 그러나 차머스처럼 이원론 입장을 취하면서도 일정한 기능 구성이 존재하기만 한다면, 뉴런이나 AI, 심지어는 자동 온도 조절기 같은 무기물이라도 퀄리아를 포함한 의식 경험을 가질 가능성이 있다고 시사하는 학자들도 있으므로 이 점에서도 대립 구도는 그리 간단하지 않다.

신경 과학자 라마찬드란(1951~)과 미국의 철학자 윌리엄 허스타인은 논문 〈퀄리아의 세 가지 법칙〉(1997)에서 퀄리아에 대한 통상적인 견해(자기에게만 사적으로 속하는 주관적인 것이며, 타인에게는 접근 불가능하다)를 부정하면서, 퀄리아는 신경 시스템에 의해 생성 및 제어되는 기능이라고 말한다. 그런 한편, 퀄리아는 각자의 '자기'에게 중요한 기능적 특징을 세 가지 갖는다고 지적한다. ① 퀄리아를 동반하는 감각에 있어 산출되는 표상은 지워질 수 없다. ② 한편, 그 표상을 어떻게 처리할지에 대해서는 다양한 선택지가 있다. ③ 퀄리아를 띤 표상은 그 표상에 근거한 판단이 내려지기 전까지 작업 메모리를 유지시키는 작용이 있다. 라마찬드란과 허스타인은 몇 가지 신경 질환의 증상을 정상적인 퀄리아의 결여라는 관점에서 설명한다.

한편, 물리주의의 주요 논객들은 기본적으로 퀄리아라는 범주가 불필요하다는 입장이다. 폴 처칠랜드는 《신경 컴퓨터적 퍼스펙티브》에서 지향성, 정동(情動, emotion), '날것으로서의 감각'과 함께 퀄리아를 최우선적으로 소거되어야 할 어휘로 꼽는다. 그는 색이 빛의 파장으로, 열이 기체 분자의 운동으로 대체되었듯이, 퀄리아도 신경 과학 용어로 대체될 것이라고 한다. 미국의 철학자 마이클 타이(1950~)는 《심상을 둘러싼 논쟁》(1991)에서 '시각 퀄리아'라는 것은 (물리적인 현실에 직접 대응하지 않는) 심상적 표상 imagistic representation이 끼치는 복합적인 효과로 설명할 수 있다며 소거 가능하다고 말한다.

네이글과 맥긴의 논의처럼 '퀄리아' 경험의 압도성에 직접적으로 호소할 경우에는 반증 가능성(포퍼의 핵심 개념)이 상실되어 유의미한 논의를 하기 어려워지지만, '메리의 방'처럼 물리적 인과 관계에 대한 '지식'에 초점을 맞출 경우에는 찬반 토론을 벌이기가 용이해진다. 실제로 '메리의 방'에 대해서는 다양한 해석이 나오고 있다. 물리주의자 대부분은 메리가 모든 물리적 사실을 알고 있었다는 상정에 무리가 있다고 지적하거나 그녀가 경험하는 퀄리아는 신경 과학적 사실로 환원할 수 있다고 주장함으로써, 이 세계가 인과적으로 닫혀 있음을 논증하려고 한다.

퀄리아라는 사용자 환상

미국의 철학자 오언 플래너건(1949~)은 《의식의 재고(再考)》(1992)에서 물리주의를 '형이상학적 물리주의metaphysical physicalism'와 '언어적 물리주의linguistic physicalism'로 나누어 사고함으로써 전자를 방어하는 전략을 취한다. '형이상학적 물리주의'란 아주 단순한 주장으로, 존재하는 모든 것은 물리적이거나 아니면 물리적인 것들 간의 관계성이라는 것이다. '언어적 물리주의'란 물리적인 것은 모두 기초 과학(완성된 물리학, 화학, 신경 생리학 등)의 언어로 표현할 수 있다는 주장이다. 후자인 '언어적 물리주의'는 너무 강한 주장이며, 그런 만큼 미심쩍다. ('메리의 방' 사고 실험을 제시한) 프랭크 잭슨의 설정은 후자의 의미에서의 물리주의에 근거하고 있다. 반면 전자의 의미에서의 물리주의는 '빨강을 경험한다는 게 어떤 일인지'를 기초 과학의 언어로 설명할 수 있음을 함의하지 않는다. '어떤 일인지'를 알려면 일정한 유형의 자극, 그리고 그것과 적절하게 접속된 유기체, 이렇게 양자 간에 일종의 1인칭적 관계가 필요해진다. 가정에 따라 흑백의 방 안 메리는 빨강이라는 색에 대해 완성된 물리학, 화학, 신경 생리학 등의 언어로 표현할 수 있는 모든 것을 알고 있었는지는 몰라도, 1인칭적 경험이 결여되어 있었다. 그렇기 때문에 1인칭적 관계를 필요로 하는 빨강의 현상적 구성 요소phenomenal component에 대해 새롭게 배우는 일이 있다고 해도 아무런 모순이 없다.

데닛은 방 밖으로 나온 메리가 실제로 뭔가를 학습하긴 하겠는가, 학습한다고 하면 그것이 과연 무엇이겠는가를 제대로 상상해 보라고 제안한다. 퀄리아를 동반하는 경험은 실재한다는 전제 위에서 생각하면, 물리적 정보밖에 없는 메리가 지금까지 모르던 것을 학습했다고 말하고 싶어진다. 그러나 밖으로 나온 메리한테 누군가가 "이게 빨강이라는 거야. 넌 몰랐겠지?"라고 물었다면, 메리는 순순히 "맞아"라고 답할까? 어쩌면 그녀는 "나는 색채학 연구를 계속해 왔기 때문에 실제로 '빨강'을 보았을 때 내 신경 계통에 어떤 자극이 생기고 어떤 식으로 반응할지 이미 알고 있었어"라고 말할지도 모른다. 그녀의 입장에서는 그것이 빨강에 대한 경험의 전부일지도 모른다. 물론 그 전제 위에서 생각할 경우, 방 안에 있던 그녀는 빨강이 자신의 신경 계통에 미치는 변화를 '내측으로부터from the inside' 확인할 방법을 알지 못했다고 할 수는 있다. 그러나 그녀가 그 방법을 학습하는 것은 사전 지식을 완성시킨다는 의미이지 퀄리아 신봉자들이 상상하듯이 물리적 현상을 초월한, 그 어떤 의식의 신비 같은 건 아닐 것이다.

데닛에 따르면 퀄리아는 물리적 자극에 반응하는 '성향 복합체 complexes of dispositions'에 불과하다. 뇌 내 데몬들의 초고(草稿) 처리 프로세스로 환원할 수 없는 통일된 '의식' 같은 것은 데닛에게 착각에 불과하다. 그렇다면 퀄리아 또한 그 데몬들의 행동의 귀결을 총괄적으로 보고하려고 할 때마다의 '주체'가 품는 '사용자 환상 user illusion'인 것이다.

제5장

존재함을 왜 다시 묻는가?

−새로운 실재론

포스트모던 이후의 실재론

구조주의/포스트구조주의 영향을 받은 1960년대 후반 이후 프랑스계 현대 사상에서 과학적·계몽적 사유를 떠받쳐 온 (대상 및 대상이 존재하는 세계의) 실재성(實在性)은 이 실재성을 파악하고 합리적으로 행동하는 '주체'와 함께 철저하게 근거를 박탈당했다. 그 어떤 것에도 의거할 수 없는 유동적인 상황, 바로 이 유동성을 견딜 수 있는 것이 포스트모던 사상의 특징이었다. 냉전 구조 종언 이후 정치적 이항 대립 구조의 붕괴에 따른 대립 구도 다원화, 급진적 종교 운동 대두, 젠더 섹슈얼리티를 둘러싼 문제의 표면화도 어떤 의미에서 포스트모던적 시각을 강화하게 되었다. 이 말이 꼭 푸코나 데리다의 사상을 받아들이는 사람이 많아졌다는 의미는 아니다.

그러나 2000년대 후반부터 스피노자, 니체, 하이데거, 데리다

등의 영향을 받은 철학자들 사이에서 '실재(實在)'에 대해 본격적으로 철학적 사유를 심화시키려는 운동이 일어났다. '안 될 게 뭐냐!'*라는 태도를 계속 취하면, 제대로 된 철학적 논의는 불가능해지고, 정치와 종교에 관한 비합리주의적 주장을 객관적 논거에 따라 비판하는 것이 곤란해지기 때문이다.

다양한 그룹이 있지만, 가장 큰 세력으로 꼽을 수 있는 것은 프랑스의 철학자 퀑탱 메이야수(1967~)와 미국의 철학자 그레이엄 하먼(1968~) 등을 포함하는 사변적 실재론speculative realism이라 불리는 그룹이다. 2007년 4월 런던 대학 골드스미스에서 열린 '사변적 실재론'이라는 제목의 워크숍에 참가한, 주로 영어권 철학자들이 초기 멤버라고 한다.**

일본에서도 유명해진 마르쿠스 가브리엘(1980~)은 독일 관념론과 하이데거의 영향을 강하게 받은 신(新)실재론der Neue Realismus을 제창하고 있는데, 그는 사변적 실재론의 당초 멤버는 아니지만 이 그룹과 가깝다고 간주되고 있다. 포스트구조주의와 해석

---

* 원서의 '何でもあり'는 '모든 것이 다 가능하다', '지금은 이렇지만 사실은 저럴 수도 있었고, 또 제3, 제4의 가능성도 있었다'라는 뜻의 말로, 이런 취지의 말 중 가장 유명한 사례로는 《방법에의 도전》의 저자 파이어아벤트가 했던 'Anything goes!'다. 파이어아벤트는 인식론적 아나키스트답게, 이 세상에 참다운 실재나 실체, 본질 따위가 있고, 그 외의 것들은 그 실체의 환상이나 가상, 현상에 불과하다고 보는 모든 위계적 사고와 모든 실체론적 사고를 반대하였다.
** 메이야수는 이 워크숍 직후 자신은 사변적 실재론자가 아니며 굳이 그런 식으로 분류하려면 '사변적 유물론'이라 할 수 있다는 입장을 표명했다.

학의 영향을 받고 있는 이탈리아의 철학자 마우리치오 페라리스(1956~)도 《신실재론 선언Manifesto del nuovo realismo》(2012)을 출간하여 광범위한 반향을 불러일으켰다.

사변적 실재론이나 신실재론이 지향하는 바는 무엇인가? 한마디로 말하면, 주체의 인식에 의해 결코 좌우되지 않는, (어떤 식으로도) 부정하기 힘든 실재가 있음을 철학적인 사변을 통해 밝히려는 시도라고 정리할 수 있을 것이다. 전근대의 실재론은 사물들의 '실재'를 신이나 이데아 같은 '궁극의 실재' 또는 '실재의 근원'과 결부 짓는 형태로 증명하고자 했다. 만물의 근원인 X의 의지라든가 창조의 법칙 등을 상정하고, 그에 적합한 무언가가 실재한다고 생각한 것이다. 현대의 '실재론'은 그런 형이상학 세계관을 전제하지 않고 주체의 의식을 초월하는 '실재'에 관해 사유하면서, 어떤 속성을 갖춘 대상이 실재하는지를 판단할 수 있다는 점을 보여 주고자 한다. 더 나아가 현대의 여러 사조에 나타나는 상대주의적 세계관과 가치관을 타파하고 실재론을 철학적 사고의 기축으로 복권시키려 한다.

노파심에서 말해 두자면 실재를 둘러싼 논의는 분석 철학 쪽에도 없던 것은 아니다. 제4장에서 살펴본 처칠랜드처럼 과학적 실재론을 적극적으로 내거는 학자들도 있다. 다만 그것은 주체의 인식과는 관계없이 그때그때 상황에 맞는 (자연) 과학 영역에 의해 실재의 기준을 결정하고자 하는 입장이다. 퍼트넘은 자신의 입장을 초기에는 형이상학적 실재론이었지만 이후 내재적 실재론으로, 심지어는 '자연스러운 실재론'으로 전환했다고 알려져 있다. 하지만 퍼트넘의 관심은 인식 주체가 대상의 실재를 어떻게 파악하고 있는지를 분석 철학의 장기인 개념 분석으로 해명하는 데 있다는 점에서, 인식 주체 외부에 있어서 실재의 가능성에 관해 직접 논하고자 하는 것과는 차이가 있다.

제4장에서도 부분적으로 살펴보았듯이 분석 철학에는 동일성, 인과성, 부수성, 가능 세계, 개별자와 보편 등 경험적으로 실증할 수 없는 기본 개념을 철저히 분석하려는 조류가 있는데, 이 다양한 흐름을 일괄하여 '분석적 형이상학'이라고 부른다. 가브리엘은 이런 논의들을 상당히 흡수하면서 자신의 철학을 전개하고 있고, 분석 철학과 대륙 철학이라는 종래의 구별은 인정하지 않는다는 입장을 취하고 있다. 하지만 분석적 형이상학자 대부분은 콰인과 데이비드슨이 확립한 분석 철학 문법의 틀 안에서 말하고 있으며, 게다가 실재론의 복권을 큰 목표로 내걸고 있는 것도 아니다. 분석적 형이상학과 새로운 실재론의 관계를 둘러싸고 여러 가지 재미있는 논점이 있을 듯싶지만, 너무 전문적으로 흐를 수 있기 때문에 이 책에서는 거기까지는 들어가지 않기로 한다.

새로운 실재론자들은 대부분 분석 철학이나 과학 철학의 논의 동향 및 신경 생물학을 포함한 자연 과학의 최신 성과를 염두에 두고 있으며, 푸코나 데리다의 텍스트보다 이쪽 방면의 논의와 접점이 더 많아 보인다. 또한 경험 과학적인 데이터와 분석 철학계 내부의 규칙 등에 지나치게 구애받지 않으면서, 근대 초기에 합리주의자이면서 신과 우주에 대해 장대한 사변적 체계를 전개한 스피노자나 라이프니츠처럼 대담한 형이상학적 사변을 구사하는 경향이 강하다.

그들은 실재를 상대화하려는 현대의 철학적 조류들을 논적으로 삼는다. 가브리엘과 페라리스는 포스트모던 계열의 사상을 주된 논적으로 삼고 있지만 다른 철학자들은 반드시 그렇지는 않다. 그뿐 아니라 원래 데리다나 들뢰즈의 영향을 강하게 받은 페라리스와 그다지 포스트모던 사상을 깊이 고려하지 않는 듯한 가브리엘 간에도 비판 방식에 차이가 있다. 미국의 철학자 유진 새커와 스티븐 샤비로처럼 들뢰즈의 이론을 적극적으로 도입하는 경우도 있다. 신경 생물학이나 AI 연구와 거리를 취하는 방식도 상당히 다르다.

그런저런 연유로 전체를 모두 정리한다는 건 무리가 따르는지라, 이 장에서는 특징적인 이론가 몇 명과 그들이 무엇에 대항하며 무엇을 주장하는지에 초점을 맞춰 소개하고자 한다.

칸트 이래의 상관주의를 극복하자

사변적 실재론의 초기 멤버인 메이야수의 논의는 칸트 이래 근현대 철학을 지배해 온 상관주의corrélationisme를 극복하는 데 초점이 있다. 상관주의란 주체로부터 분리된 '대상 자체'를 파악하는 것은 불가능하고, 주체 쪽 또한 항상 대상과의 관계 속에 있으며 그 관계에 의해 규정되어 있다고 보는 견해다.*

이 견해에 따르는 한 주체든 대상이든 그 자체가 자립적으로 실재하고 있다고는 할 수 없다. 칸트의 영향을 받아 상관주의라는 전제 위에 서 있는 사람들은 처음부터 실재에 관해 이야기하는 것을 포기하는 경향이 있다. 우리는 자신의 의식과 언어에 갇혀 있으며, 그 바깥으로 나가 대상의 실재를 알기란 불가능하다고 간주되어 왔다. 칸트의 용어로 말하면, 물(物) 자체는 인식 불가능하다는 것이다.

그런데 대체 상관주의의 어디가 문제라는 것일까? '주관'으로서의 우리의 퍼스펙티브에 의해 한정된 '괄호 친' 실재만으로는 어째서 불충분한가? 일본에서도 화제가 된 《유한성 이후》[43](2006)에서 메이야수는 상관주의가 신앙주의fidéisme와 결부된다는 점을 지적한다. 신앙에 의해 절대자에 도달하고자 하는 신앙주의가 상관주의와 결부된다는 말은 일견 모순되는 것 같지만, 그렇지가 않다. 상관주의 아래에서는 주관을 넘어선 진리나 가치에 도달할 수 있다는 가능성이 부정된다. 그리되면 개인이나 공동체가 저마다 품고 있는 자신(들) 나름의 믿음에 따라 절대적인 것에 도달하고자 하는 것을 보편적인 논리로 비판할 수가 없다.

당연한 얘기지만 이것은 좁은 의미에서의 종교에만 국한되지

---

* 따라서 대상으로부터 분리된 주체를 파악하는 것도 불가능하다.

않는다. 절대적인 기준 따위는 존재하지 않는다고 일단 '깨달아' 버리면 그 어떤 가치관이나 세계관도, 타인들에게는 용납될 수 없는, 자기 나름의 신앙으로 매진하고자 한다. 이렇게 생각해 보면, 서구 근대를 지탱해 온 계몽적 이성의 해체가 진행된 결과 발생한 포스트모던적인 상대주의 및 허무주의 상황[리오타르(1924~1998)의 표현을 빌리자면 계몽이라는 '거대 서사grands récits'의 종언]과 병행하여 종교적 원리주의 운동이나 영성주의가 대두되고 있는 배경이 쉽게 이해가 된다.

메이야수는 상관주의의 한계를 돌파하기 위한 단서로, 인간이 존재하기 전 지구에서 일어난 일에 관해 이야기하는 '조상 이전적인 언명énoncé ancestral' 문제에 착수한다. 마르크스의 유물론이나 과학적 실재론의 발상이라면, 인간이 존재하든 안 하든 수십억 년 전부터 지구가 존재했고, 인간이 경험하지 못한 지각 및 기후의 변동이 있었으며, 다양한 생물이 출현했다는 점은 화석 등을 통해 확인할 수 있는 객관적 사실이며, 논의의 여지 따위는 없다. 메이야수는 이런 부류의 소박한 실재론자들처럼 주체와 대상의 관계를 둘러싼 고찰을 불필요하다고 간주하여 처음부터 소거해 버리지 않는다. 도리어 상관주의 앞에 이 문제를 들이민다.

만일 대상의 '실재'가 항상 주체와 관계된다고 한다면, 주체에 의한 인식의 틀 너머에 있는 '대상'의 실재에 관해 유의미하게 말할 수 있을까? 인간과 유사한 지각·판단 능력을 가진 주체가 존재하지 않는 판에 (인식되는) 대상만 존재한다는 게 가능한가?

예컨대 대기라든지 바다, 산, 계곡, 빛, 냄새 등은 우리가 일정한 형식을 갖춘 대상으로 인식하지 않는다면, 시간적으로든 공간적으로든 다른 대상이나 다른 사건과의 경계선이 확실하지 않으며, 대체 무엇을 가지고 '존재'한다고 할 수 있는지도 확실치 않다. 인간과 동물, 돌 등 (우리 눈에) 틀림없이 개체로 식별되는 존재들이라고 해도 마찬가지다. 만일 우리보다 훨씬 크거나 훨씬 작은 인식 주체 혹은 시간 감각이나 지각의 정밀도가 완전히 다른 인식 주체가 있다고 한다면, 과연 그런 주체의 입장에서도 인간, 동물, 돌 등이 '존재'한다고 할 수 있는지는 알 수 없다. 아니, 다른 문제 이전에 그런 다른 주체들이 갖고 있을 존재관이 우리에게 과연 이해가 될지 안 될지부터가 판단이 서질 않는다.

상관주의자는 인식 주체를 현재의 우리 같은 인간들에게 고정하고, 이런 주체에게 어떻게 보일지를 기준으로 대상이 있는지 없는지, 어떻게 있는지를 특정할 수 있다고 생각한다. 다만, 그런 상관주의적 전제에서 생각했을 경우, 인간이 등장하기 이전의 지구에는 존재의 척도가 되어 줄 주체가 부재하기 때문에 먼 과거의 지구에 어떤 대상들이 존재하고 있었다고 말할 수가 없다. 그뿐 아니다. 인간 인식 능력의 수비 범위를 초과한 곳에는 대상이 (실재한다고 생각할 때조차도) 실재한다고 할 수가 없다. '만일 그곳에 인간이 있었다고 한다면……'이라고 시뮬레이션을 할 수는 있지만, 그렇다면 그 대상이 존재하고 있었는지는 애매해지고, 그렇게 인간이 존재할 수 없는 혹은 관여할 수 없는 상황이라면 그런 시뮬레이선조차 무의미해진다.

이렇게 생각하면 상관주의 입장을 취하는 한 '조상 이전적인 언명'에 의미를 부여할 수 없다는 게 분명해진다. 상관주의자에게 가능한 일은 그런 문제는 경험 과학적인 것이므로 철학의 수비 범위와는 관계없다고 도망을 치는 정도이리라. 그렇게 되면, 철학의 수비 범위는 자연 과학 발달에 따라 점점 협소해져 간다. 그런 상관주의 철학의 취약성이 신앙주의의 만연을 허용하고 마는 것이다.

어떤 존재에도 필연성은 없다?
-메이야수의 사변적 유물론

메이야수는 상관주의적 틀을 벗어나 '절대적인 것un absolu'에 도달하는 길을 모색해야 한다고 주장한다. 그러나 논증 없이 신과 같은 특정 속성을 가진 절대자를 상정한 다음 "○○은 존재한다. 그것은 사실이다"라고 단언한다면, 단순한 형이상학적 독단론에 불과하다. 그래서 메이야수는 상관주의적인 사고를 (타파하는 게 아니라 도리어) 철저하게 밀고 나감으로써, 지금까지 상관주의적 철학이 의거해 온 전제들을 타파하고 절대적인 것을 발견한다고 하는 역설적인 전략을 표명한다.

메이야수에 따르면, 상관주의적 사고를 끝까지 추구할 경우 우리는 '필연적 존재자의 절대적 불가능성l'impossibilité absolue d'un étant nécessaire'은 '절대적'이라고 하는 귀결에 이르게 되어 있다. 이 경우 '필연적 존재자'란 그것이 존재함이 논리적으로 필연인 그런 존재라는 말이다. 종래의 철학에서는, 예를 들어 정신/물질, 우주, 제1원인인 신, 실체 …… 등이 존재한다는 것을 필연적으로 여겼다. 그러나 그것은 어디까지나 주체인 나의 입장에서 볼 때 그런 존재들이 필연적으로 존재해야 할 이유가 있다고 생각할 수밖에 없다는 말에 불과하다. 상관주의에 따르면, 우리는 자신과 대상의 상관관계를 넘어선 곳, 즉 '외부'가 어떤지는 인식할 수가 없다. 따라서 내 입장에서의 '필연성'이 과연 절대적인(=나와 무관하게) 필연성인지 아닌지 나는 알 수가 없다.

그럼 자연 과학적인 대상들에 대해서는 어떨까? 전자, 광자, 중성 미자 등의 소립자가 우주에 존재한다는 것은 현대 물리학의 기본 원리가 옳은 한 필연적이라고, 상관주의자를 포함해 많은 사람이 생각할 것이다. 그러나 그런 현대 물리학의 기본 원리 자체가 있다는 사실, 거기에 필연성은 있는 것일까? 자연 과학은 (개별 대상의 필연성을 근거 짓는) 원리의 필연성이라는 메타레벨 문제에는 관여하지 않는다. 상관주의적으로 생각하면, 그것은 인식 주체인 우리와 대상 간 상관관계의 '외부'의 차원이므로 우리에게는 그것이 절대적 필연성인지 아닌지 알 도리가 없다는 이야기가 될 것이다. 어떤 존재자도 존재하지 않는 우주가 논리적으로 불가능하다고는 단언할 수 없다.

이처럼 우리가 인식할 수 있는 한계의 '외부'를 고려하면 어떤 존재자에게도 필연성은 없다. 메이야수에 따르면, 이것은 우리가 실제로 존재하는 세계와 아무런 관계도 없는 단순한 가상의 이야기가 아니다. 무한한 시간의 흐름 어딘가에서 우리가 존재하는 이 세계의 자연법칙이 변화한다든가, 또 현재의 우리가 볼 때 도저히 있을 수 없는 법칙이 성립한다든가 할 가능성은 배제할 수 없다. 그런 의미에서 '필연적 존재자'가 불가능하다는 사실은 '절대적'이다.*

이는 모든 존재자에게는 그것이 존재할 충분한 이유가 있다고 하는 '이유율principe de raison'(라이프니츠)의 부정을 의미한다. 모든 존재자는 우연적contingent이며, 이 우연성에는 어떤 제약도 없고 절대적이다. 이를 메이야수는 이유율과 대비하여 '사실론성의 원리principe de factualité'라고 부른다. 어떤 이유도 없이 단지 '사실'로서 그렇게 되어 있다는 것이다. '사실성facticité' 대신 '사실론성'이라는 기묘한 단어를 사용하는 까닭은 대상이나 사건과 관련하여 개별 사실(사실성)을 성립시키고 있는 이유(근거)가 그것들이 속한 세계 어디에도 없고 세계 자체가 우연의 사실로서 그렇게 되어 있다고 하는, 메타레벨의 문제이기 때문이다.

만일 모든 존재자가 '우연적'이라고 한다면, 우리는 '실재'에 관해 어떻게 생각해야 옳은 것일까라는 의문이 자연스레 생겨난다.

---

* '필연적'이라는 판단이나 말은 우리를 기준으로 했을 때의 이야기다. 즉 우리에게 필연이어도 존재하지 않을 수 있으며, 필연이 아니라도 존재할 수 있다. 어떤 것의 존재 여부는 우리의 생각에 의해 규정되지 않는다.

이 대목에서 메이야수는 어떤 존재자들도 (주체인 나에게) 현실적으로 있는 방식으로 존재할 필연성은 없고, 지금과는 전혀 다른 모습으로 변용된다거나 아예 존재하던 흔적조차 없어질 가능성도 있다는 점을 '하이퍼 카오스'라는 능동적인 상태로 바꿔 읽는다. 하이퍼 카오스라는 절대자에게는 온갖 일이 다 가능하며, 그 어떤 일도 불가능하지 않다. 그것은 모든 사물과 세계를 죄다 파괴할 수도 있고, 또한 비논리적인 괴물도 산출할 수 있다. 광란하는 무질서한 변화를 일으킬 수도 있지만, 불변 부동의 우주를 산출할 수도 있다. 그것은 어떤 의미에서 '전능한 존재'다. 단, 그것은 지금까지 철학자들이 전제로 삼아 온 신과는 달리, 선이나 이성의 간지(奸智) 같은 것에 의해 특징지어지지 않으며, 우리의 이성에 뚜렷한 관념을 주어 이끌어 주는 것도 아니다. 어떤 법에도 따르지 않는다.

그런데 만일 그런 '하이퍼 카오스=전능한 것'이 '실재'한다 하더라도 우리가 거기에 어떻게 다가가야 제대로 도달할 수 있을까? 자연 과학자들은 경험적 데이터의 수집과 귀납법으로 자연법칙을 규명하려 해 왔지만, 자연법칙이 안정되어 있다는 전제가 없으면 아무리 데이터를 많이 수집하고, 그 데이터에 입각하여 더 엄밀하게 법칙을 정식화한다 해도 '자연법칙' 그 자체에 접근했다는 보증은 없다. 확률론적 접근을 채택한다 해도 '전체'가 하나의 법칙에 따르고 있을 필연성이 없는 이상, 그 결과를 우리의 경험 범위를 넘어선 외부에까지 무조건 적용할 수는 없다.

메이야수가 최종적으로 표명하는 것은 수학적 사변에 의해 세계를 탈주체화해 나간다는 전략이다. 근대 초기에 코페르니쿠스와 갈릴레이는 수학적인 방법론에 입각한 자연 과학을 통해, 형이상학적 세계관을 파괴함과 동시에 인간이 직접 경험할 수 없는 영역에까지 뛰어들어 세계를 수학적으로 파악하는 프로젝트에 시동을 걸었다. 수학화할 수 있는 mathématisable 것들은 우리로부터 독립적으로 존재한다고 생각할 수가 있다.*

즉, 수학에 준하여 사고를 전개하면 조상 이전의 언명은 가능하다. 현재 시점에서 칸트 이후의 철학을 돌이켜 보자면, '형이상학의 종언 la fin de la métaphysique'은 곧 '절대적인 것의 죽음 la fin des absolus'이라고 여겨, '절대적인 것'을 배제하고 세계 전체를 주체의 경험 가능성과 관련지으면서 상관주의에 빠지고 말았다. 필시 그것은 현대 과학이 지향한 목표가 아닐 터이다. 메이야수는 형이상학적 필연성을 상정하거나 이유율에 호소하지 않고서도 절대성에 관해 사고할 수 있도록 수학의 범위를 절대화할 것을 제창한다. 물론 그렇게 함에 있어 수학을 사실론성의 논리에 적합하도록 만들 필요는 있다.

---

* 원서에는 "우리로부터 독립적으로 존재한다"고 되어 있지만, 메이야수의 상관주의 비판과 관련하여 더 정확히 표현하자면 "우리의 정신으로부터 독립적으로 존재한다"고 해야 할 것이다. 우리의 정신에서 그 대상을 어떻게 파악하든 그것이 변형되거나 사라질 수는 없다는 점에서, 우리의 정신과는 독립적으로 존재한다는 뜻이다. 실제로 메이야수가 비판하는 상관주의의 상관은 '인간-세계'가 아니라 '인간 정신-(인간의 육체를 포함한) 나머지 세계 전체'이다.

그렇게 해서 메이야수는 수학의 절대화 가능성에 베팅을 하고, '필연성'이 우연인, 그래서 형이상학이 성립되지 않는 세계에서 실재에 관해 적극적으로 생각하려는 자신의 시도를 '사변적 유물론 matérialisme spéculatif'이라 부른다.

세계에 의미 따윈 없다?
-브라시에의 초월론적 허무주의

철저한 수학화로 실재하는 세계에 접근해 가려는 메이야수의 논의는 결과적으로 분석 철학의 물리주의, 특히 인간의 '의식'을 배제한 '실재' 파악을 지향하는 소거주의의 논의에 접근하고 있다.

물론 '필연성의 우연성' 같은 (일반적으로 형이상학적이라고 형용되는) 문제에 매달리는 메이야수와, 설명상의 편의성이라는 관점에서 형이상학적 문제를 깔끔하게 쳐내 버리는 데닛 및 처칠랜드 부부 등의 분석 철학자들은 철학에 대한 기본 입장에 꽤나 차이가 난다. 메이야수는 《형이상학과 과학 밖 소설》[44](2013)에서 SF 계열의 문학 작품에 의거하면서 자연법칙이 안정되어 있지 않은 세계를 상정했고, 논문 〈도래할 상(喪), 도래할 신〉*(2006, 2018)에

---

* 이 제목의 뜻은 대략 이러하다. 미래에는 역사 이래로 발생한 극단적인 부정의(不正義)가 해소될 터인데, 부정의 중 가장 큰 부정의는 사람들의 비명횡사다. 따라서 비명횡사자들은 부활해야 하며, 그를 위해 지금까지 존재하

서는 자연계 질서의 우연성이라는 관점에서 죽은 자들에 대한 공정성을 논했으며, 《수(數)와 세이렌》(2011)에서는 역시나 우연성이라는 관점에서 말라르메(1842~1898)의 시 〈주사위 던지기〉(1897)의 해석을 시도하는 등 (데리다를 포함한) 포스트모던 계열의 논객들과 상통하는, 분야 횡단적이고 탈구축적인 문제에 관심을 보이고 있다. 다만 자연 과학적 사실들이 주체의 의식과 관계없이 성립한다는 점을 강조하면서 양자의 관계를 단절시킨다고 하는 과학적·철학적 전략은 소거주의적인 물리주의와 궤를 같이하고 있다.

자연 과학이나 수학에 의거해 '탈상관주의-탈주체화'를 시도하는 이런 방향성은 사변적 실재론의 초기 멤버로 '초험적* 니힐리즘transcendental nihilism'을 제창한 영국의 철학자 레이 브라시에(1965~　)도 공유하고 있다. 초험적 니힐리즘이란 근현대 철학의 흐름(존재의 의미나 인생의 목적을 밝히면서 인간과 자연 간의 조화를 회복하고자 해 왔다)에 저항하며 그런 의미나 목적들이 무(無)일 따름이라는 점을 사변에 의해 적극적으로 표출하고자 하는 입장이다. '세계'에 의미 따위는 없는 것이다.

논문 〈개념과 대상〉(2011)에서 브라시에는 "우리는 개념 장치

지 않았던 신(사실 신이 없었기 때문에 온갖 부정의가 횡행했던 것이다)이 새로 탄생해야 한다. 이 글은 '亡靈のジレンマ(망령의 딜레마)'라는 제목으로 カンタン・メイヤスー, 千葉雅也 外譯, 《亡靈のジレンマ─思弁的唯物論の展開》(青土社, 2018)라는 일역본에 수록되어 있다.
＊ 원문은 '超越論的'으로 되어 있다. 참고로 칸트의 'transcendental'을 일본(및 한국)에서는 관례적으로 '초월론적'이라고 번역한다.

(기구, 機構)를 매개로 실재의 구조에 접근해 가는데, 이 세계는 지적으로 이해되도록 디자인되어 있지 않고, 애당초 의미가 주입되어 있지도 않다. 문제는 개념 장치라고 하는 것이 그런 세계로부터 지적으로 이해 가능한 지표를 끌어내려 하는 것이라는 데 있다"라고 말한다. 이 말은 '실재의 구조' 또는 '세계'로부터 (인간에게) 이해 가능한 의미를 찾아내려는 철학이라는 행위는 불가피하게 형이상학적인 경향을 가지고 있음을 시사한다. 근대의 상관주의 철학은 형이상학적 독단을 피하고 '대상'을 '주체'에 결부 지어 이해하려 해 왔는데, 그렇다면 주체에 의한 대상 인식에는 어떤 의미가 있는지, 철학적 인식론은 어떻게 정당화되는지에 대한 문제가 제기된다. 철학하는 이성은 자신이 의거하는 합리성에 의문을 제기하고 항상 탈신비화를 시도함으로써 자신의 비형이상학성을 드러내지 않으면 안 된다.

개념 장치로 대표되는 이성에 대해 이처럼 철두철미한 탈합리화를 끝까지 추구해 가면, 현상을 넘어선 실재에 이를 수 있다고 자처하는 합리주의 철학은 신학 및 형이상학의 잔재를 떨어내지 못하고 결국 '참된 실재'에 대한 탐구는 방기될 수밖에 없다. 이른바 포스트모던적인 상황이다. 니힐리스트인 브라시에는 이런 포스트모던적 상황을 환영할 수도 있겠다 싶겠지만, 그렇게는 되지 않는다. 그는 오히려 (상관주의의 극한으로서의) 포스트모던 사상의 다음과 같은 표변을 경계한다. '참된 실재'에 이르는 길이 원리적으로 막혀 있다고 한다면, 다양한 유형의 현상은 상호 대등한 셈

아닌가! 자연 과학적인 현상도, 우리 눈에 보이는 현상도, 또 상상 세계의 현상도 다 같이 '현상'에 지나지 않는다고 하면, 그중 어느 한 가지에 (자신의 이익이나 취미, 혹은 세계관에 따라) '의미'를 주입한다고 해서 뭐가 나쁘겠는가!

　브라시에는 과학을 포함한 근대적인 합리성의 신화를 해체하고 주체와 사물의 새로운 관계 구축을 도모하는 포스트모더니스트의 대표로 브뤼노 라투르를 비판의 도마 위에 올린다(라투르 스스로는 자신이 포스트모더니스트임을 부정한다). 브라시에의 정리에 따르면, 라투르는 ① 이성을 차별로 ② 과학을 힘으로 ③ 과학적 지식을 실용적 노하우로 ④ 진리를 힘으로 환원시킨다. 라투르에게 앎이란 행위 주체가 현실에서 살아가기 위한 필요성에 입각해 취하는 전략적인 자세일 뿐 그 이상은 아니다. 라투르는 전통적인 철학의 존재론과 인식론을, 진리를 추구하는 중립적인 담론이 아니라 정치나 사회의 현 상황을 정당화하거나 공격하거나 할 수 있는 도구로 간주하고, 스스로도 그런 담론을 생산해 내는 실천을 확신범적으로 실행한다. 라투르에게 모든 단어나 표상은 행위자가 그때그때 갖게 되는 '의미'로 환원되어 버린다. 유전자 공학이나 인공 지능 연구 등 현대의 최첨단 과학 연구도 마찬가지다. 그런 연구 역시 거기에 종사하는 연구자나 투자자 입장에서는 자신의 권력과 부를 확대하려는 목적에 최적화된 도구이며, 빈곤층에게는 자신들에 대한 지배를 강화하고 착취하는 장치인 것이다.

　브라시에의 말에 따르면, 라투르 같은 포스트모던의 전략은 실재를 과도하게 인간의 이해관계와 힘 관계 쪽으로 끌어당겨 이해하는 상관주의의 새로운 형태이다. 그것은 어떤 의미에서 극단적인 인간 중심주의인데, 그러면서도 가령 전근대에 존재했던 강력한 철학 같은 것은 부재하므로 서로 다른 이해관계를 가진 주체들 간의 다툼과 의미의 범람을 수습할 수가 없다. 브라시에는 주체들의 폭주나 그 주체들이 일방적으로 의미를 부여하는 '표상'들의 폭주를 허용하게 될 상관주의의 위험성을 시사한다.

브라시에는 주체들이, 자신이 관심을 가진 표상을 '실재'와 동일시하면서 과대평가하는 것을 회피하는 방향성을 모색한다. 그것은 '실재'를 의미화하려는 '주체'들을 금욕시킴으로써 '실재성'을 독점할 수 있을 듯한 환상을 품지 않게 하려는 일이다. 이를 위해 브라시에는 주체가 자의적으로 변경할 수 없는 '과학적 표상'에 의거하여 실재에 접근해 간다는 메이야수와 유사한 노선을 추구한다. 메이야수는 어느 정도 인간이 실재에 이를 가능성을 남겨 두고 있지만, 브라시에는 《구속되지 않는 니힐Nihil Unbound》(2007)에서, 우주가 (인간 입장에서 볼 때) 무감각하고 무목적이라는 점을 두려워할 필요 따위는 없으며, 인간과 무관계한 실재를 드러내 가는 것이야말로 지성의 '성과'라고 단언한다.

사물과 주체의 관계 재고
-샤비로의 미적 실재론

이처럼 메이야수와 브라시에가 실재로부터 주체를 분리시키는 전략을 구사하는 반면, 들뢰즈의 이론을 도입한 실재론자인 스티븐 샤비로(1954~)는 수학과 자연 과학의 냉철한 논리에 의거하는 것이 비상관주의화로 통한다는 견해에 의문을 표한다.

샤비로의 말에 따른다면, 일견 비인간적으로 보이는 수학적 접근이란 실제로는 현대 사회의 특징 아닌가? 포스트포드주의적 생산 및 관리 양식이 군림하게 된 현대에는 수학화, 컴퓨터화, 알고리즘적인 문제 처리가 사회 속에서 진행되고 있다. 그리고 우리의 욕망 자체가 수학적으로 관리되고 재생산된다. 메이야수 등의 논의는 이런 포스트포드주의 사회의 모습을 반영하고 있다. 샤비로의 말에 따르면, 이 또한 상관주의가 아니냐는 것이다.

《사물들의 우주-사변적 실재론에 대하여 The Universe of Things -On Speculative Realism》(2014)에서 샤비로는 인식 주체인 우리가 일방적으로 대상인 '사물'에 도달한다는 구도로 사고해 온 근현대의 상관주의 및 그 구도를 떨치지 못한 채 주체 없는 세계를 그리려 하는 메이야수 등에 대항하여, 입각점의 전환을 촉구한다. 오히려 '사물들things' 쪽이 '생동하며lively' 우리에게 작용해 오고 있는 것이 아닌가? 이 경우의 '사물'은 인공 지능이나 다른 생명체뿐 아니라 도구 등 무기물도 포함된다.

이 책의 제목은 영국의 소설가 귀네스 존스(1952~)의 SF 단편 〈사물들의 우주〉(1993)에서 유래한 것이다. 소설에서는 인간형 에일리언들이 지구에 도래하여 새로운 지배자가 되고, 인간은 만물의 척도로서의 지위에서 바닥으로 떨어지며 자신감을 상실한다. 에일리언들은 인간의 도구와는 질이 다른 도구를 사용하는데, 그들은 그 도구들을 자신들의 장내(腸內)에서 발생하는 박테리아에 의해 산출한다. 즉, 그들이 사용하는 도구는 환경 속에서 그들 자신의 신체를 확장해 만든 것이다. 그들의 네트워크는 좁은 의미의 신체를 훌쩍 초과한 곳까지 연결되어 있으며, 그들은 확장된 신체를 통해 감정과 기억을 공유하고 있다. 에일리언의 차량을 정비하기 위해 고용된 자동차 수리공(인간)은 어느 날 에일리언과 사물들이 '살아가는 세계living world'를 체험했다는 환각에 사로잡힌다. 그것은 금속적인 광택이 있는 이질적인 사물들과 자신의 신체가 섞이는(성교하는) 극히 외설적인 감각이었다. 인간의 세계로 돌아온 그는 자신이 주위 사물들이 '죽어 있는, 안전한dead and safe' 곳에 도달했다는 사실에 안도한다.

픽션이긴 하지만 이 작품에서 두 가지 철학적 문제 제기를 읽어 낼 수 있다. 하나는 기존의 철학적 세계관에서는 우리 인간을 지성과 감성을 갖춘 만물의 척도라고 여기고 그 전제 위에서 인식론을 전개해 왔는데, 그게 정말로 타당한 것이냐는 물음이다. 우리와 마찬가지로 혹은 우리와는 다른 방식으로 대상을 인식하는 주체는 존재하지 않는가? 그런 미지의 주체의 시점으로부터 우리가 대상을 인식하고 향유하는 것에 관해 재고할 필요는 없는가?

다른 하나는 주체와 대상을 가르는 경계선과 관련하여 던지는 물음이다. 우리는 개인의 피부를 기준으로 안과 밖이 명확히 나누어져 있고, 신체 표면을 통해 들어오는 감각 여건이 뇌 안에 정보로 집약되어 거기서 인식이 성립한다는 이미지를 갖고 있다. 그러나 우리 몸을 구성하는 물질들은 (뇌에 의해 파악할 수 없는 미시적인 차원에서) '바깥'의 '사물'들로 교체되기도 하고 상호 작용도 한다. 우리 체내에 잠복해 있는 미생물이나 바이러스, 암세포처럼 '안'이냐 '밖'이냐가 뚜렷하지 않은 존재들도 있다. 식물이나 군체를 형성하는 동물들(해파리 등)처럼 개체의 경계선이 분명하지 않은 생물들도 있다. 인간과는 다른 지각 기관을 갖추고 있는 동물은 자신과 환경을 구분하는 방식이 다를지도 모른다. 인간의 신체 감각 또한 도구나 기계, 보철(신체를 보완하는 인공물) 등에 의해 확장되기도 한다.

샤비로는 그런 사물들의 '생생한 움직임과 작용'에 대한 범심론적(汎心論的) 상상에 과학 철학적 논리를 부여하기 위해, 존재자들entities의 연속적인 생성becoming 및 경험experience을 둘러싼 과학 철학자 화이트헤드(1861~1947)의 고찰을 끌어온다.

화이트헤드는 제자이기도 한 러셀과의 공저 《수학적 원리》*

---

* 원제는 Principia Mathematica. 이는 뉴턴의 《자연 철학의 수학적 원리》를 의식한 제목이며, 뉴턴의 책 제목은 데카르트의 《철학의 원리》를 이어받은 것이다.

(1910~1913)에서 수학을 기호 논리학에 의해 정초하려는 시도를 함으로써 초기 분석 철학을 형성하는 데 공헌했다. 다만, 그의 주저 《과정과 실재Process and Reality》(1929)에서 근현대 철학의 대전제인 인식 주체와 객체의 분리를 부정하고, 전 세계가 유기체로서 자기 창조를 하고 있으며 각 존재자들은 그 일부라는 스피노자적인 범신론(汎神論) 혹은 범생명론을 연상시키는 논의를 하기도 해서, 분석 철학자들 입장에서는 까다로운 존재였던 듯하다. 그런 연유로 인해 러셀에 비해 참조되는 정도는 매우 낮다.

샤비로는 《규준 없음Without Criteria》(2009)을 통해, 돌 같은 존재자들도 미적* 경험의 주체가 될 수 있다고 보는 화이트헤드의 미학에 대해 적극적으로 재평가를 시도한 바 있는데, 《사물들의 우주》에서도 역시 화이트헤드를 참조하면서, 우주 전체를 연루시키는 생성 프로세스에 참여하는 존재자들이 서로를 함께 '느낌feeling'이라는 형태로 상호 작용하고 있음을 시사한다. 물리적인 온갖 존재자 간에 성립하는 원초적인 함께 '느낌'이 베이스가 되어, 우리가 통상 지각이라든가 인식이라고 부르는 것이 성립하고 있다는 것이다. 사물들이 우리를 느끼는 일이나 경험 쪽으로 초대하고 있

---

* 화이트헤드와 관련해서는 '미적'을 '감성적'이라는 의미로 읽어야 한다. 이 단어는 고대의 아이스테시스(aisthesis, 느끼다)에서 유래한 말로, 바로 다음에 나오는 '미학'도 '감성학'의 함의를 강하게 넣어 읽어야 한다. 칸트의 《순수 이성 비판》에서 '감성학'이라 번역되는 독일어도 Ästhetikek다. 참고로 'aisthetic(s)'이라는 말에 더 폭넓은 감성학(감성적)의 의미를 담아 사용하려는 학자들이 최근 늘어나고 있다.

는 것이지 자립적으로 존재하는 주체로서의 우리가 그냥 저기에 잠자코 존재하고 있을 뿐인 사물들에게 일방적으로 다가가는 것이 아니다. 사물들의 '함께 느낌'이 우리가 존재하는 우주에서 실재의 기반이 되고 있는 것이다. '존재'한다 함은 어떤 사물이 다른 사물들에게 주는 '느낌'이 현재화(顯在化)되는 일, 바로 그것이다.

샤비로는 이런 화이트헤드의 논의를 사람으로 하여금 (인식의 단계 이전에) 사고하도록 강제하는 대상과의 '근원적인 마주침(만남)'을 강조하는 들뢰즈의 논의와, 더 나아가 지성적 인식의 틀을 넘어선 미적 경험의 특이성을 지적하는 칸트의 미학 논의와 접속시켜, 미적 실재론이라고도 할 수 있는 사유의 가능성을 시사한다. 그것은 주체/객체 도식에 모두 수렴되지 않는 미적 경험 aesthetic experience을 축으로 하여 사물들의 생생한 활동을 밝혀 가는 실재론이다.

히키코모리로서의 사물들

우리에게 덫을 놓아(미끼를 던져, lure) 자기 쪽으로 유인하는 (유혹하는, allure) 사물들의 생동하는 움직임을 강조하는 샤비로와는 대조적으로, 우리의 포착(파악)으로부터 벗어나 끊임없이 멀어지는 '대상'의 자기 은폐적 성격을 강조하는 것이 (메이야수와 마찬가지로 사변적 실재론의 초기 멤버인) 그레이엄 하먼의 '객체 지향 존재론*Object-Oriented Ontology, 머리글자를 따서 OOO라고도 불린다)'이다. 하먼은 이 점을 가장 체계적으로 전개한 저서 《쿼드러플 오브젝트(사방대상)》[45](2011)에서, 종래의 철학은 '대상'에 대해 정면으로 논하지 않았다고 지적한다.

우리가 맞닥뜨리는 대상에는 펜, 안경, 여권, 화폐, 일본, 도쿄, 수도권, 소크라테스, 플라톤주의자, 원자, 전자, 중성자, 슈퍼맨, 배트맨 등 다양한 유형이 있다. 그런데 이 모두를 대상으로 동등하게 취급하는 데 대해서는 저항도 있다. 픽션의 세계에서만 존재하는 듯 보이는 것이라든가, 사회적 관습이나 약속에 의해 존재하는 것, 경계가 확실치 않은 것 등도 포함되기 때문에 그런 것들을 물리적으로 실재하는 대상과 동급으로 취급해도 되는지 확실히 의문스럽기는 하다. 다만, 이 책에서도 이미 몇 차례 화제에 올랐듯이, 똑같이 '물리적으로 실재한다'고 말해도 사과나 돌처럼 직접 개인의 지각에 의해 파악할 수 있는 것들이 있는 반면, 원자나 전자처럼 물리학적으로는 기본적인 단위지만 이론적 가설과 그에 따른 실험 장치가 없으면 존재를 확인할 수 없는 것들도 있다.** 무엇을 판단의 축으로 삼느냐에 따라 대상의 범위가 달라질 수도 있다. 권

---

* 본 번역서에서는 하먼이 말하는 Object를 '대상'이라고 번역한다. 단, 'Object-Oriented Ontology'라고 할 때는 Object를 '객체'라고 번역한다. 이는 하먼 철학의 명칭이 컴퓨터 분야의 '객체 지향 온톨로지'와 직간접적으로 관련이 있기 때문이다. 참고로 원서에서는 OOO를 '대상 지향 존재론(對象指向存在論)'이라고 칭한다.
** 원자나 전자는 시각을 비롯한 어떤 감각에도 직접 포착되지 않는다.

존재함을 왜 다시 묻는가?

리나 의무처럼 제도적인 것이라든가 만화나 애니메이션의 캐릭터처럼 어떤 사람의 인생에 큰 영향을 주는 것들을 과연 진정한 대상이 아니라고 하며 배제해 버려도 되는지 의문이 남는다.

하먼에 따르면, 지금까지 철학이 대상을 쉽게 다루기 위해 취해 온 전략은 크게 '해체(undermining, 상방 해체)'와 '매몰(overmining, 하방 해체)' 두 가지가 있다고 한다. 해체란 우리가 대상이라고 부르는 것들이 사물의 본래 모습이 아니고 그들을 구성하는 원자라든지 쿼크, 끈* 같은 기본적인 물리적 요소들을 '실재'라고 파악해야 한다는 유물론적인 입장이다. 매몰이란 우리가 대상으로 부르는 것들은 우리의 경험에 나타난 것에 지나지 않고 사물 그 자체는 파악하기 어렵다고 보는 칸트적인 입장이다. 이 입장의 세련된 형태가 앞서 살펴본 상관주의다. 두 경우(해체와 매몰) 모두 우리 눈앞에 버젓이 존재하는 대상들은 우리로부터 멀어지게 된다.

단, 모든 철학자가 대상과 마주하기를 회피했다고는 할 수 없다. 하먼의 입장에서 볼 때 꽤 괜찮은 노선을 취한 논의도 있었다. 후설의 현상학이라든가, 이를 어떤 방향으로 철저하게 밀고 나간 하이데거에 의한 존재 양태의 분석이 그러하다.

관념론자인 후설은 대상을 어디까지나 의식에 나타나는 대상으로 포착한다(하먼은 기본적으로 실재론자이기 때문에 이 점을 평가하지 않는다). 하먼이 후설한테서 배운 것은 우리 의식에 나

---

* 초끈 이론superstring theory에서는 '만물의 기본 요소'를 원자나 쿼크 같은 입자가 아니라 진동하는 끈으로 본다.

타나는 '감각적 대상sensual object'이 이중 양상을 띤다는 점이다. 하나는 각각의 대상을 하나의 대상으로 성립시키는 본질적이고 변하지 않는 형상적 특징eidetic features이고, 또 하나는 대상의 표면에 나타나는 것으로 이는 상황에 따라 변화하는 우연적인 특징 accidental features이다.

예컨대 나무라고 하면, 일단 식물이고, 줄기와 가지와 잎과 뿌리가 어떤 규칙에 따라 정해져 있다는 등의 본질적이고 추상적인 성질이 있다. 그리고 삼나무, 소나무, 야자수 등 여러 종류의 나무를 어떤 계절이나 지역에서 보았는지, 혹은 어떤 풍경 속에서 어떤 각도로 보았는지에 따라 달라지는 외관, 즉 전자(본질적이고 추상적인 성질)의 투영으로 간주되는 성질이 있다. 우리가 직접 지각하는 것은 후자이지만, 이 후자의 다양한 성질에 대한 데이터와 기억이 아무리 모여도 그것으로 하나의 덩어리, 즉 대상이 되지는 않는다. 아니 애당초 모든 성질을 죄다 모은다는 것 자체가 불가능하다. 반면 전자는 직접적으로 포착할 수 없으며, 항상 우리로부터 (히키코모리처럼) 은폐되어 있다.

후설은 대상이 지닌 은폐 작용에 대해 깊이 파고들어 고찰하지는 않은 반면, 하이데거는 이 문제에 매달리면서 의식의 범위를 넘어선 '실재적 대상'의 존재 방식을 둘러싼 문제로 연결해 갔다. 그렇기 때문에 하먼은 하이데거가 《존재와 시간》에서 제시한 '손맡의 존재(Zuhandensein, 도구 존재)'와 '눈앞의 존재[Vorhandensein, 전재(前在) 혹은 전재자(前在者)]'의 관계를 둘러싼 논의로 주의를 돌린다.

'손맡의 존재'란 우리가 일상생활에서 거의 자각하지 못한 채 너무도 긴밀하게 관련되어 있는 존재자다. 대문과 창문, 방, 의류나 신발 등의 착용물, 전등과 텔레비전, 에어컨, PC 등의 스위치, 필기도구 혹은 날마다 이용하고 있는 전철이나 버스, 자판기, 에스컬레이터 등이 여기에 해당할 것이다. 우리는 매일매일 그것들을 무심하게 다루고 있으며 철학이나 심리학 책들, 논문들을 읽지 않는 한 주체로서의 자신이 그 대상들에 관련되어 있다고는 생각하지 않는다. 그것들은 (언제라도 사용될 수 있게) 그저 손맡에 있다. 그러나 그것이 망가지거나 생각대로 움직이지 않거나 했을 때, 우리는 새삼 그것들이 자신의 뜻대로 되지 않는 존재자=대상으로 눈앞에 있다는 사실을 알아차린다.* 하이데거는 이것이 우리가 존재에 관해 사유하는 계기가 되어 대상에 대한 인식의 근간이 된다고 시사한다.

프래그머티즘 철학자 존 듀이(1859~1952)도 유사한 지적을 했고, 휴버트 드레이퍼스도 거기에 주목하여 하이데거를 프래그머티즘적으로 해석한다. 하먼은 이런 방향에서 하이데거를 해석하는 것에는 찬동하지 않는다. 대상을 주체의 도구로 환원해 버리는 셈이기 때문이다. 하먼은 오히려 '손맡의 존재/눈앞의 존재'의 위상 차이를 둘러싼 하이데거의 논의로부터, 우리 '주체'에 의해 결

---

* 이를 계기로 손맡의 존재는 눈앞의 존재로 전환된다.

코 완전히 인식되지 않는 '실재적 대상'이 숨어 있다는 걸 읽어 내야 한다고 주장한다.

물론 도구가 훼손된 순간 찾아온 '알아차림'에 의해 우리는 대문이나 창문, 계단 등의 외관과 물리적 성질 등을 인식할 수는 있을 것이다. 그러나 그렇게 해서 인식할 수 있는 것은 그 대상의 극히 일부다. 예컨대 책상이 원활하게 기능할지 여부는 그 책상 자체의 형상이나 재질뿐만 아니라 방의 크기, 책상의 위치, 사용하는 사람의 신체적 특징 및 직업, 의자와 바닥, 창문 등 다른 도구나 실내 설비들과의 관계, 그 지역의 기후와 관습 등 다양한 요인이 결정한다. 모든 대상은 물리적으로 경계선이 확실히 그어져 있는 게 아니라 다른 다양한 대상과의 연쇄 속에서 존재하고 있다. 이 관계는 개별 PC나 스마트폰이 인터넷 및 주변 기기들과 어떤 관계 속에서 작동하는지를 생각해 보면 더 쉽게 이해할 수 있을 것이다. 전통적인 인식론에서는 그런 대상의 윤곽이 갖는 연장으로서의 성격이 무시되고, 그저 주체에 대한 '나타남(현상함)'으로 환원되어 버린다.

하먼의 '사극(四極)'

하이데거의 사유에는 자기 자신의 존재를 의식하고 결정하는 주체인 인간을 특권화하는 경향이 있는데, 거기에 하먼의 불만이 남는다. 그 점과 관련하여 하먼은 우선, 인간이냐 아니냐에 관계없이 모든 사물이 서로를 파악하고[prehend, 파지(把持)하고] 있다고 보는 화이트헤드의 논의를 높이 평가한 다음, (하이데거의) '손맡의 존재'론을 이 방향으로 수정하여 '실재적 대상'론으로 변형, 발전시킨다. 감각적 대상의 경우와 마찬가지로, '손맡의 존재≒실재적 대상'* 또한 우리가 직접적이고도 전면적으로 파악할 수는 없다. 주체는 대상의 표상을 만들어 내는 것으로 대상을 온전히 포착했다는 마음이겠지만, 대상 그 자체는 우리의 경험으로부터 '퇴은(退隱)한다(withdraw, 하이데거 용어로 말하면 대상이 자기를 은닉하는 것이다). 단, 하먼은 그 '특징'을 포착할 수는 있다는 점을 덧붙인다.

이 과정을 거쳐 하먼은 우리가 이 우주에서 주목해야 할 네 극(極), 즉 '실재적 대상 RO : Real Object', '실재적 성질들 RQ : Real Qualities', '감각적 대상 SO : Sensual Object', '감각적 성질들 SQ : Sensual Qualities'을 지정한다. 종래의 철학 이론들이 특정 부분에만 관심을 기울여 개념화해 온 이 다양한 측면이 진정 어떤 관계에 있는지를, 이 사극(四極)의 긴장 관계tension로서 설명할 수 있다고 한다. 긴장 관계란 서로 근접한다는 면과 서로 분리되어 있다는 면을 포함한 것이라고 한다.

네 극을 조합하면 SO-SQ : 시간, RO-SQ : 공간, RO-RQ :

---

* 감각적 대상으로부터 퇴은(退隱)해 은폐된 실재적 대상을 가리킨다.

본질, SO-RQ : 형상 등 네 가지 패턴이 도출된다. 이는 일상적으로는 별로 눈에 띄지 않지만, 두드러지게 드러나는 특수한 형태도 있긴 하다. 본질은 인과라는 형태로 두드러지게 나타나며, 공간은 매혹이라는 형태로, 시간은 대치라는 형태로, 형상은 이론이라는 형태로 두드러진다.

여기서 대치(對峙, confrontation)란 끊임없이 변화하는 감각적 성질들 SQ와 (그런 변화 속에서도) 변치 않는 본질로서의 감각적 대상 SO 간에 발생하는 상충 혹은 삐걱거림을 가리킨다. 한편, 매혹allure이란 퇴은해 있는 실재적 대상 RO가 (통상적으로는그 대상에 속하지 않는다고 간주되는) 다양한 감각적 성질 SQ와 결합하면서 이를 통해 자신이 거기에 있음을 암시하며 꾀어 들이는, 즉 미적 경험을 불러일으키는 사태다(이는 화이트헤드가 '느낌feeling'*을 초래하는 '미끼lure'**라고 부른 현상과 근저에서 상통하는 사태다). '이론'이란 다양한 실재적 성질로부터 인식의 대상이 되는 감각적 대상 SO를 추출하는 행위이다.

이 밖에 대상 O끼리의 결합(연결, junction) 세 종류 SO-SO, RO-

---

* 화이트헤드에게는 생물이든 무생물이든 모든 존재자가 자신의 대상을 '느낀다'. 이는 상대의 어떤 것을 물리적으로나 관념적으로, 게다가 자신의 방식으로 포착(파악)해 자신의 것으로 삼는다는 뜻이다. 물론 상대도 나를 그렇게 '느낀다'. 요컨대 화이트헤드에게는 '매혹'이 먼저 발생하고 이어서 느낌(=포착=파악)이 발생한다.
** 'lure(미끼)'를 이 책의 저자는 '罠(올가미, 덫, 함정, 술책)'이라고 번역했다.

RO, SO-RO와 성질들 Q끼리의 결합[방사(放射), radiation] 세 종류 SQ-SQ, RQ-RQ, SQ-RQ까지 포함해 도합 열 종류의 결합을 생각할 수 있다. 하먼은 이 각각의 기본적인 성격에 관해 설명을 제공한다. 이렇게 [(인식) 주체 없이] 대상 상호 간의 관계를 생각할 수 있는 틀을 제시함으로써, 언제나 주체가 세계에 어떻게 접근 및 도달access할지를 기준으로 사유해 온 '액세스access'의 철학과 자신의 철학을 확연히 구분한다.

《비유물론》[46](2016)에서는 대상 자체를 고집하는 자신의 객체 지향 존재론 OOO의 입장이 유물론이라든가 라투르의 행위자 네트워크 이론(ANT, 이 이론은 자연과 사회의 모든 사물을 늘 변동하는 다양한 관계망의 결절점으로 간주한다)의 입장과 다르다는 점을 강조한다. OOO에 있어 대상이란 물리학적인 대상에 국한되지 않을 뿐 아니라 끊임없이 생성 변화하는 것만도 아니다. OOO의 관점에서 사회적인 대상을 분석한 예로 하먼은 네덜란드 동인도 회사 VOC : Vereenigde Oostindische Compagnie라는 대상을 다룬다. 1602년 네덜란드에서 창설된 이래로 매 시기 선장과 승무원도 달랐으며 활동 영역이나 목적도 적잖이 변천한 VOC가 과연 하나의 대상으로 실재했다고 할 수 있을까? 만일 그렇다고 한다면 그 이유는 무엇인가? 하먼은 그것을 네덜란드 본국, 포르투갈, 영국의 동인도 회사 EIC : East India Company, 현지의 여러 세력 등 다른 대상들과의 공생symbiosis이라는 관점에서 고찰하고 있다.

《객체 지향 존재론 : 새로운 만물의 이론Object-Oriented Ontology

: A New Theory of Everything》(2018)에서는 OOO를 미학, 사회·정치 이론, 과학 철학, 건축 등 각 분야에 응용하고, 아울러 데리다나 푸코의 이론과의 차이를 강조하고 있다. 미학 분야와 관련해서는 사방(四方) 대상들 간에 새로운 관계를 창출해 내는 은유metaphor의 기능이라든가, OOO와 형식주의의 관계 등에 관해 논의하며, 사회·정치 이론 분야에서는 미국의 '남북 전쟁'이 지닌 객체로서의 성격을 분석하고 있다.

가브리엘과 셸링
-우연성으로부터 피어오르는 필연성

하먼과 샤비로와 마찬가지로 마르쿠스 가브리엘 또한 사물들로(또는 사물들만으로) 구성된 우연적 질서로부터 의미를 배제하고자 하는 메이야수=브라시에류의 실재론에 반대를 표명한다. 단, 하먼 등과 같이 대상을 주역으로 삼는 것이 아니라 주체와 실재의 관계를 재검토하는 형태로 실재론을 복권시키고자 한다.

라캉파의 정신 분석을 헤겔 독해나 예술, 정치 분석 등에 폭넓게 응용하여 현대 사상에 큰 영향을 끼치고 있는 슬라보예 지젝 (1949~)과의 공저 《신화, 광기 그리고 웃음》[47](2009)에서 가브리엘은 다양한 세계관과 가치관이 '보편적 논리'의 제약을 벗어나 각각의 신앙을 날것으로 주장해 대는 위험에 대처하기 위해 ('우연성의 필연성'을 주장하는) 메이야수의 전략적 의도 자체는 긍정적으로 받아들이고 있다. 이 지점에 관해 좀 더 자세히 말해 보자.

서구 근대의 표준(예를 들자면, 백인 남성 이성애자)에 가까운 주류 집단뿐만 아니라 다양한 정체성, 세계관, 가치관 등을 가진 집단이 실질적으로 참여할 수 있도록 새로운 헤게모니적 담론을 창출하여 정치의 판arena 자체를 유동화하는 '급진 민주주의radical democracy' 프로젝트를 진전시키기 위해서는 '절대자'를 공허한 상태 그대로 둘 필요가 있다('급진 민주주의'에 대해서는 라클라우와 무페의 공저 《헤게모니와 사회주의 전략-급진 민주주의 정치를 향하여》[48] 등 참조). 모든 의미의 중심이 되는 절대자가 있고 그에 따라 진리의 담론이 구축되고 전개되어야만 한다면, 거기서 배제되는 소수자(마이너리티)들이 생겨날 것이기 때문이다. 그런 우려도 이해는 된다. 그러나 근원적인 카오스야말로 '절대적'이라고 하는 자신(메이야수)의 주장에 너무 매달린 나머지, 다양한 사물이 존재하는 의미에 관해 사유하기를 포기하고 신과학주의적인 입장에 경도되어 버려서는 본말의 전도가 아닐 수 없다.

가브리엘은 분석 철학의 소거주의로까지 다가가고 만 메이야수의 노선에 비해, 존재의 우연성을 언어화하고자 계속 시도한 하이데거와 비트겐슈타인, '성스러운 것'에 있어서의 과도한 에너지 탕진을 논한 조르주 바타유(1897~1962) 등을 평가한다. 가브리엘이 우연성*에 대한 사유를 끝까지 밀고 나간 철학자로 가장 중시하는 사람은 프리드리히 W. J. 셸링(1775~1854)이다.

셸링은 흔히 피히테, 헤겔과 함께 독일 관념론의 세 거두로 간주되지만, 가브리엘의 말에 따르면 셸링, 특히 후기 셸링은 우연성을 어떻게 취급하느냐에 대한 논점과 관련하여 피히테나 헤겔과 결정적으로 다르다. 간단하게 말하면, 피히테와 헤겔의 철학이 '반성적 사고'와 '논리'에 중점을 두는 데 반해, 후기 셸링은 사고 이전의 '존재', 우연성과 필연성의 경계가 없는 무규정의 존재=카오스에 관심을 돌린다.

헤겔에 의하면, '세계'는 사유함을 통해 자기를 알고자 하는 '정신Geist'의 자기반성 운동으로서 성립되어 있고, 우리 개별 주체들은 그 운동에 짜여 들어가 있다. 이게 무슨 이야기일까? '세계'는 컴퓨터에 들어가는 데이터이고, '정신'은 거기서 실행 중인 모든 프로그램을 묶어 주는 운영 체제OS이며, 주체인 우리는 개별 프로그램 혹은 프로그램을 통한 작업에 등장하는 캐릭터들이라고 생각하면 쉽게 이해가 될지 모르겠다. '세계'의 구조를 파악하기 위해서는 OS(=정신)를 작동시키는 프로그램의 논리 구조를 해명할 수밖에 없다. '세계'의 모든 것은 그 논리에 따라 필연성을 가지고 발생한다. 반면 컴퓨터의 물리적 구조, 컴퓨터 제작을 위해 사용된 원자재들, 주변의 환경, 그리고 프로그램의 논리 구조 등이 지금 우

---

* 여기서 '우연성'은 'chance'보다는 'contingency'에 가까운 것으로, 우리나라에서는 '우발성'으로도 번역되는 개념이다.

리가 보는 대로 주어져 있는 것은 단적인 사실이며, 이에 대해서는 (프로그램에 의해 해명할 수 있는) 그 어떤 논리적 필연성도 없다는 점, 그런 의미에서 우연이라는 점을 지적하는 것이 셸링이다.

존재의 '우연성'을 잘 지적해 놓고 그 다음부터는 철학적 사변의 심화를 포기한 채 과학에 기대려 한 메이야수와 달리, 셸링은 우연성으로부터 필연성(단, 이때의 필연성은 우리와 무관한 필연성이 아니라 우리 입장에서의 필연성이다)이, 그리고 그것(필연성)과 불가분의 관계에 있는 생각, 논리, 진리가 피어오르며 모습을 드러내는 과정을 더듬어 가기 위해 '신화' 해석에 돌입한다. 근대 철학자들은 신화를 미개한 인간이 무의식의 욕망을 투사한 것, 상상력의 산물, 환상의 연쇄 따위로 표면적으로 이해했고 셸링의 신화론도 반합리주의의 매니페스트로 간주하기 일쑤였다. 그러나 가브리엘의 말에 따른다면, 셸링은 비합리 영역으로 도피한 것이 아니라 세계의 원형을 산출하는 신화의 구성적 기능에 주목한 것이다.

셸링의 신화론은 반성적·논리적 사고의 영역과 (그 '이전'의 우연성과 필연성이 뒤얽힌) 무의식·카오스 영역 사이의 중간적·과도적 단계에 대한 탐구로 자리매김할 수 있다. 가브리엘은 우리의 세계 파악에 토대가 되는 '이성의 공간space of reasons'을 개척하는 '구성적 신화constitutive mythology'와 공동체가 자기 정체성을 확인하기 위해 사용하는 바로 그 '통제적 신화regulative mythology'를 구별하고, 전자야말로 셸링이 수행한 탐구의 성과라고 한다. 이렇게 해서 가브리엘은 신화나 은유의 구성적 기능을 발견한 후기 셸링의 사유를 자신이 구상하는 신실재론으로 연결해 간다.

근원적인 카오스를 둘러싼 셸링의 논의를 단순한 신비주의가 아니라 현대적인 철학의 문제로 인수하는 시각은 독일어권에 오래전부터 있었다. 예를 들어 하이데거는 무규정적인 것으로부터 '존재'의 영역이 개시되어 오는 과정을 그렸다는 점에서 셸링을 평가한 바 있으며, 신화 해석과 유물론을 융합하여 독자적인 유토피아 사상을 전개한 에른스트 블로흐(1885~1977)나 초기 하버마스는 셸링의 신화 철학 안에서 천년 왕국적인 혁명의 잠재력을 보고자 했다. 프랑스계 현대 사상의 영향을 강하게 받아, 독일 낭만주의가 구조주의/포스트구조주의의 탈주체적인 이론을 선취한 측면을 찾고자 하는 만프레트 프랑크(1945~   ) 등은 셸링도 이런 맥락 속에 위치 짓고자 한다.

그들은 하나같이 '근원적인 우연성'='카오스'로부터 이성, 논리, 필연성이 피어오르는 것을 후기 셸링이 똑똑히 보고 있었다는 점을 강조한다. 단, 마르크스주의 계열의 해석이든 하이데거나 포스트모던 계열의 해석이든 셸링을 카오스의 사상가로 그리는 경향이 있다. 가브리엘은 오히려 근원적인 카오스 뒤에 출현하는 것, 즉 (신화에 의해 구성되는) 존재의 '여러 영역'으로 관심을 돌린다. 하이데거와 달리 가브리엘은 '존재'라는 개념 자체가 논리적으로 분석할 수 없는 것이라고는 보지 않는다.

가브리엘 신실재론의 양대 기둥
-'의미장'과 세계

　세계의 무의미성을 강조하는 메이야수나 브라시에와도 다르고, (주체 없는) 대상의 존재론을 전개하는 하먼이나 샤비로와도 다른 가브리엘의 신실재론에는 양대 기둥이 있다. 하나는 '세계는 존재하지 않는다'라는 인상적인 테제로 알려진 '의미장fields of sense=Sinnfeld' 이론이고, 또 하나는 그 '의미'*를 창출해 내는 주체로서 인간(혹은 인간의 정신**)을 복권시키는 '신실존주의Neo-Existentialism'이다.

　'세계는 존재하지 않는다'라는 테제의 의미는 이를 제목에 포함한 그의 주요 저서 《왜 세계는 존재하지 않는가》[49](2013)에 알기 쉽게 해설되어 있다. 이 테제는 우리의 직관에 반하는 것처럼 들리지만, 여기서 문제의 핵심은 '세계'와 '존재'가 무엇을 가리키는가에 있다. 앞서 하먼을 해설할 때도 말했지만, 우리 주위에는 펜, 인간, 법률, 지구 등 다양한 유형의 대상이 '존재'한다. 가브리엘에 따르면, 이 각각이 존재하느냐 아니냐는 그것이 어떤 '의미장'에 나타

---

* 여기서 '의미'는 meaning이 아니라 'sense'를 번역한 것으로, '감각'이라고 번역할 만한 면모도 갖고 있다. 이어지는 본문에서도 명쾌히 정리해 주지만, '의미장' 역시 '감각장'으로 번역할 수도 있다.
** 가브리엘이 말하는 '정신'은 독일어 Geist의 번역어로 영어로는 mind보다는 오히려 spirit에 가깝다. 헤겔의 '정신'도, 우리말의 '정신'도 한자 '精神'에 주목해보면 여기서의 정신에 꽤나 가깝다고 할 수 있다.

나느냐에 의거한다. 예컨대 전자 화폐는 구체적인 상품 거래 상황에서는 전자 화폐 개념이 없는 사람이나 동물에게는 존재하지 않는다. 슈퍼맨은 SF의 이야기 내에서는 존재하지만, 그 바깥에는 존재하지 않는다. 정수, 유리수, 무리수, 허수 등은 수학의 법칙이 적용되는 상황에서는 존재하지만, 애당초 수라는 개념이 없는 사람이라든가 그 밖의 동물 대부분에게는 존재하지 않는다. 개나 고양이, 인간 등의 개체는 생물학적으로는 존재하지만, 원자와 전자 등 입자 물리학 수준에서는 하나의 덩어리(단위)로 존재한다고 할 수 없으며, 그 역도 마찬가지라 할 수 있다. 가브리엘의 정의에 따르면 의미란 대상이 나타나는 방식이며, '존재함Existenz'이란 어떤 특정한 '의미장에 나타남'이다.

그가 정의하는 세계Welt는 다양한 '의미장'이 출현해 나오는 배경인 매우 커다란 '의미장'이다. 말하자면 메타 의미장이다. 그런데 슈퍼맨과 호빵맨이 (그들을 주인공으로 하는 이야기라는) 특정한 '의미장'에 나타난다고 하더라도 그 '의미장' 자체가 허구 아닌가 하는 의문을 가질 사람이 적지 않을 것이다. 그러나 가브리엘의 말에 따르면 그런 '의미장'들은 '세계'(즉, 궁극의 '의미장')에 나타나고 있는 것이니까 '존재하고 있다'고 할 수 있다. 우리는 SF나 애니메이션의 이야기로서의 '세계'에 나타나는 '의미장'에 다양한 형태로 관여하고 있으며, 예술과 과학 등 여러 분야라든가 그 학파별로 존재하는 '의미장'에 관여할 수가 있다. 그런 다양한 '의미장'이 '세계'라는 공통의 '의미장'에 나타나고 있기 때문이다.

왜 세계는 존재하지 않는가

그렇다면 그런 '의미의 장소들의 의미장'으로서의 '세계' 자체도 존재하는 것이 아닌가?

평범한 사람이라면 그렇게 말하고 싶어지겠지만, 가브리엘은 그것을 부정한다. 세계가 존재하기 위해서는 '세계'가 거기에 나타날 수 있는 그 '의미장', 즉 '의미장의 의미장의 의미장'을 상정해야 한다. 그것은 메타 세계라는 게 되는데, 그렇다면 또 이번에는 '의미장의 의미장의 의미장의……'라는 식으로 무한히 이어지게 된다. 분석 철학의 가능 세계론에서는 세계를 명제들의 집합으로 간주하므로 이처럼 무한한 세계들의 연쇄가 있을 수 있지만, 가브리엘은 '세계'의 정의(=모든 '의미장'이 나타나는 '의미장'이다)에 따라 세계는 세계보다 더 큰, 그래서 자신이 그로부터 출현해 나올 그 '의미장'이란 불가능하다고 한다. 영어로 집필된 《의미장 : 신실재론적 존재론Fields of Sense : A New Realist Ontology》(2015)에서는 이런 자신의 논의를 아리스토텔레스, 칸트, 수리 논리학자이자 분석 철학의 선구자인 프레게(1848~1925), 그리고 메이야수 등의 존재론과 대비하여 성격을 규정한 다음, 이들 입장으로부터 예상되는 반론에 답변을 시도한다.

이처럼 '존재'와 '세계'를 일의적(一義的)으로 정의하고 문제를 논리학적으로 정리해 나가는 논법은, 하이데거라면, 즉 존재Sein는 인간의 이성에 의한 파악을 초과한 것이라는 점과 인간(현존재,

Dasein)이 문득 알아차렸을 때는 이미 세계에 내던져져 있는 상태라는 점에 집착하는 하이데거라면 받아들일 수 없을 터이다. 하지만 가브리엘은 철학(사고)을 하는 주체로서의 나의 한계에는 그다지 집착하지 않는 듯하다. 또한 하이데거라면 첫째, sein 동사(영어의 be 동사에 해당)의 변형으로 표현되는 '존재Sein'* 자체, 둘째, 'ㅇㅇ가 ▲▲에 있다'를 표현할 때 사용하는 독일어 표현 'Es gibt……'('무엇이 존재한다' 또는 '무엇이 있다'라는 의미이다. 참고로 문자 그대로 번역하면 '그것은 ……을 준다'라는 의미다), 셋째, 인간의 실존이라는 의미로 쓰이는 'Existenz' 등 세 가지(즉, '존재', '있다', '실존')의 구별을 중시하지만, 가브리엘은 'Sein'(존재)은 거의 사용하지 않고, 'Es gibt……'(있다)와 'Existenz'(실존)를 호환적으로 사용한다. 하이데거와 가다머 등 독일의 장기라고도 할 수 있는 해석학적인 논의와 달리, 가브리엘은 독일어나 그리스어의 독특한 표현 또는 다양한 어원학적 함의에 구애받지 않으며 전통적인 해석에도 그다지 무게를 부여하지 않는다. 하이데거나 가다머처럼 언어와 존재를 결부 짓는 사고

---

* 첫째, Sein의 의미는 정확히 말하자면 '존재'보다는 '유(有)'에 매우 가깝지만, '유'라고 번역하면 또 다른 난점이 좀 발생하기 때문에 관례대로 '존재'라고 번역한다. 둘째, 저자가 Sein을 sein의 변형이라고 한 이유는 대문자로 써서 명사화했기 때문이다. 독일어는 영어, 프랑스어와는 달리 고유 명사만이 아니라 모든 명사를 다 대문자로 표현한다. 도식적으로 말하자면 sein은 영어의 be 동사와 같지만 Sein은 be 동사의 명사형이라고 할 수 있다. 영어권에서 Sein을 (부자연스럽지만 부득이하게) being으로 번역하는 것도 이 때문이다.

법이 한쪽에 있고, 이런 사고법을 (언어란 곧 커뮤니케이션이라고 보는) 다른 언어관에 의해 타파하려 해 온 하버마스 같은 철학자들이 반대편에 있다고, 그리고 이 양자의 대결이야말로 독일 철학이라고 여겨 온 독자들에게는 가브리엘의 존재론이 상당히 깔끔하다고 느껴질 것이다.

가브리엘은 (철학의 영역을 토의에 있어서의 윤리에 한정하고, 자연에 대한 논의는 자연 과학에 양도하고 있는 듯 보이는) 하버마스의 '약한 자연주의schwacher Naturalismus'에 대해서도 비판적이다. 가브리엘은 철학이 다양한 '의미장'(여기에는 자연 과학의 전권 사항이라고 간주되는 문제들도 포함된다)에 관해 적극적으로 발언해야 한다는 입장을 취하고 있다.

'나'는 뇌의 작용으로 환원되지 않는다

세계의 존재를 부정하는 한편, 다양한 '의미장'을 대등하게 취급하고자 하는 가브리엘의 입장은 상당히 전략적이다. 포스트모던적인 상대주의에 맞서 '실재'에 관해 철학으로 이야기하는 길을 다시 한번 찾는다는 목표를 가브리엘은 메이야수나 하먼, 페라리스 등과 공유하고 있다.

단, 앞서 보았듯이 '단일한 의미의 원천'을 발견했다고 주장하는 독단적·배타적 존재론과, (분석 철학의 물리주의처럼) 자연 과학의 '최신 성과'를 유일한 척도로 삼으면서 그것으로 번역될 수 없는 것은 무의미라고 단정하는 또 하나의 독단론, 이 양극단을 피해야 한다. 《왜 세계는 존재하지 않는가》와 《의미장》에서는 전자의 독단을 배제하기 위해 '세계'의 '존재'를 부정하고, 바로 이 부정이 예술, 종교 등 다양한 '의미장'들이 공존하기 위한 플랫폼임을 시사했다. '세계'가 '존재'하지 않는 이상 그것을 '단일한 의미의 원천'으로 악용하는 것은 불가능하다.

 자연 과학을 기치로 내건 독단을 억제하는 논의는 이 두 권에서도 부분적으로 전개되지만, 본격적으로 전개되는 것은 그의 3부작 중 제2탄 《나는 뇌가 아니다》[50](2015)이다. 이 저작에서 가브리엘은 우선, 자연 과학의 여러 분야에서 탐구 대상으로 삼고 있는 물리적 공간으로서의 '우주Universum'는 (《왜 세계는 존재하지 않는가》에서 규정한 의미에서의) '세계'와 동일하지 않다고 전제한다. 이 전제 위에서 그는 물리적 인과 법칙을 탐구하는 자연 과학에 의해서는 우주에서 '정신'을 찾아볼 수 없다는 이유로 '정신'이 존재하지 않는다고 결론짓는 것은 오류라고 주장한다. 그는 "'나'=뇌"로 간주하는 신경 중심주의를 자연 과학이 아니라 이데올로기라고 단언한다.

 이 저서에서 가브리엘은 네이글의 '……라는 것은 어떤 일인가'론이나 잭슨의 '메리의 방' 논법, 존 설의 1인칭 시점, 차머스가 구별하는 의식의 두 가지 위상 등을 참조하면서, 처칠랜드와 데닛에 의한 신경주의적인 '의식' 정의의 협소함을 지적해 가는데, 이런 그의 방식은 분석 철학 쪽에 꽤나 가까이 근접해 있다. 이런 내용을 그의 독자적인 관점과 관련하여 다시 표현해 보자면, 셸링의 자연 철학적인 문제의식과 프로이트의 정신 분석을 연결함으로써 뇌의 기능으로 환원되지 않는, 어떤 폭넓은 것으로서의 '나'를 제시하려는 시도라고 할 수 있다.

피히테는 세계의 모든 것을 이성적 자아에 의한 자기 정립이라는 자아 중심주의적인 틀로 설명하고자 한 반면, 셸링은 자연 속에서 인간과 같은 존재(자기와 우주를 관찰하고 이해하는 생물)가 탄생한 것을 어떻게 생각할까에 대한 문제를 제기했다. 그것은 우연인가, 아니면 지성은 의식이 없는 듯 보이는 '자연'에 잠재적으로 포함되어 있었고 그것이 인간에게 각성되었다고 보아야 하는가?

이 문제에 하나의 힌트를 제공해 주는 사람이 바로 프로이트다. 프로이트는 의식의 주체인 '나'가 자기 자신을 완전히 지배하는 주인이 아니라, 무의식=이드(그것)에 의해 항상 쫓기면서 어떤 의식을 갖게 되고 그로 인해 행동하도록 되어 있다는 것을 임상 경험을 바탕으로 주장했으며, 나아가 정신 분석 이론으로 체계화했다. '이드'의 차원에서 작동하는 '욕동(欲動)'은 '나'를 어떤 상태에서 다른 상태로 항상 몰아세운다. 그것은 의식 차원에서는 '나'의 욕망으로 표현된다.

프로이트는 자연을 대표하는 '이드'와 '나' 사이의 복잡한 관계를 그려 냈다는 점에서 공로가 있지만, 이드를 생물학적으로 입증 가능하다고 생각하고 '나'를 그 이드의 파생물이라 판단했다는 면모 또한 보인다. 가브리엘은 이 점에 입각하여, 뇌를 중심으로 하는 인간의 신체는 '나'가 활동하기 위한 '필요조건'이긴 하지만 '충분조건'은 아니라고 한다. '나'는 우리가 역사 속에서 형성해 온 것으로, 사회적·문화적 가치에 따라 자신의 언동을 선택한다. 가브리엘은 우리가 어떤 의지를 갖든 거스를 도리가 없는 지구의 중력이라든가 인간 신체의 생물학적 구조 등 '익명의 딱딱한* 원인eine harte anonyme Ursache'과 자신의 의지로 추구할 수 있는 '이유ein Grund'를 구별하고, 후자와 관련된 선택이 가능하다는 의미에서 인간에게는 '자유Freiheit'가 있다는 입장을 취한다.

이는 앞서 살펴본 맥도웰 등 피츠버그학파의 '이유 공간'론의 재탕 같기도 하지만, 가브리엘은 맥도웰 등이 '이유 공간Raum der Gründe'과 '원인 공간Raum der Ursachen'을 분단시켰기 때문에 양자의 관계를 알 수 없게 되어 버렸다며 조금 거리를 두고 있다. '익명의 딱딱한 원인'이라는 필요조건에 몇 가지 선택으로 인한 이유가 합쳐진 '하나의 충족 이유ein zureichender Grund'에 의해 인간의 '행위Handeln'라는 특수한 사건이 발생한다. 사건에는 항상 '충족 이유'가 있다는 의미에서의 결정론과 '딱딱한 원인'으로 환원되지 않는 '이유'가 있다고 하는 전제로부터 귀결되는 '자유'는 양립된다고 한다. 이런 의미에서 '자유'를 주장하는 것이 그의 '정신 철학Philosophie des Geistes'의 특징이다.

---

* 경성(硬性)이 아니라 연성(軟性), 하드웨어의 하드가 아니라 소프트웨어의 소프트라는 의미다.

신실존주의
-역사적으로 형성된 개념으로서의 '정신'

《나는 뇌가 아니다》에서 가브리엘은 의도적으로 분석 철학풍의 '마음 철학philosophy of mind'이 아니라 헤겔풍의 '정신Geist 철학'이라는 표현을 사용하고 있다. 그는 독일어권에서 'philosophy of mind'를 'Philosophie des Geistes'로 번역하는 안이한 경향이 있다는 점에 비판적이다. 그에게 (뇌 기능을 중심으로 한) 의식의 작용에 초점을 맞춘 '마음'과 역사적으로나 문화적으로 형성되어 온 '정신'은 다른 개념이다.*

이에 대해서는 가브리엘이 찰스 테일러, 프랑스의 현상학자 조슬랭 브누아(1968~)와 함께 쓴 《신실존주의Neo-Existentialism》 (2018)에 쉽게 설명되어 있다. 가브리엘은 여기서 마음the mind이란 인간을 순수한 물리적인 세계나 다른 동물들과 구별하기 위해 만

---

* 가브리엘의 지적은 일리가 있고 또 인정할 만하지만, 우리말에서는 'philosophy of mind'를 '마음 철학'이라고 하는 것이 적절하다고 판단되어 그대로 사용한다. '의식'은 신체와 완전히 분리된 것으로 주로 쓰이며, '정신'은 그보다는 덜하지만 역시나 '정신과 육체' 같은 대립적인 틀로 사용되는 경우가 드물지 않다. 반면, 마음은 (물론 육체와 구별되고 대립되는 측면도 있지만) 가령 '너는 내 마음속에 있어'라든가 '그 일을 생각하면 마음이 아파'라고 할 때처럼 의식이나 정신으로는 잘 담기지 않는 비의식적인 측면을 효과적으로 담아낼 수 있다. 역자는 '마음'에 대한 이런 사유가, 의식과 존재를 분단시키고 인식론과 존재론을 대립적 구도 속에서 발전시켜 온 20세기까지의 철학에 변형의 계기를 제공할 수 있다고 본다.

들어진 잡다한 개념으로, 육체적인 것부터 현실적으로는 존재하지 않는 것에 이르기까지 잡다한 것들이 분명히 포함되어 있는 단어라고 말한다. '의식이 있다', '자기의식을 갖는다', '자기를 알고 있다', '신경질적이다', '지성이 있다' 등의 술어를 한 몸에 다 받아 안을 수 있는 단일한 대상 따위는 없다. 다만, 단일한 대상은 아니어도, 그 심적인 어휘mentalistic vocabulary에 의한 다양한 표현을 규합하는 불변의 통일적 구조가 있다. 그것을 그는 '정신'이라고 부른다. 앞서 언급했듯이 '정신'은 역사적으로 형성된 개념이다.

가브리엘에 따르면, '정신'은 '여러 제도에 의해 관장되는 비자연적인 맥락non-natural contexts governed by institutions' 속에 편입되어 있는 '인간의 행위human action', 바로 이것을 설명하기 위해 원용되는 하나의 설명 구조다. 인간 행위의 전제가 되어 있는 제도는 생물로서 인간 개개인이 갖고 있는 신체의 차원을 넘어 역사적으로 사회적으로 형성되는 것이기 때문에 인간의 행위 전체를 뇌 속의 신경 작용만으로 설명할 수는 없다. 이처럼 유물론적으로는 설명할 수 없는 부분을 설명하기 위해 태어난 것이 '정신'이다.

'마음'이 아니라 (인간이 스스로 만들어 온) '정신'에 초점을 맞춰 인간의 행위를 밝히려는 것이 바로 '신실존주의Neo-Existentialism'이다. 실존주의라는 말은 일반적으로 '실존이 본질에 앞선다'라는 사르트르(1905~1980)의 유명한 문구로 대표되는 키르케고르, 야스퍼스, 하이데거, 사르트르 등의 사상 계보를 가리킨다. 즉, 인간의 공통적인 '본질'보다 개별 인간들이 '실존을 살아가는 자세'를 중시하는 사상이다. 사르트르에 따르면, 인간은 결코 미리 주어진 본질에 규정되지 않고 자신의 결의에 따라 '실존'을 선택함으로써 소급적으로 '본질'을 새로 만들 수 있다. 그런 의미에서 인간의 자유를 주장하는 것이 실존주의다(하이데거는 이런 의미에서의 실존주의와는 분명히 선을 긋는데, 이 점에 대한 자세한 내용은 졸저《하이데거 철학 입문》및《'후기' 하이데거 입문 강의》참조).

가브리엘은 (키르케고르, 하이데거, 사르트르, 야스퍼스 중에서) 야스퍼스를 뺀 다음 거기에 칸트, 헤겔, 니체 등 3인을 추가해 총 6인을 실존주의의 대표 격으로 꼽고 있다. 좀 어색한 분류다. 물론 니체야 니힐리스트로서 이성적인 사고의 밑바닥에 숨어 있는 저 어두운 감정과 욕망까지 파고 내려가 탐구하였고, 실제로 실존주의와 연관 지어지는 일도 종종 있으니 또 어떨지 몰라도, 보편적 이성을 이야기하던 칸트나 헤겔까지 포함하는 것은 아무래도 느닷없다는 느낌이 든다. 하지만 가브리엘에 따르면, 그들은 인간의 마음=정신에는 자신들의 행위를 조정하고 설명하기 위한 틀이 되는 제도를 만들어 낼 능력이 있다는 신념을 공유한다고 한다.

이는 철학사의 상식에서 보자면 너무 느슨한 공통점이지만, 인간이 자신들의 행동거지를 제어하기 위한 제도적 틀을 만들어 내고, 이를 통해 자기 자신을 만들어 왔다는 점에 주목하는 사고의 계보가 실제로 존재해 온 것 또한 사실이다. 피츠버그학파라든가 존 설도 '마음'의 제도적 측면을 강조하지만, 역사적으로 지속하는 '정신' 같은 것을 상정하는 일은 피한다. 반면 헤겔 연구자이기도 한 커뮤니테리언(공동체주의자) 찰스 테일러는 가브리엘의 다소 거친 정식화에 대해 이해하는 태도를 보인다. 테일러는 인간을 이야기를 통해 자기를 해석하는 존재자로 보는데, 이런 그의 인간관은 설명 구조로서의 '정신'이라는 가브리엘의 견해와 친화성이 있는 듯하다. 가브리엘은 신실존주의의 인간관을 다음과 같이 요약한다.

"인간은 어떤 주어진 상황에서도 자신의 위치를 초과하여 그것을 여러 사물의 연관이라는 더 큰 지도 속에 끊임없이 통합한다. 우리는 타인들이 나와는 다른 전제 아래 살아간다고 여기는 가운데 자신의 인생을 살아가고 있다. 그렇기 때문에 우리는 같은 인간에 속하는 (그러나 동시에 다른 인간인) 타인들이 과연 현실을 어떻게 파악하고 있는지에 대해 본질적으로 관심을 기울이는 것이다."

덧붙이자면 'Neo-Existentialism(신실존주의)'에서 'Neo(신)'는 영화 〈매트릭스〉(1999)의 주인공 네오를 함의한다고 가브리엘 자신이 말한 바 있다(《마르쿠스 가브리엘 욕망의 시대를 철학 한다》[51] 참조). (자신이) 천재 해커(로 활동하고 있는 줄 알던) 네오(영화 속에서의 이름은 토머스 앤더슨)는 프로그램이 만들어 내는 가상 현실인 매트릭스 공간 속에서 '진짜 현실'에 눈을 뜨고 레지스탕스 활동에 가담하는데, 가브리엘은 그런 네오를 방화벽을 빠져나가 시스템의 지배를 침식하는 바이러스에 비유한다. 이처럼 반(反)시스템적인 태도를 끌어내는 매력appeal을 'Neo-Existentialism'에 담았다고 한다.

의미를 산출해 낸다는 것

그런 투쟁을 테마화한 것이 가브리엘 마르쿠스의 3부작 중 마지막 작품인 《생각이란 무엇인가 Der Sinn des Denkens》(2018)이다. 원제에 들어 있는 독일어 'Sinn'에는 영어의 'sense'와 마찬가지로 '의미'와 '감각'이라는 두 가지 뜻이 있는데, 그 이중의 의미를 표명한 제목이다. 이 책에서 그는 첫째, 고대 이래로 철학 최대의 테마이던 'Denken[사유(함)]'의 '의미'를 묻는다는 테마 설정과 둘째, '사유(생각, 생각함)'란 시각·청각·후각·미각·촉각이나 감정 등과 마찬가지로 현실에 닿기 위한 '능력'이라는 유니크한 주장을 내걸고 있다.

'감각'으로서의 '사유'란 구체적으로 아리스토텔레스가 말하는 '공통 감각'처럼 여러 감각을 통합하는 감각이다. 그러나 단순히 통합할 뿐만 아니라, 자신이 대상을 보거나 듣거나 만지거나 하는 일을 지각한다고 하는, '감각의 감각'이라는('감각을 감각한다'는) 성격을 지니고 있다. 그것이 '자기의식'이다. 이런 메타 인식=자기의식을 수반하는 '사유'는 다른 감각과는 달리 대상에 대해 물리적으로 제약되어 있지 않아서 마치 수학에서 무한한 수열을 생각할 수 있듯 어디까지라도 확장 가능하다. 우리는 매일 다양한 유형의 대상 인식에 입각해서 각종 '의미장'과 맞닥뜨리게 되는데, 바로 사유의 작용에 의해 그런 장들이 연결되는 것이다.

컴퓨터는 그런 '사유'의 정보 처리 능력을 보조하기 위해 산출된 외부 장치다. 제4장에서 보았듯이 분석 철학의 물리주의는 인간의 뇌를 정보 처리 장치로 간주하여 AI와 인간의 '마음=뇌'의 등가성을 주장한다. 사회의 디지털화가 빠르게 진전되고 우리가 마주치는 현실이 컴퓨터로 처리 가능한, 수치화된 데이터의 형태를 취하는 일이 점점 더 빈번해짐에 따라 그런 인상은 더욱 강화되고 있다.

이런 상황에 대하여 가브리엘은 우리의 사유가 처리하는 데이터 및 (그 처리 과정을 표현하고 매개하는) 언어는 우리의 신체라는 생물학적인 기반을 바탕으로 획득된 '감각Sinn'적인 것이며 따라서 '의미Sinn'를 띠고 있는 반면, 컴퓨터의 데이터에는 '감각'이 수반되지 않기 때문에 컴퓨터는 '의미'를 산출할 수 없다고 단언한다.

이런 관점에서 그는 장 보드리야르(1929~2007)의 논의(현대의 사회적 현실은 각종 미디어에 의해 산출되고 있어 시뮬레이션과 현실을 더 이상 구별할 수 없다고 보았다)라든가 포스트모던적인 논의(우리의 정신생활과 사회는 시뮬레이션에 불과하다는 등)를, 소비자로서 살아가는 우리에게 경제적으로 글로벌화한 사회의 더러운 현실이 보이지 않게 만드는 속임수라고 비판한다. 현실은 어디까지나 우리의 신체성에 결부되어 있는 것이다. 이런 그의 시뮬레이션론 비판은 의식의 신체성이나 맥락 의존성에 주목하는 후기 퍼트넘과 드레이퍼스의 논의를 소박하게 사회 비판에 응용하고 있는 듯 보인다.

그러나 반면, 정신에 대한 신실존주의의 논의에서 알 수 있는 것처럼 인간의 사유는 역사를 거치면서 형성되어 온 면도 있다. 우리는 교육을 통하여 자기 후손들의 사유를 인위적으로 형성하는 일을 하고 있다. 우리 인간 자체가 사회적으로나 문화적으로 산출된 AI[독일어로는 KI(künstliche* Intelligenz)라고 하는데 artificial intelligent, 즉 '인위에 의한 (인공)지능'이라는 뜻이다]이며, 현재 AI라 불리는 것은 오히려 AAI(artificial AI : 인공 AI)라 불려야 하지 않겠는가! AI로 태어난 우리는 지금까지 더 진전된 발전을 위한 지표로서 다양한 '인간상Menschenbild'을 만들어 왔지만, 그들 중 대부분이 반드시 실제로 인류의 진보를 야기한 것은 아니었다. 정반대 결과를 초래한 경우도 있었다. 바로 이런 문제 때문에 정신적 생물로서 자기 형성을 해 온 '인간'을 폐기하려는 포스트휴머니즘의 시도에 저항해야 한다. 그것이 그의 결론이다.

---

* künstliche는 독일어 단어로 '기교적인', '인조의', '인공의'라는 뜻이다. 인공 지능 중 '인공', 즉 'artificial'에 해당하는 독일어이다. artificial이 art에서 파생했듯 künstliche도 명사 Kunst(예술, 기술)에서 파생된 단어다.

각 장의 주제에 한 뼘씩 더 들어가기 위한
북 가이드

● 제1장 관련

현대 정의론에 대한 알기 쉬운 스케치로는 역시 샌델의 《정의란 무엇인가Justice-What's the Right Thing to Do?》(와이즈베리, 2014)가 최적일 것이다. '공리주의 vs. 자유주의 vs. 커뮤니테리어니즘'의 철학적 대립 구도가 현대의 시사적인 문제들과 어떻게 얽혀 있는지 구체적으로 제시되어 있다. 영미 정의론의 역사를, 단순히 악역을 배정받기 십상인 '공리주의'를 축으로 새로 정리해 낸 고다마 사토시의 《공리와 직관-영미 윤리 사상사 입문功利と直觀-英米倫理思想史入門》(勁草書房, 2010)은 공리주의라 일컬어지는 여러 조류의 전체상을 보여 주며, 롤스가 공리주의의 어떤 점을 고집하고 있었는지 이해하는 데 도움을 준다.

정치사상의 다양한 조류의 이론적 핵심과 쟁점을 정확히 기술한 본격적인 입문서로 킴리커의 《신판(新版) 현대 정치 이론Contemporary

Political Philosophy : An Introduction》(Oxford University Press 2nd edition, 2001)이 있다. 리버럴한 평등주의의 입장에서 공리주의와 리버테리어니즘을 비판적으로 그리고 있다는 점에 어려움은 있지만, 그만큼 리버럴한 정의론과 기타 여러 이론의 대립점이 선명하게 드러나 있다. 마르크스주의, 페미니즘, 시민권론 등과 리버럴리즘의 관계에 대해서도 중요한 논점이 제시되어 있다. 롤스의 정의론과 관련된 사상사적 배치 상황에 대해서는 와타나베 미키오의 저작들이 있다. 《롤스 정의론의 행방-이론 체계 전체에 대한 비판적 고찰ロールズ正義論の行方-その全體系の批判的考察》(春秋社, 2012), 《롤스 정의론을 다시 이야기한다-그 문제와 변천의 각론적 고찰ロールズ正義論再說-その問題と變遷の各論的考察》(春秋社, 2001), 《롤스 정의론과 그 주변-커뮤니테리어니즘, 공화주의, 포스트모더니즘ロールズ正義論とその周邊-コミュニタリアニズム, 共和主義, ポストモダニズム》(春秋社, 2007) 등이다. 롤스 사상의 변천을 콤팩트하게 정리한 것으로는 졸저 《지금이야말로 롤스에게 배워라-'정의'란 무엇인가いまこそロールズに學べ-'正義'とはなにか?》(春秋社, 2020)가 있다.

● 제2장 관련

포스트모던 계열의 탈주체화 논의에 대한 대략적인 이미지를 얻으려면 아사다 아키라의 《구조주의와 포스트구조주의-구조에

서 힘으로構造と力-記號論を超えて》(새길, 1995)와 리오타르의《포스트모던의 조건》(민음사, 2018)을 병행해서 읽으면 좋을 것이다. 전자에서는 1960~1980년대에 기호론을 중심으로 발전한 프랑스계 현대 사상이 무엇을 문제 삼았는지, 구조주의에서 포스트구조주의로의 이행에 어떤 의미가 있었는지를 배울 수 있다. 후자는 포스트모던 사회란 무엇인지에 관해 언어게임의 구조 변화라는 관점에서 논하고 있다. 하버마스의《현대성의 철학적 담론Der philosophische Diskurs der Moderne》(문예출판사, 1994)은 포스트모던 계열의 여러 사상에 대항하여 근대 계몽주의와 시민 사회적 질서를 옹호하려는 시도다. 일방적인 비판도 눈에 띄지만, 포스트모던 사상의 무엇이 문제시되는지 잘 알 수 있다.

리처드 로티의《철학 그리고 자연의 거울》(까치, 1998)은 분석철학으로 대표되는 근현대의 '이성의 주체'론이 안고 있는 문제점을 뚜렷이 드러낸다. 하버마스의《의사소통행위이론》(나남출판, 2006)은 종래의 주체론이 안고 있던 독단성과 독백적 성격을 회피하는, 열린 주체론의 가능성을 탐구하는 시도로 읽을 수 있다. 모던/포스트모던의 틈새에서 형성된 현대의 승인론이 무엇을 목표로 하는지에 대해서는 찰스 테일러와 하버마스 등의 논집《멀티컬추럴리즘Multiculturalism》과 악셀 호네트의《인정투쟁-사회적 갈등의 도덕적 형식론》(사월의책, 2011)을 참조할 수 있다. 테일러와 호네트의 이론적 원천이 된 헤겔의 승인론에 관한 책으로는 일본에서 독자적으로 편집한 루트비히 지프의《지프의 승인론ジ-プ

の承認論》(こぶし書房, 2019)과 주디스 버틀러의 《욕망의 주체-헤겔과 20세기 프랑스의 포스트헤겔주의Subjects of Desire-Hegelian Reflections in Twentieth-Century France》, 그리고 졸저 《헤겔 너머의 헤겔ヘーゲルを越えるヘーゲル》(講談社, 2018) 등이 있다.

● 제3장 관련

자연주의라 불리는 여러 흐름을 포괄적으로 소개하는 개론서로 우에하라 료의 《자연주의 입문-지식·도덕·인간 본성을 둘러싼 현대 철학 투어自然主義入門-知識·道德·人間本性をめぐる現代哲學ツア》(勁草書房, 2017)와 로이 바스카르의 《자연주의의 가능성-현대 사회 과학 비판The Possibility of Naturalism-A Philosophical Critique of the Contemporary Human Sciences》이 있다. 전자는 (콰인, 데닛, 처칠랜드 등) 분석 철학과 과학 철학의 주류 견해에 입각하여 테마별로 자연주의가 들이미는 여러 문제를 알기 쉽게 해설하고 있다. 후자는 헤겔, 마르크스, 실증주의, 비판적 해석학 등의 사상사적 계보를 추적하면서 자연주의를 둘러싼 철학적 공방의 근저에 있는, '자연'과 '사회'를 파악하는 방식의 차이와 방법론을 둘러싼 문제를 심도 있게 논의하고 있다.

도다야마 가즈히사의 《철학 입문哲學入門》(ちくま新書, 2014)은 자연주의적 시점으로 철학에서 자주 사용되는 기본 범주를 비판적으로 검증하는 형태를 취하고 있어, 실질적으로는 철저하게

자연주의화된 철학 교과서 같은 느낌을 받는다. 대니얼 데닛의 저서는 다수 번역되어 있는데 그중에서도 《자유는 진화한다Freedom Evolves》(동녘사이언스, 2009), 《주문을 깨다-우리는 어떻게 해서 종교라는 주문에 사로잡혔는가?Breaking The Spell-Religion as a Natural Phenomenon》(동녘사이언스, 2010), 《직관펌프, 생각을 열다-대니얼 데닛의 77가지 생각도구Intuition Pumps And Other Tools for Thinking》(동아시아, 2015), 《박테리아에서 바흐까지-마음의 진화를 해명한다From Bacteria to Bach and Back-The Evolution of Minds》 등은 각각 자연주의적 사고법에 대한 입문서로 읽을 수 있다.

● 제4장 관련

'마음 철학'의 전체상을 파악하려면 기본적으로 분석 철학이란 어떤 발상을 하는 것인지 대략 알아 둘 필요가 있다. 콤팩트하면서도 체계적으로 정리된 입문서로는 야기사와 다카시의 분석 철학 입문 3부작인 《분석 철학 입문分析哲學入門》(講談社, 2011), 《의미·진리·존재-분석 철학 입문·중급 편意味·眞理·存在-分析哲學入門·中級編》(講談社, 2013), 《신에서 가능 세계로-분석 철학 입문·상급 편神から可能世界へ-分析哲學入門·上級編》(講談社, 2014)이 있다. 마음 철학의 개별 테마들을 총망라해서 소개하는 것으로는 노부하라 유키히로가 펴낸 《마음 철학心の哲學》(新曜社, 2017)이 있다. 이 책에는 우리가 본문에서 직접 다룰 수 없던 프레임 문제, 행동 유도성affordance, 연결주의connectionism 등 중요한 주제들은 물론이고 정신 의학 및 심리학적인 주제들도 포함되어 있다. 처칠랜드의《물질과 의식Matter and Consciousness》과 데닛의《의식의 수수께끼를 풀다Consciousness Explained》(옥당, 2013)는 각자 독자적인 이론을 전개할 뿐만 아니라, 물리주의적인 마음 철학의 여러 조류 및 연구 성과를 소개하는 입문서적인 성격도 지니고 있다. 의식이나 지향성의 본질을 둘러싸고 대니얼 데닛과 논쟁을 벌여 온 존 설의 논의를 파악하려면 그 도달점으로서《마인드MIND》(까치, 2007)를 참조하기 바란다. 인공 지능 연구의 성과가 철학에 끼친 영향을 쉽게 이해하고 싶다면 민스키의《마음의 사회The Society of Mind》(새로운 현재, 2019)가 유용하다. 마음 철학을 윤리학에 응용한 시도로는 퍼트리샤 처칠랜드의《뇌가 만드는 윤리-과학과 철학으로부터 도덕의 기원으로 다가간다Braintrust-What Neuroscience Tells Us about Morality》가 있다.

● 제5장 관련

신실재론의 기수로 꼽히는 메이야수, 하먼, 가브리엘 등 3인을 중심으로 정리한 입문서로 이와우치 쇼타로의《새로운 철학 교과서-현대 실재론 입문》(이신철 역, 도서출판b, 2020)이 있다. 이 책은 또한 분석 철학의 한 지류로, 퍼트넘 등과 같은 세대에 속하는 원로 철학자 드레이퍼스 및 테일러의《실재론 되살리기

Retrieving Realism》도 '새로운 실재론'에 연결되는 시도로 평가하고 있는데, (새로운 실재론이) 분석 철학과 어떤 점에서 연결되는지를 알게 해 준다는 점에서 시사적이다. 가브리엘의《왜 세계는 존재하지 않는가》,《나는 뇌가 아니다-칸트, 다윈, 프로이트, 신경과학을 횡단하는 21세기를 위한 정신 철학》, 테일러 등과의 공저《신실존주의新實存主義》(岩波新書, 2020)는 현대 철학의 전체적인 구도 속에서 자신의 실재론과 신실존주의를 자리매김하고 있어 철학 입문서적인 성격도 지니고 있다.

가브리엘의 관점에서 현대 사회를 분석한 것으로《마르쿠스 가브리엘 욕망의 시대를 철학 한다》와《마르쿠스 가브리엘 욕망의 시대를 철학 한다Ⅱ-자유와 투쟁의 역설을 넘어》(이상, NHK출판신서)가 있다. 샤비로의《사물들의 우주-사변적 실재론에 대하여》는 사변적 실재론 이론가들의 상호 관계를 아는 데 편리하다. 샤비로와 하먼이 의거하고 있는 화이트헤드 철학의 개요에 대해서는 나카무라 노보루의《화이트헤드의 철학ホワイトヘッドの哲學》(講談社, 2007)이 쉽게 쓰여 있다. 학자들 사이에서 신실재론과의 관계가 자주 거론되는 라투르의 ANT(행위자 네트워크 이론)에 대해서는《사회적인 것의 새로운 편성-행위자 네트워크 이론 입문Reassembling the social-An introduction to Actor-Network-Theory》(Oxford University Press, 2005)을 참조할 수 있다.

북 가이드

후기

　이 책의 제4장을 조금만 더 쓰면 다 쓰겠구나 싶었을 때 코로나 바이러스 문제가 심각해지기 시작했고, 제5장을 쓰고 있는 동안 비상사태가 선언되었다. 그 영향으로 대학 도서관도 휴업을 하게 되고 이래저래 자료 확인에 조금 애를 먹긴 했지만, 어찌어찌해서 5월 중에 집필을 끝낼 수 있었다.
　나는 〈후기〉를, 특히 순수 이론적인 내용을 다룬 책의 〈후기〉를 쓸 때는 통상적으로 시사 문제와 연관시키지 않는 편이다. 시류에 영합하여 주목받으려는 태도는 치사한 느낌이 들어서다. 다만 이번 코로나 사태에 한해서는 이 책에서 초점이 된 테마와도 깊은 관계가 있는 것 같다는 생각이 든다. '인간의 마음과 AI'를 둘러싼 일련의 테마 말이다. 코로나 영향으로 사람과 직접 마주하지 않은 채 오로지 PC를 매개로 의사소통할 기회가 많아지다 보니 회의나 기록을 위해 각종 앱을 깔고 사용법을 학습하지 않을 수 없게 되었다.

(하이데거를 경유한) 드레이퍼스나 후기 퍼트넘이 제기하는 '마음'이 지닌 인식 능력의 맥락 의존성, 신체성을 둘러싼 문제, 데닛과 히스가 펼치는 논의의 핵에 놓인 '마음'과 연동하는 외부 장치 혹은 밈을 둘러싼 문제, (영국의 소설가인) 귀네스 존스 및 샤비로의 《사물들의 우주》와의 관련성이 떠올랐다. PC와 인터넷에 대한 의존도가 높아짐으로써 우리의 인지 능력과 커뮤니케이션 능력은 어떻게 되어 가는가? 인터넷과 AI 덕분에 우리의 능력은 비약적으로 향상되는가? 영화 〈매트릭스〉의 주민들과 같이 시스템을 구성하는 부품이 되어 가는가, 또는 자발적으로 행동하는 능력을 잃고 퇴화되어 가는가?

  물론 확실한 답이 나온 것은 아니지만, 줌Zoom이나 스카이프Skype 등의 회의 시스템을 사용해 학생들과 의사소통을 하고 있자면, 현대인의 사고가 평소 생각하는 것보다 더 PC 등의 외부 장치에 의존하고 있음이 실감된다. 매스컴에서는 '디지털 네이티브'라는 말이 당연하게 사용되고, IT 기술을 이용한 첨단의 학교 교육이 소개되고 있지만, 문과 계열 대학생 중에는 스마트폰은 일상적으로 사용하고 있으면서 PC는 고등학교 수업 시간에 조금 만져 본 이후 거의 손댄 적이 없는 학생도 적지 않다. 스마트폰을 쓸 수 있다면 PC 정도야 능숙하게 다룰 수 있겠지라고 생각할지 모르지만, 1학년 대상 교양 과목을 가르치다 보면 전혀 그렇지 않다는 사실을 금방 알 수 있다. 엑셀이나 파워포인트는 고사하고 워드조차 충분히 활용하지 못하는 학생도 적지 않다. 가나자와 대학에서의 내 경험에 비추어 보면, 대학에 입학한 시점에서 적어도 20퍼센트 정도의 학생은 그런 상태다.

보통은 정보 처리 관련 과목을 듣거나 이쪽 방면의 능력자인 동급생들한테 배우거나 하면서 어떻게든 되기 마련이지만, 이번처럼 타인으로부터 직접 배울 기회도 없이 혼자 하숙집에서 생활하기 시작하면 일단 PC를 어떻게 설정해야 하는지조차 몰라 며칠 동안 멍하니 흘려보내고 마는 수도 있다. 실제로 그런 학생을 몇 명 만난 적도 있다. 전화로 통화하면서 스카이프 화면 조작 방법을 가르쳐 줘야만 하는 학생들도 있었다. 나는 딱히 IT 기기의 성능에 관심이 없는 사람인지라 보통은 가르쳐 달라고 하는 쪽이다. 이런 생활, 정말 지겹다. 믿기 힘들지 모르겠지만, '클릭하라'라는 말을 보거나 들어도 어떻게 해야 할지 모르는 학생들마저 있었다.

이런 학생들을 상대로 힘겹게 씨름하다 보니, 나 자신이 평소에 책이나 논문을 쓸 때, 수업을 준비할 때 얼마나 PC와 인터넷에 의존하고 있는지, 만일 PC를 쓸 수 없다면 사고와 행동의 범위가 얼마나 한정될지, 새삼 생각하게 되었다.

나는 철학 계통의 일을 하고 있으니까, PC 등의 정보 검색 시스템이나 세세한 자료들이 수중에 없어도 내 머리와 필기도구만 있으면 어지간한 일 정도는 문제없을 거라고 나 자신에게 말해 주곤 했다. 그러나 막상 PC가 고장 나거나 대학의 네트워크가 다운되거나 하는 등 '예상 밖의 사태'가 벌어지면 그 문제가 신경이 쓰여 집중해서 생각할 수가 없게 된다. 심한 두통 등으로 컨디션이 안 좋아지면 일을 하기가 곤란해지는 것과 비슷한 느낌이다. 실제로 PC 관련해서 문제가 생기면 컨디션도 나빠진다. 생각이 신체의 상태에 좌우되고 신체의 상태는 환경에 의해 규정되어 있다고 하는, 니체 이래로 수도 없이 반복 주장되어 온 것을 몸소 실감하게 된다. 이번 코로나 사태를 계기로 이런 논의가 어떤 방향으로 전개되어 갈지는 모르겠지만, 적어도 나 자신의 생각-신체-환경 회로는 이미 변화하고 있는 것 같은 느낌이 든다.

이 책에서는 직접 테마로 다루지 못했지만, 줌 등의 회의 시스템을 이용한 원격 수업은 공(公)과 사(私)에 대한 인간의 감각을 변화시킨다. 교실에서였다면 서로 보여 줄 일 없었을 프라이빗(private, 사적인) 공간의 일부가 (줌 상황에서는) 보여지고 만다. 대화할 때는 말하는 사람의 얼굴을 꽤나 상세히 관찰하게 된다. '프라이빗'이 보여지는 데 대한 반응을 통해 또 그 사람의 성격이 보이기 시작한다. 이를 참을 수 없는 학생과 교수들도 당연히 나올 것이다.

AI-IT에 의해 인간이 휘둘리는 상황이 계속되면 가브리엘이 말하는 '신실존주의'처럼, 자신이 사는 환경을 제어하며 다양한 대상 영역을 자유로이 떠다니는 '정신'의 위대함을 축복하는 사상이 대두하는 것도 납득이 간다. '네오'가 되어 시스템에 침입해 자신들의 것으로 만들자고 하는 메시지는 금방 이해가 되고 받아들이기도 쉽다. 그러나 원격 수업과 회의가 일상화되고 있는 가나자와 대학의 가쿠마 캠퍼스에서 그 근거를 제대로 음미하지 않고 카리스마를 중심으로 한 붐에 편승해 버리면, 그것은 철학이 아니라 빅브러더의 지배로 손짓하는 수사학이 되어 버린다.

    지금까지 당최 이해할 수 없던 소위 철학이라는 것이 갑자기 '꿋꿋하게 살아가기 위한 지혜'로 보이기 시작했다면, 주의해야 할 순간이다. 그런 시점이야말로 좀처럼 이해를 허용하지 않는, 신체적으로 거부감이 들게 하는 빡센 텍스트를 읽어야 할 때다.

2020년 6월 8일
원격 수업과 원격 회의가 일상화되고 있는
가나자와 대학 가쿠마 캠퍼스에서
나카마사 마사키

미주

1 원제는 Anarchy, State, and Utopia. 국역본은 로버트 노직 저, 남경희 역, 《아나키에서 유토피아로-자유주의 국가의 철학적 기초》(문학과지성사, 1997).

2 원제는 Two Treatises of Government. 국역본은 존 로크 저, 강정인·문지영 역, 《통치론》(까치, 1996).

3 원제는 白熱敎室. 일본에서 출간된 샌델의 강연록. 책자와 DVD 형태로 여러 종류가 나왔다.

4 원제는 Liberalism and the Limits of Justice. 국역본은 마이클 샌델 저, 이양수 역, 《정의의 한계》(멜론, 2012).

5 원제는 Democracy's Discontent. 국역본은 마이클 샌델 저, 안규남 역, 《민주주의의 불만-무엇이 민주주의를 뒤흔들고 있는가》(동녘, 2012).

6 원제는 Faktizität und Geltung. 국역본은 위르겐 하버마스 저, 박영도·한상진 역, 《사실성과 타당성-담론적 법이론과 민주적 법치국가 이론》(나남출판, 2007).

7 仲正昌樹(나카마사 마사키), 《モデルネの葛藤-ドイツ·ロマン派の'花粉'からデリダの'散種'へ(모데르네의 갈등-독일 낭만파의 '꽃가루'에서 데리다의 산종으로)》(御茶の水書房, 2001). '모데르네'는 '근대'를 뜻하는 프랑스어.

8 원제는 De la grammatologie. 국역본은 자크 데리다 저, 김성도 역, 《그라마톨로지》(민음사, 2010).

9 원제는 Der philosophische Diskurs der Moderne. 국역본은 위르겐 하버마스 저, 이진우 역, 《현대성의 철학적 담론》(문예출판사, 1994).

10 원제는 Philosophy and the Mirror of Nature. 국역본은 리처드 로티 저, 김동식 역, 《로티·철학과 자연의 거울》(울산대학교 출판부, 2002).

11 원제는 Contingency, Irony, and Solidarity. 국역본은 리처드 로티 저, 김동식·이유선 역, 《우연성, 아이러니, 연대》(사월의책, 2020).

12 원제는 Achieving Our Country. 국역본은 리처드 로티 저, 임옥희 역, 《미국 만들기-20세기 미국에서의 좌파 사상》(동문선, 2003).

13 원제는 Hegel. 국역본은 찰스 테일러 저, 정대성 역, 《헤겔》(그린비, 2014).

14 원제는 Hegel and Modern Society. 국역본은 찰스 테일러 저, 박찬국 역, 《헤겔철학과 현대의 위기》(서광사, 1988).

15 원제는 Kampf um Anerkennung. 국역본은 악셀 호네트 저, 이현재·문성훈 역, 《인정투쟁-사회적 갈등의 도덕적 형식론》(사월의책, 2011).

16 隱岐さや香(오키 사야카), 《文系と理系はなぜ分かれたのか

(문과와 이과는 왜 나뉘었는가)》(星海社, 2018).

17 원제는 Principia Ethica. 국역본은 조지 에드워드 무어 저, 김상득 역, 《윤리학 원리》(아카넷, 2018).

18 원제는 La Voix et le Phénomène. 국역본은 자크 데리다 저, 김상록 역, 《목소리와 현상-후설 현상학에서 기호 문제에 대한 입문》(인간사랑, 2006).

19 원제는 Philosophische Untersuchungen. 국역본은 루트비히 비트겐슈타인 저, 이영철 역, 《철학적 탐구》(책세상, 2019).

20 원제는 The Blue and Brown Books. 국역본은 루트비히 비트겐슈타인 저, 이영철 역, 《청색 책·갈색 책》(책세상, 2020).

21 드레이퍼스의 저서 중 국역된 것은 다음과 같다. 휴버트 드레이퍼스 저, 최일만 역, 《인터넷의 철학》(필로소픽, 2015). 휴버트 드레이퍼스·숀 도런스 켈리 저, 김동규 역, 《모든 것은 빛난다-허무와 무기력의 시대, 서양고전에서 삶의 의미 되찾기》(사월의책, 2013).

22 이와 관련된 소칼의 저서는 앨런 소칼·장 브리크몽 저, 이희재 역, 《지적 사기》(한국경제신문사, 2014).

23 金森修(가마모리 오사무), 《サイエンス·ウォーズ(과학 전쟁)》(東京大学出版会, 2014).

24 원제는 Consilience : The Unity of Knowledge. 국역본은 에드워드 O. 윌슨 저, 최재천·장대익 역, 《통섭-지식의 대통합》(사이언스북스, 2005).

25 원제는 Freedom Evolves. 국역본은 대니얼 데닛 저, 이한음 역,

《자유는 진화한다-자유 의지의 진화를 통해 본 인간 의식의 비밀》(동녘사이언스, 2009).

26 원제는 Consciousness Explained. 국역본은 대니얼 데닛 저, 유자화 역, 《의식의 수수께끼를 풀다》(옥당, 2013).

27 원제는 Histoire de la folie à l'âge classique. 국역본은 미셸 푸코 저, 이규현 역, 《광기의 역사》(나남출판, 2020).

28 원제는 Science In Action : How to Follow Scientists and Engineers Through Society(1987). 불역본은 La Science en action(1989).

29 원제는 Pandora's Hope : Essays on the Reality of Science Studies. 국역본은 브뤼노 라투르 저, 장하원·홍성욱 역, 《판도라의 희망-과학기술학의 참모습에 관한 에세이》(휴머니스트, 2018).

30 仲正昌樹(나카마사 마사키), 《'後期'ハイデガー入門講義('후기' 하이데거 입문 강의)》(作品社, 2019).

31 원제는 The Concept of Mind. 국역본은 길버트 라일 저, 이한우 역, 《마음의 개념》(문예출판사, 1994).

32 원제는 Mind in a Physical World. 국역본은 김재권 저, 하종호 역, 《물리계 안에서의 마음》(철학과현실사, 1999).

33 원제는 Representation and Reality. 국역본은 힐러리 퍼트넘 저, 김영정 역, 《표상과 실재》(이화여자대학교출판부, 1992).

34 원제는 Reason, Truth and History. 국역본은 힐러리 퍼트넘

저, 김효명 역, 《이성·진리·역사》(민음사, 2018).

35 仲正昌樹(나카마사 마사키), 《ハイデガー哲学入門-'存在と時間'を読む(하이데거 철학 입문-'존재와 시간'을 읽는다)》(講談社現代新書, 2015).

36 원제는 The Modularity of Mind : An Essay on Faculty Psychology, MIT Press, 1983.

37 원제는 A Materialist Theory of the Mind. 국역본은 데이비드 암스트롱 저, 유원기 역, 《어느 물질론자의 마음 이야기》(지식을만드는지식, 2015).

38 원제는 Matter and Consciousness. 국역본은 폴 처칠랜드 저, 석봉래 역, 《물질과 의식》(서광사, 1992).

39 원제는 A Neurocomputational Perspective : The Nature of Mind and the Structure of Science.

40 원제는 Braintrust. 국역본은 퍼트리샤 처칠랜드 저, 임지원 역, 《브레인트러스트-뇌, 인간의 도덕성을 말하다》(휴머니스트, 2017).

41 원제는 MIND : A Brief Introduction. 국역본은 존 설 저, 정승현 역, 《마인드》(까치, 2007).

42 仲正昌樹(나카마사 마사키), 《ポストモダン·ニヒリズム(포스트모던 니힐리즘)》(作品社, 2018).

43 원제는 Après la finitude-Essai sur la nécessité de la contingence. 국역본은 퀑탱 메이야수 저, 정지은 역, 《유한성

이후-우연성의 필연성에 관한 시론》(도서출판b, 2010).

44 원제는 Métaphysique et fiction des mondes hors-science. 국역본은 퀑탱 메이야수 저, 엄태연 역, 《형이상학과 과학 밖 소설》(이학사, 2017).

45 원제는 The Quadruple Object. 국역본은 그레이엄 하먼 저, 주대중 역, 《쿼드러플 오브젝트》(현실문화연구, 2019).

46 원제는 Immaterialism. 국역본은 그레이엄 하먼 저, 김효진 역, 《비유물론》(갈무리, 2020).

47 원제는 Mythology, Madness, and Laughter. 국역본은 슬라보예 지젝·마르쿠스 가브리엘 저, 임규정 역, 《신화, 광기 그리고 웃음》(인간사랑, 2011).

48 원제는 Hegemony and Socialist Strategy-Towards a Radical Democratic Politics. 국역본은 샹탈 무페·에르네스토 라클라우 저, 이승원 역, 《헤게모니와 사회주의 전략-급진 민주주의 정치를 향하여》(후마니타스, 2012). .

49 원제는 Warum es die Welt nicht gibt. 국역본은 마르쿠스 가브리엘 저, 김희상 역, 《왜 세계는 존재하지 않는가》(열린책들, 2017).

50 원제는 Ich ist nicht Gehirn. 국역본은 마르쿠스 가브리엘 저, 전대호 역, 《나는 뇌가 아니다-칸트, 다윈, 프로이트, 신경 과학을 횡단하는 21세기를 위한 정신 철학》(열린책들, 2018).

51 丸山俊一(마루야마 슌이치)＋ＮＨＫ〈欲望の時代の哲学〉制作

班(〈욕망의 시대의 철학〉 제작반), 《マルクス・ガブリエル 欲望の時代を哲学する(마르쿠스 가브리엘 욕망의 시대를 철학한다)》(NHK出版, 2018).

옮긴이의 글

좋은 개론서를 권함

1.

　우선 저자 소개부터. 저자 소개라면 책 소개만 한 게 없으니 곧장 그의 책 중 우리나라에 번역된 것을 보자. 번역된 순서대로《현대 미국 사상-자유주의의 모험》(2012 : 번역 연도, 이하 마찬가지),《왜 지금 한나 아렌트를 읽어야 하는가?》(2015),《한나 아렌트〈인간의 조건〉을 읽는 시간》(2017),《자크 데리다를 읽는 시간》(2018). 한 권 번역된 것으로 끝나 버린 경우는 아닌데, 그렇다고 해서 연달아 왕성하게 소개된 저자도 아니다. 중간쯤이다. 내용도 그렇다. 보통 영미 철학과 대륙 철학은 심히 구분되는 까닭에 둘 중 어느 한쪽을 파기 마련이다. 저자든 독자든 비슷하다. 우선,《현대 미국 사상》을 보면 영미 철학(소위 분석 철학으로 대표되는) 쪽을 주로 연구하는 사람인가 싶다. 하지만 한나 아렌트 관련서 두 권이 있는 걸 보면, 게다가 후자는 524쪽의 두툼한 책이라는 걸 고려하면 독일 사상에도 꽤나 조예가 있는 사람, 아니면 최소한 한나 아렌트 전문가처럼도 느껴진다. 그렇지만 마지막 책 《자크 데리다를 읽는 시간》은 또 좀 다르다. 이 책은 《한나 아렌트 〈인간의 조건〉을 읽는 시간》과 함께 아르테 출판사에서 '일반인을 위한 고전 강독 lecture+text 시리즈'로 출간되었다. 출판사 소개에 따르면 후자는 아렌트 사유의 정수인 《인간의 조건》을 한 줄씩 풀어 쓴, 원전에 가까운 해설서이다.

2.

《자크 데리다를 읽는 시간》에 대해서는 좀 길긴 하지만 출판사의 해설을 인용해 보자.

"《자크 데리다를 읽는 시간》에서 저자(나카마사 마사키)는 데리다의 중기에서 후기로 넘어가는 저서인 《정신에 대해서》와 후기의 저작인 《죽음을 주다》를 읽은 후 초기 저작인 《목소리와 현상》, 《그라마톨로지에 대하여》를 읽음으로써 데리다가 무엇을 비판하고자 했는지 그 사상의 맥을 잡는 데 집중한다."

이 책의 주요 연구 대상인 《정신에 대해서》는 또 무슨 물건인지에 대해 역시나 출판사 해설을 보자[이 해설은 책 뒤에 실린 〈역자(박찬국) 해설〉을 발췌한 것이다].

"자크 데리다의 기념비적인 하이데거 연구서. 하이데거 연구사에서 한 번도 본격적으로 다루어진 적이 없던 정신이란 주제를 다루고 있다. 데리다는 치밀하고 섬세한 연구 자세와 독자적이면서 심원한 문제의식을 통해 하이데거를 살펴보며, 해체적인 독해법의 정수를 유감없이 보여 주고 있다."

그러니까 《정신에 대해서》는 하이데거에 대한 데리다의 치밀한 연구서인데, 이 연구서를 포함해 데리다의 주요 저서 몇 권을 나카마사 마사키가 강의식으로 꼼꼼하게 되짚은 책이 《자크 데리다를 읽는 시간》이다.

3.

저자는 1963년 히로시마 출생으로 도쿄 대학 종합문화연구과 지역 문화 연구 박사 과정을 수료했고, 두 차례에 걸쳐 독일로 건너가 유학했다. 현재 가나자와 대학 법학부 교수. 사상가들의 복잡한 사유의 결을 훼손하지 않으면서 일반인이 알기 쉽게 풀어내는 작업으로 정평이 나 있다. 참고로 우리나라에도 다소 알려진 '변화를 위한 독립 이론지' 《정황(情況)》*의 편집 위원이기도 했다. 믿을 수 없을 정도의 생산력으로 2000년부터 2020년까지 출간한 책만 50여 권이고, 그간 다룬 사상가만 해도 루소, 베버, 하이데거, 베냐민, 아렌트, 롤스, 데리다 등 수십 명에 이른다. 저술 작업 외에도 한나 아렌트의 《어두운 시대의 사람들》과 《칸트 정치철학 강의》, 페터 슬로터다이크의 《인간 농장을 위한 규칙》 등을 일본 독자들에게 번역, 소개했다.

---

* 1958년 결성된 일본의 신좌익 당파인 '공산주의자동맹'이 2차 분열로 '정황파'와 '유격파(遊擊派)'로 갈린 후 정황파를 모체로 만들어진 잡지라는 이야기도 있지만, 실제로는 당파와는 독립된 저널리즘, '이론지'로 창간되었다고 한다. 1968년 창간, 1976년 휴간, 1990년 복간.

4.

　이렇게 많이 써 대도 일정한 질이 담보될까? 이는 물론 독자들 스스로 평가할 수밖에 없는 문제지만, 다수의 책이 일본 유수의 여러 출판사에서 계속 나오는 것을 보면 기본적인 짐작은 가능하다. 정황출판(情況出版), 오차노미즈서방(御茶の水書房), 치쿠마신서(ちくま新書), 정문사(晶文社), 광문사신서(光文社新書), 문예춘추(文春新書), NHK출판(NHK出版), 고단샤현대신서(講談社現代新書), 작품사(作品社), 아사히신문출판(朝日新聞出版) 등. 그의 방대한 출간 목록을 직접 확인하고 싶은 분들은 위키피디아/일본에 仲正昌樹(나카마사 마사키의 일본 표기)를 쳐 보시라.

5.

　인터넷 책방에서 나카마사 마사키의 최근 저서를 검색해 봤다. '국내 도서' 말고 외서를 포함한 '통합 검색'으로. 가장 최근부터 거꾸로 나열한다. 《니체 입문 강의》, 《현대 철학의 논점》, 《푸코 〈성의 역사〉 입문 강의》, 《지금이야말로 존 롤스에게 배워라》, 《지금이야말로 하이에크에게 배워라》, 《사람은 왜 '자유'로부터 도주하는가》, 《마르크스 입문 강의》, 《모데르네의 갈등》, 《후기 하이데거 입문 강의》, 《포스트모던 니힐리즘》, 《헤겔을 넘어서는 헤겔》, 《들뢰즈+가타리 〈안티 오이디푸스〉 입문 강의》. 그야말로 숨 가쁘다. 더 말해 무엇 하랴! 이것으로 대략 저자 소개는 갈음.

6.

나는 관심 가는 주제를 따라 공부하는 자유 연구자다. 가끔 번역을 하고 직접 쓰는 책은 주로 자연 과학 성립사에 관한 것이다. 과학사의 뒷얘기가 아니라 어떤 과학 이론이 실제로 성립한 과정을 연구해 책으로 내는 것이다. 지금까지는 다윈의 진화론(특히 《종의 기원》을 중심으로)과 아인슈타인의 특수 상대성 이론에 대한 책을 냈다. 이런 사람으로서 나도 관심사가 다양하다고까지는 못하겠지만 특정 분야에 국한되지는 않는 편이다. 그런데 나 같은 사람이 점점 더 힘들다.

출판 불황의 늪이 깊어질수록 점점 더 많은 책이 나온다. 질이 저하되면 그나마 나으련만(별 해괴한 소망도 다 있지?) 질도 떨어지지 않고 점점 더 훌륭해져 가는 경향마저 종종 발견된다. 이래서는 나 같은 독자들이 따라갈 방법이 없다. 따라 읽는 건 언감생심, 최근엔 고대하던 책이 번역되었다는 걸 놓치는 일도 잦다.

더 큰 문제는 과학 기술의 급속한 발전으로 인해 알아야 할 것이 더 많아졌다는 점이다. 익혀야 할 소프트 스킬이 점점 더 많아지고 알아 둬야 할 기초 상식의 수준과 양도 점점 더 버거워지고 있다. 그런가 하면 이런 현대의 추세에 대해 나름 비판적인 시선을 견지하는 것도 소홀히 할 순 없다. 엄숙하고 글로벌한 이유도 있지만 나의 신체와 정신을 모종의 침습으로부터 잘 지키기 위해서라도 알아 둬야 할 게 적지 않다.

그 와중에 학문의 세계도 21세기 접어들어 어찌나 다양해졌는지! 가령 최근 2~3년 동안 나는 21세기에 새로 등장한 실재론 경향의 철학자들과 인류학의 새로운 흐름(소위 인류학의 존재론적 전회)에 관심을 갖고 책을 좀 읽었다. 그 결과, 내가 새로운 두 분야에 교양이 쌓인 건 사실이지만 그 외 더 많은 부분은 이전보다 더 뒤처져 버렸다. 너무 초조해할 일도 아니지만, 그렇다고 그냥 이대로 있기에는 심사가 편치 않다.

7.

철학 분야에서도 사정은 만만치 않다. 철학에 대한 사람들의 관심도, 실제로 철학이 현대 사회에서 기여할 수 있는 바도 모두 크게 줄어들었다. 그럴수록 철학자들은 이 감축 속도를 줄이기 위해, 또 몇몇 분야에서는 새로운 역할을 해내기 위해 노력하지만, 성공적인 사례는 거의 없다. 한마디로 말해서 새로 등장하는 문제가 너무 다방면에 걸쳐서, 그것도 시시각각 계속 등장한다는 것이다. 그런 것들을 리얼 타임으로 따라가며 철학 나름의 견해와 운 좋으면 해결책을 제시해야 하는데, 철학의 본래 성격이 그런 것과 거리가 멀거니와 요즘 세상에서는 현실성이 매우 부족한 얘기다. 그렇기 때문에 철학책들은 양극화된다. 철학이라고 할 수 없는 위로서가 되거나 아니면 대중이 접근하기 어려운, 혹은 읽어 가기에 상당히 까다로운 말 그대로 철학서 자체가 되어 버린다. 특히 최근의 과학 기술 발전 양상을 반영하면서 그에 대해 비판적이고 창조적으로 성찰하려는 철학서들은 꼭 필요한 책이지만 그럴수록 일반 독자들에겐 더 쉽지 않은 경향이 있다. 어려운 시절이다.

8.

한 가지만 더 들자면, 최근 철학이 영미 철학과 대륙 철학 간에 깊이 패어 있던 골을 점점 메우는 경향을 보인다는 점이다. 이 자체로는 반갑고 환영할 만한 일이지만, 양대 철학 중 어느 한쪽에 치우쳐 있는 대부분의 현실 독자들에게는 또 하나의 지식 학습 부담이 더해졌다. 가령 최근에 읽은 철학자들(그레이엄 하먼이나 마르쿠스 가브리엘 같은 이들)은 굳이 따지자면 대륙 철학에 속한다고 할 수 있는데, 소위 영미 철학의 지식을 아무렇지도 않게 구사한다. 심지어 자기 철학의 중요 성분으로 삼을 때도 자주 있다. 또한 이들은 인문학과 예술의 가치와 고유성을 소리 높여 주장하는 대표 철학자들이면서도 자연 과학 지식을 자유자재로 사용한다는 공통점이 있다.

9.

방금 예로 든 하먼이나 가브리엘 같은 철학자들은 대륙 철학과 영미 철학 간의 부자연스러운 분리 혹은 대립을 타파하고 또 과학 기술 지식을 적극적으로 흡수한다는 점에서 바람직한 특징을 갖고 있다. 그리고 이 바람직한 특징이 독자들에게는 이중 삼중의 부담을 가중시킨다는 건 방금 말한 바와 같다.

이런 점에서 최근 철학에 대해 전체적으로 파악하는 일은 쉽지 않다. 저서와 번역서가 쏟아지는 듯한 속도로 출간되기 때문에 '더 열심히'라는 태세만으로는 역부족이다. 이럴 때는 좋은 입문서나 개론서가 필요하다.

10.

내가 공부를 처음 시작할 때는, 그러니까 꽤 오래전에는, 입문서나 개론서에 대한 주의와 경고를 자주 들었다. '달콤한 입문서 따위에 중독되면 곤란하다', '그런 거 읽고 원전이랑 비슷하겠거니 착각하지 마라', '원전의 어려움은 어려움 그대로 체험해야 한다' 등등. 다 맞는 말이다. 그렇지만 모든 독서를 원전만으로 할 수는 없다. 그리고 이를 보완할 수 있는 현실적인 대안은 언제나 동일하다. 좋은 개론서나 입문서를 잘 찾아 숙독하는 것이다. 수박 겉핥기여도 곤란하지만 너무 깊어서 개론서 자체가 또 하나의 연구 대상이 되어서도 곤란하다.

11.

《현대 철학의 최전선》 번역 의뢰를 받고 내 요즘 관심 분야와 겹치는 〈제5장 새로운 실재론〉에 먼저 청진기를 댔다. 좋은 개론서가 갖춰야 할 제1의 장점이 확보되어 있었다. 내게 제1의 장점이란 '설령설렁 넘겨도 되는 책이 아닐 것', '정독하면 80~90퍼센트는 이해되는 책일 것'이다. 다음으로 책의 전체적인 구성도 괜찮았다. 이건 추상적인 말보다는 책 전체의 내용을 훑어보는 쪽이 더 실감하기 좋겠다.

〈제1장 정의론〉은 롤스의 《정의론》이 당연히 중심이며 그의 논의가 자세히 정리되어 있다. 이어서 후생 경제학 측의 비판은 물론이고 노직 등 리버테리언(자유 지상주의자)들의 비판, 그리고 샌델로 대표되는 커뮤니테리언(공동체주의자)들의 비판까지 쟁점들을 중심으로 고루 소개한다. 《현대 미국 사상》의 저자답게 깊이 있으면서도 쉽게 쉽게 이 어려운 주제를 잘도 요리해 낸다. 이런 바탕 위에서 독일 철학자 하버마스의 논의를 소개하는데, 왜 하버마스가 그리 중요하고 의미 있는 사상가인지 처음으로 실감했다. 마지막으로는 최근 활발하게 논의되고 있는 잠재 능력의 사상가 아마르티아 센과 마사 누스바움의 주장을 함께, 또한 비교해 가면서 소개하는 것으로 제1장을 마무리 짓는다.

〈제2장 승인론〉에서는 요즘 가장 핫한 문제 중 하나인 '어떻게 타자와 상호 인정할 것인가'를 다룬다. 다루긴 다루되 독자들은 저자와 함께 우회로를 걸어야 한다. 이는 저자가 이 문제를 뿌리부터 파악하기 위해 취한 조치다. 먼저 인간의 보편 이성을 전제하는 입장부터 살핀다. 물론 이는 제2차 세계 대전 이후 철학을 견인해 온 영미 분석 철학에서 뚜렷하다. 그러나 데카르트 이후의 근대 철학에서 전반적으로 발견되는, 지극히 오랜 전통을 가진 경향인 것 또한 사실이다. 그리고 이에 대한 반항과 비판은 (헤겔과 동시대인인) 슐레겔 등의 낭만파부터 19세기 후반의 니체에 이르기까지 이어진다. 이 흐름의 19세기 말, 20세기 초 버전이 바로 프로이트이며 또 야스퍼스와 하이데거 등의 실존주의다. 저자는 이어서 이성적 주체를 막다른 골목으로 몰아넣은 프랑크푸르트학파의 비판을 소개하고, 마침내 구조주의의 반(反)인간 중심주의에 다다른다. 이 맥락에서 레비스트로스, 라캉, 푸코, 데리다를 해설하는 것이다. 이처럼 이성에 편중된 철학과 반주체적인 철학을 대립 기술한 다음 저자는 양자의 가교로 하버마스를 등장시킨다. 그의 철학사적 의의를 제시한 뒤 자세하게 그의 철학을 설명해 준다. 다음으로는 내가 언제나 궁금했지만 아직도 공부할 짬을 못 내고 있는 리처드 로티와 윌러드 콰인을 잘 소개해 준다. 약간의 중간 단계를 거친 뒤 정체성 논의를 중심으로 악셀 호네트와 로버트 브랜덤을 소개하고 이 브랜덤과 하버마스를 비교하는 논의로 제2장을 끝낸다.

대략 이런 식이다. 한데 쓰다 보니 역자의 말이 너무 길어졌다. 이후 내용은 좀 더 간략하게 정리하고 마치겠다.

자유 의지 문제를 다루는 〈제3장 자연주의〉에서는 러셀, 카르나프, 콰인 등 전설적인 이름들부터 에이어, 오스틴, 셀러스에 이르기까지 분석 철학(영미 철학) 계열의 대표 선수를 모두 등장시켜 하나하나 개괄해 준다. 그리고 이런 맥락에 데리다가 어떻게 연결되는지를 명쾌하게 서술한다. 저자는 (영미 중심으로 진행 중인) 자연주의의 압도적 우위 상황에 대해 실감 나게 설명해 준 다음, 이 점과 관련하여 브뤼노 라투르와 하이데거가 얼마나 귀하고 독창적인지를, 분량은 적지만 분명히 인식시켜 준다.

제4장에서 다루는 '마음 철학'은 요즘 AI나 알고리즘 등과 관련해서 핫한 주제다. 이 주제 쪽으로 천문학적인 돈이 모이는 영어권에서 엄청난 양의 연구 결과가 속속 쏟아져 나오고 있다. 우리가 저널에서 무수히 접하는 정보도 대부분 그것들 중 일부다. 제4장에서는 이 방대한 영역을 다루되 철학 분야에서의 업적을 중심으로 요령 있게 정리해 준다. 너무 정보가 많아 정신없는 와중에 전체적인 구도와 맥락을 잡을 수 있게 도와준다.

〈제5장 새로운 실재론〉은 지난 5~10년간 주요 저작이 속속 번역되어 온 세계 철학의 새로운 흐름, 즉 새로운 실재론'들'을 개관한다. 우선, 칸트부터 시작해서 이 흐름이 솟구쳐 나온 맥락을 짚는다. 그 위에서 메이야수의 사변적 유물론, 브라시에의 초월론적 허무주의, 샤비로의 감성적 실재론, 하먼의 객체 지향 존재론과 사방대상을 소개하고 가브리엘의 신실재론으로 마무리 짓는다. 제5장과 관련해서는 거의 같은 대상을 다룬《새로운 철학 교과서-현대 실재론 입문》과《사물들의 우주-사변적 실재론과 화이트헤드》를 함께 참조할 수 있다. 둘 다 유용하다. 그리고 이 책들이 다루지 않는 신유물론에 집중한《신유물론-몸과 물질의 행위성》까지 더한다면 개론서에서 얻으려는 바는 거의 다 충족될 터이다.

12.

본래는 짧게 써야지 했는데, 책에 대해 좀 더 소개하고 싶어지면서 말이 많아졌다. 독자들께서 선택 여부를 결정하는 데 도움이 되길 바란다. 철학 개론서 중에는 설명이 너무 짧고 피상적이어서 그 개론서는 이해가 잘 되는데, 거기 등장하는 철학(자)들 자체는 잘 모르겠는 웃픈 경우도 있다. 또는 철학 영역에만 갇히거나 비판적 태도를 너무 견지한 나머지 다 읽고 나면 현실 감각이 떨어지는 그런 책도 있다. 이 책은 이런 단점들을 가볍게 뛰어넘는다. 등장시킨 철학자들 각각의 문제의식이나 주장을 이해할 수 있을 만큼 충분히 설명한다. 특히 영미의 철학자들에 대한 해설이 좋은데, 구체적인 현실 문제에 대해 그들이 각각 어떤 견해와 입장을 제시했는지를 설명해 주기 때문이다. 그렇지 않고 만일 그들을 소위 분석 철학자로만 소개했다면 각종 기호가 난무하면서 극도로 난해하거나 비현실적인 철학으로 비쳤을 것이다. 구체적인 현실 문제를 중심에 놓았기에 당연히 첨단의 과학 기술 문제가 강하게 반영되고 또 그 해법을 둘러싸고 영미 철학과 대륙 철학을 계속 교차시킬 수 있었을 것이다. 몸과 마음이 모두 바쁜 한국의 독자들에게 현대 철학에 관한 좋은 개론서를 번역, 소개하게 되어 기쁘다.

찾아보기

ㄱ

가능 세계론 184, 195, 254
가브리엘, 마르쿠스(Marcus Gabriel) 217, 219, 220, 247~265
가타리, 펠릭스(Pierre-Félix Guattari) 74
감각 여건 88, 121~124, 126, 236
거트먼, 에이미(Amy Gutmann) 51
검증 가능성 119
격차 원리 23, 25, 28, 30, 32~34, 43, 52
공공적 이성 46, 48, 49, 51, 83, 102

공리주의 18~21, 24, 26, 27, 29, 32, 33, 43, 47, 53, 62
  서수주의적~ 26
공민성 45
공화주의 45, 46
관찰문 121, 122, 125
권원 이론 36, 39
규범성 143, 144
그라이스, 폴(Herbert Paul Grice) 80
기계 속 유령의 도그마 160
기능주의 177, 178, 181, 184, 193, 195, 201
  비환원적~ 195
  분석적~ 184
김재권 174~176

ㄴ

내관 159, 163, 170, 172, 187, 191, 200, 208
내발성 131, 132
네이글, 토머스(Thomas Nagel) 198, 199, 209, 210, 257
노이라트, 오토(Otto Neurath) 113, 115~118, 121, 159,
노직, 로버트(Robert Nozick) 34~40, 62
논리 실증주의 113, 122, 124, 134
누스바움(Martha Nussbaum) 53~55, 61
눈앞의 존재 241, 242
니체(Friedrich Wilhelm Nietzsche) 61, 63, 64, 71, 75, 82, 111, 129, 216, 262, 279
니코마코스 윤리학 55

ㄷ

다원적 초고 206
다중 타당성 177
더밋, 마이클(Michael Dummett) 129
데닛, 대니얼(Daniel Dennett) 138, 140~147, 168, 204, 205~208, 212, 213, 229, 257
데리다(Jacques Derrida) 71~74, 82, 91, 123~125, 207, 208, 216, 219, 220, 230, 247
데몬 206, 208, 213,
데이비드슨, 도널드(Donald Davidson) 127~130, 141, 173~175, 219,
데카르트 60, 62, 64, 73, 155, 160, 168, 236
데카르트 극장 205
데카르트의 망령 159, 163
데카르트적 신화 160
도킨스, 리처드(Richard Dawkins) 140, 144
뒤엠(Pierre Duhem) 86
듀이, 존(John Dewey) 91, 242
드라이젝, 존(John Dryzek) 51
드레이퍼스, 휴버트(Hubert Dreyfus) 130, 181, 242,

265
들뢰즈, 질(Gilles Deleuze) 74, 220, 234, 238,
딜타이(Wilhelm Dilthey) 89, 109, 110, 115, 116, 120

ㄹ

라마찬드란(Vilayanur S. Ramachandran) 209, 210
라이헨바흐, 한스(Hans Reichenbach) 113
라일, 길버트(Gilbert Ryle) 159, 161, 163~165, 169, 177
라투르, 브뤼노(Bruno Latour) 151, 152, 232, 246
러빈, 조지프 193
러셀, 버트란트(Bertrand Russell) 121, 122, 157~159, 163, 236
레비스트로스(Claude Lévi-Strauss) 69~73, 192
로젠버그, 알렉산더(Alexander Rosenberg) 146
로지, 데이비드(David Lodge) 207
로티, 리처드(Richard McKay Rorty) 83, 87~92, 103, 106, 109, 123, 129, 130, 186~190
롤스, 존(John Rawls) 16~21, 23~29, 31~36, 39~43, 46, 48, 49, 51, 52, 55, 60, 62, 71, 83, 90~92, 97, 133, 207
루만, 니클라스(Niklas Luhmann) 76
루스, 마이클(Michael Ruse) 137
루이스, 데이비드(David Kellogg Lewis) 184
리버럴 18~20, 26, 27, 35, 43, 51~53, 91, 102, 103, 133
리버럴리즘 87
리버스 엔지니어링 142
리버테리어니즘 35
리버테리언 34, 35, 42, 43, 51
리오타르(Jean-François Lyotard) 222
리케르트(Heinrich John Rickert) 109, 112, 116

ㅁ

말라르메(Stéphane Mallarmé) 230
매몰 240
매킨타이어(Alasdair Chalmers MacIntyre) 41, 207
맥긴, 콜린(Colin McGuinn) 196, 197, 199, 200, 209, 210
맥락주의 87, 92,
맥시민 원리 27~33
메리의 방 210, 211, 257
메슬로, 에이브러햄(Abraham Harold Maslow) 58
메이야수, 퀑탱(Quentin Meillassoux) 217, 220~229, 233, 234, 238, 247, 248, 250, 252, 254
메타 윤리학 16, 17, 113
무어, 조지 에드워드(George Edward Moore) 17, 112, 113
무지의 베일 20~22, 24, 26~29, 31, 33, 41, 42, 51, 60
물리주의, 156, 157, 168, 169, 175~177, 185, 186, 191~201, 207, 209~211, 229~230, 265
  언어적 ~ 211
물자체 84, 188
물통 속의 뇌 180
므네메 158
미드, 조지 허버트(George Herbert Mead) 76, 79, 81, 101
밈 140~145, 277

ㅂ

바타유, 조르주(Georges Bataille) 248
박쥐 198
반증 가능성 75, 119, 120, 210,
발어 행위 79, 80, 146,
번스타인, 리처드(Richard J. Bernstein) 187, 188
보드리야르, 장(Jean Baudrillard) 265
보링, 에드윈(Edwin Garrigues

Boring) 171
보편주의 90~92, 98
부수성 174, 175, 194, 195, 219
분석적 형이상학 219
브누아, 조슬랭(Jocelyn Benoist) 260
브라시에, 레이(Raymond Brassier) 229~234, 247, 252
브랜덤, 로버트(Robert Boyce Brandom) 103~106, 141, 148, 149
블로흐, 에른스트(Ernst Bloch) 251
비트겐슈타인(Ludwig Wittgenstein) 80, 83, 84, 87, 88, 126, 128, 141, 164, 166, 169, 170, 181, 187, 248
빈 학단 112, 113, 116, 119~121, 125, 126, 168

ㅅ

사극 243, 244
사물들의 우주 235
사변적 실재론 217, 218, 220, 230, 234, 238
사변적 유물론 217, 224, 229
상관주의 220~225, 228, 231~234, 240
상호 승인 92, 94, 95, 98, 100~102, 105, 106
샌델(Michael J. Sandel) 40~43, 46, 49, 55, 60, 61, 91, 133
생활 세계 80~82
샤비로, 스티븐(Steven Shaviro) 220, 234, 236~238, 247, 252
선에 대한 정의 우위 43, 46, 51
설, 존(John Rogers Searle) 80, 81, 145, 146, 168, 201~205, 208, 257, 262
성향 복합체 213
세즈노스키(Terrence Joseph Sejnowski) 191
센, 아마르티아(Amartya Kumar Sen) 51~55, 61, 102
셀러스(Wilfrid Stalker Sellars) 88, 103, 123, 126,

131, 141
셸링, 프리드리히(Friedrich W. J. Schelling 82, 249~251, 258
소거적 유물론 185, 187, 189, 191
소쉬르(Ferdinand de Saussure) 123
소여의 신화 88, 123, 130~132, 188
소칼, 앨런(Alan David Sokal) 133, 134
손맡의 존재 241~244
송과체 155, 161
숙의 민주주의 51, 76
슈퍼비니언스 174
슐라이어마허(Friedrich Daniel Ernst Schleiermacher) 89
슐레겔(Friedrich Schlegel) 63
슐리크, 모리츠(Moritz Schlick) 113
스마트 J. J. C(J. J. C Smart) 168~170
신(新)실재론 217, 218, 251, 252, 254

신실존주의 252, 260, 261, 263, 266
신앙주의 221, 224
신화 63, 250, 251
실재론 218, 219, 247
　과학적~ 188, 189, 222
　미적~ 238
실재성 122, 216, 233
심적 과정 164
심적 표상 182

ㅇ

아도르노(Theodor Ludwig Wiesengrund Adorno) 67
아들러(Alfred Adler) 116
아리스토텔레스 51, 55, 132, 133, 142, 1148, 254, 264
아이-미론 100
아크라시아 148
암스트롱, 데이비드(David Malet Armstrong) 184
야스퍼스(Karl Jaspers) 65, 66, 261, 262
언어 행위론 76, 79, 80~82, 86, 122, 144

언어게임 83, 84, 87, 164, 170, 188, 189
AI 145, 156, 181, 184, 201~205, 208, 209, 265, 266
  강한~ 199~203
에로, 케네스(Kenneth Arrow) 19, 26, 27, 29, 31, 33
에이어, 엘프리드(Alfred Jules Ayer) 122, 126
에크리튀르 73, 74, 124, 125, 207, 208
에피스테메 150
엘스터, 욘(Jon Elster) 54
연고 없는 자기 41, 42, 61, 91, 133
OOO 239, 246, 247
오스틴, 존 랭쇼(John Langshaw Austin) 80, 122, 123, 126, 159
온건한 자연주의 118, 125, 126, 129
왈저(Michael Walzer) 41
왓슨, 존 B.(John Broadus Watson) 115, 159
욕구 5단계설 58

우연성 150, 226, 229, 230, 247~250
원인과 이유 126, 127
원자 명제 86, 118, 119, 122
원초 상태 20, 21, 26
위니콧(Donald Woods Winnicott) 100
윌슨, 에드워드 O.(Edward Osborne Wilson) 134~139, 144, 146
유전자-문화 공진화 137, 139, 140
유형 동일설 172, 177, 178, 186
음성 중심주의 72, 73
의미장 252~257, 264
이유 공간(이유의 논리 공간) 131~133, 141, 144, 147, 259
이유율 226, 228

ㅈ

자기의식 66, 72, 100, 156, 261, 264
자연주의 108, 113, 118, 120, 125, 126, 129, 130, 131,

138, 145, 146, 152
　노골적인~ 131
　느슨한~ 130, 133
　반~ 144
　약한~ 256
자연주의적 이원론 194
잠재 능력 51~55, 61, 102
잭슨, 프랭크(Frank Jackson) 191, 192, 209, 211, 257
적응적 선호 형성 54
전체론 83, 84, 86, 87
점수 기록 104, 105, 148
정신 105, 130, 155, 156, 249, 252, 257, 260~266
정신 철학 259
제몬, 리하르트(Richard Semon) 158
제퍼슨, 제프리 167
존스, 귀네스 235
주인과 노예 95, 98
중국어 방 202, 204
중첩적 합의 46~49, 51, 54, 83
지젝, 슬라보예(Slavoj Žižek) 247
지향성 145, 146, 199~204, 205, 208~210

진화 윤리학 137

ㅊ

처칠랜드, 퍼트리샤(Patricia Smith Churchland) 191, 202, 229, 257
처칠랜드, 폴(Paul Montgomery Churchland) 189~191, 202, 210, 218, 229, 257
초최소 국가 39
초험론 철학 111
초험적 니힐리즘 230

ㅋ

카르나프, 루돌프(Rudolf Carnap) 75, 86, 113, 117~122, 159
칸트(Immanuel Kant) 64, 94, 95, 104, 111, 112, 138, 175, 205, 220, 221, 237, 238, 262
커뮤니케이션적 주체 75~80
커뮤니케이션적 행위 이론 76,

78, 84, 102, 147
커뮤니테리언 40, 46, 51, 96, 99, 207, 263
커미트먼트 103, 104, 148
켈젠, 한스(Hans Kelsen) 116
코언, 죠슈아(Joshua Cohen) 51
코제브(Alexandre Kojève) 96, 98
콘먼, 제임스(James Cornman) 187, 188
콰인(Willard Van Orman Quine) 83~88, 118, 120, 121, 124~129, 148, 149, 219
퀄리아 155, 176, 192, 193, 198~200, 209~213

ㅌ

타이, 마이클(Michael Tye) 210
테일러, 찰스(Charles Margrave Taylor) 41, 97~99, 207, 260, 263
토대주의 88, 89, 129
토큰 동일설 168, 172, 173, 177

통일 과학 112~118
튜링(Alan Mathison Turing) 166~168
튜링 머신 182
튜링 테스트 166, 167, 178

ㅍ

파블로프(Ivan Petrovich Pavlov) 115
파슨스(Talcott Parsons) 76
파이글, 헤르베르트(Herbert Feigl) 168, 170
파이어아벤트(Paul Feyerabend) 186, 189, 190, 217
파핏, 데릭(Derek Antony Parfit) 197
팬더모니엄 206
퍼스(Charles Sanders Peirce) 172
퍼트넘, 힐러리(Hilary Whitehall Putnam) 129, 177~181, 201, 218, 219, 265
페라리스, 마우리치오(Maurizio

Ferraris) 217, 220, 256
평균 효용 원리 24, 25, 29, 31~33
포괄적 교설 47~49
포더, 제리(Jerry Alan Fodor) 182, 183
포퍼, 칼(Karl Raimund Popper) 75, 119, 120, 210
표상 88, 124, 178, 180, 182, 184, 192, 203, 210, 232, 233, 244
푸코, 미셸(Michel Foucault) 82, 91, 149, 150, 152, 216, 219, 247
프랑크, 만프레트(Manfred Frank) 251
프랑크푸르트학파 67~68, 75, 76, 97
프래그머티즘 76, 82, 83, 88~91, 103, 105, 129, 130, 242
프레게(Gottlob Frege) 254
프레임 문제 183
프로이트(Sigmund Freud) 64, 65, 82, 258
프리드먼, 밀턴(Milton Friedman) 35
플라톤 55, 73, 132
플래너건, 오언(Owen Flanagan) 211
플레이스, U. T.(U. T. Place) 168, 169, 171
피츠버그학파 141, 147, 259, 262
피히테(Johann Gottlieb Fichte) 249, 258
필연성 128, 175, 224~229, 247~251
필연적 존재자 224~226

ㅎ

하먼, 그레이엄(Graham Harman) 217~247, 238, 252, 256
하버마스(Jürgen Habermas) 49~51, 76~78, 80, 82, 84, 91, 92, 95, 102, 105, 106, 133, 147, 251, 256
하이데거(Martin Heidegger) 65, 66, 75, 82, 83, 111, 129, 130, 152, 168, 181,

216, 217, 240~244, 248, 251, 254, 255, 261, 262
하이에크(Friedrich Hayek) 35
하이퍼 카오스 227
한, 한스(Hans Hahn) 113
합리적인 주체 60
해석학 87, 89, 90, 109, 110, 129, 130, 217, 255
해체 63, 66, 222, 232, 240
해킹, 이언(Ian Hacking) 150
행동주의 115, 116, 129, 159, 163, 165, 168, 169, 178, 201
사회~ 116
허샤니, 존(John Harsanyi) 31~33
허스타인, 윌리엄(William Hirstein) 209, 210
헤겔(Georg Wilhelm Friedrich Hegel) 63, 64, 76, 82, 95, 96, 98~101, 103~105, 249, 259, 260, 262
현전성 124
형이상학적 물리주의 211
호네트, 악셀(Axel Honneth) 97, 99, 100, 102
호르크하이머(Max Horkheimer) 67
호먼큘러스 205, 206
호지랜드, 존(John Haugeland) 141
홉스(Thomas Hobbes) 20, 21, 156, 171
화용론 79, 80
화이트헤드(Alfred North Whitehead) 236~238, 244, 245
후생 경제학 19, 20, 26, 31, 51
후설(Edmund Husserl) 66, 73, 81, 111, 123, 168, 240, 241
후쿠야마, 프랜시스(Francis Yoshihiro Fukuyama) 96
흄, 데이비드(David Hume) 103
흑백의 방 192, 212
히스, 조지프(Joseph Heath) 147, 148

현대 철학의 최전선
나카마사 마사키 지음 / 박성관 옮김

초판 2쇄 발행 2023년 2월 22일
교정·교열 신윤덕 / 디자인 김미연 / 제작 세걸음
펴낸이 박세원 / 펴낸곳 ㅇㅣㅂㅣ
출판 등록 2020-000159(2020년 6월 17일)
주소 서울시 종로구 창덕궁4길 4-1. 401호
전화 070-8847-2047 / 팩스 0504-227-2047
전자우편 2b-books@naver.com
블로그 https://blog.naver.com/2b-books
인스타그램 @ether2bbooks

잘못되거나 파손된 책은 구입하신 서점에서 교환해드립니다.
ISBN 979-11-971644-9-1(03100)